殷陆君　刘海陵　主编

悦来悦读一时新

……上的中国新闻奖

人民日报出版社
北　京

图书在版编目（CIP）数据

晚来悦读一时新：晚报上的中国新闻奖 / 殷陆君，
刘海陵主编 . -- 北京：人民日报出版社，2025.1.
ISBN 978 - 7 - 5115 - 8594 - 3

I. G212.2

中国国家版本馆 CIP 数据核字第 2025PK7309 号

书　　名：晚来悦读一时新：晚报上的中国新闻奖
　　　　　WANLAI YUEDU YISHIXIN: WANBAO SHANG DE ZHONGGUO XINWENJIANG
主　　编：殷陆君　刘海陵

出 版 人：刘华新
策　　划：刘　刚　王炳云
责任编辑：梁雪云
特约编辑：林　薇
封面设计：观止堂 _ 未氓
版式设计：格律图文

出版发行：人民日报出版社
社　　址：北京金台西路 2 号
邮政编码：100733
发行热线：（010）65369509　65369527　65369846　65363528
邮购热线：（010）65369530　65363527
编辑热线：（010）65369526
网　　址：www.peopledailypress.com
经　　销：新华书店
印　　刷：三河市中晟雅豪印务有限公司
法律顾问：北京科宇律师事务所（010）83622312

开　　本：710mm×1000mm　　1/16
字　　数：398 千字
印　　张：29
版次印次：2025 年 4 月第 1 版　2025 年 4 月第 1 次印刷

书　　号：ISBN 978-7-5115-8594-3
定　　价：88.00 元

序

老鹰

新兴技术驱动，多元思潮涌动，社会发展联动，让我们经历百年未有之变。

如何主动识变、及时应变、快速转变，是对每个人的考验；怎样转型发展、融合发展、科学发展，是对每家媒体的考验。

明者因时而变，智者随事而制。

我们既要远观风云，又要近察气象。我们既要心向远方，又要把握当下。更重要的是结合时代，做好今天的文章；贴近时代，做好自己的事业。

在时代大潮里，在国家大局中，在历史大势前，我们既要眼睛向前，看到诗和远方；又要眼睛向下，看到事和工作。我们既要眼睛向外，了解势和发展；又要眼睛向内，看到人和自己。

晚报是中国特色新闻事业的重要组成部分，在革命、社会主义建设、改革开放和新时代发展中曾发挥特殊作用。今天，她如何应时代之变，促融合之新，走转型之路，行发展之实，我们都很关注。

如果我们认同，晚报的社会责任是引领新闻舆论导向，晚报的中心工作是生产精神文化产品，那么我们也会赞同，聚焦新闻产品生产，关注晚报精品力作，也许是研究融合发展、转型发展和高质量发展的重要窗口和关键之点。

中国新闻奖评选是观察中国新闻工作的重要窗口，是彰显中国新闻工作者形象的重要平台，是展示新闻工作者生产水平、业务能力、创新本领的重要舞台。

2025 年是中国晚报工作者协会成立 40 周年。值此之际，我们把全国晚报多年获得中国新闻奖的作品结集成册，就是要从这一重要窗口发现晚报人的靓丽身影，从这一重要平台弘扬晚报人的雄健精神，从这一重要舞台发掘晚报人的精彩故事。

从有想法到找做法，从想办法到编写读，我们议了一年。从认识到行动，我们做了半年。说明知行合一，知难行难。我们邀请了关心晚报事业的新闻界同仁方家，希望从外部、从第三方求得客观和发现；我们邀请了从事晚报事业的行家里手，希望从历史、从全局上把握整体和发生；我们邀请了在一线参与报道的同事，希望从内部、从自身上找到体悟和发掘。

贤者求道，不变应万变。能者，以万化应千变。

邀贤者做，请能者上，让作者说，就是希望从各个方面来挖掘真相、发现真谛、找到真理，求得晚报精品生产之道。由于这些作品是时代的产物，因此作者的感想是真实的，也是历史的。由于这些点评人是新闻的行家，因此他们的点评是直率的，也是实践的。由于这些人有老有少，有内有外，因此他们的文章是感性的，也是理性的。这些个性汇合起来，我们发现其中有共性。这些人群集合起来，我们发现有共识。

我们看得比较清晰的是，不忘本来，吸收外来，面向未来，大家一起来，走得更远更好。

我们理解比较一致的是，媒体的本质是新闻立媒，晚报必须新闻立报，新闻是我们的主业。媒体的产品是新闻作品，晚报必须抓好精品力作，新闻生产是媒体工作的中心环节。媒体的主体是新闻工作者，晚报必须以人为本，服务人、培养人是新闻工作者的价值取向。

我们看得不太清晰的有，新闻生产方式、媒体盈利模式、人员成长道路，需要有耐心再看看，进一步探索追求。

我们认识比较一致的是，创新是民族发展的灵魂，发展是时代共同的话题，信息是社会生活的刚需。我们在新时代迎考应考，建有传播力、引导力、影响力、公信力的新闻媒体，成有竞争力、有实力的传播实体，需要有定力，守正创新。写有思想、有温度、有品质的新闻作品，需要有能力，有效创新。培养政治坚定、引领时代、业务精湛、作风优良的新闻工作者需要有活力，有机创新。

新闻工作引领时代，是本职。讲述中国故事，是本职。但是能引领时代，讲好中国故事，才是本事。

一个人立足本职，扎实工作，勤勉敬业，长期积累本事。一个大家公认有本事的人，一定是平时看得出、一步领先步步先，关键时刻站得出、艰难困苦搏激流，危急关头豁得出、独占鳌头争上游。一篇有意思有意义的精品，一定是当时觉得不错、多年以后仍然认同，适当其时巧发声、眼疾手快抓活鱼，恰逢其时写华章、细微之末见功夫。

今天，我们发扬精品力作创制之道，也许还只是融合传播的第一步。在融合发展的今天，写好精品力作，讲好中国故事，传播好中国声音，塑造好可信、可爱、可敬的中国形象，我们任重道远。

让有意思的新闻更有意义，让新闻人的工作更有力量，创制无愧时代的晚报精品，传播无愧人民的晚报力作，办好无愧党和人民的新闻媒体，我们依然在路上。

目 录

三等奖

晚来悦读

一时新

晚报上的中国新闻奖

一等奖

告别"同命不同价"！

广东元旦后试行人身损害赔偿统一按城镇居民标准计算，农村居民受害人赔偿金将大幅提升

羊城晚报讯　记者董柳　通讯员陈虹伶、王静报道：告别"同命不同价"！广东省高级人民法院 24 日上午发布了《关于在全省法院民事诉讼中开展人身损害赔偿标准城乡统一试点工作的通知》（以下简称《通知》）。农村居民受害人可获赔的"两金一费"（残疾赔偿金、死亡赔偿金、被扶养人生活费）数额，从此将有较大幅度提升。

《通知》打破了目前存在的城乡差异局面，明确了统一标准，实现了"一视同仁"。《通知》明确：2020 年 1 月 1 日以后发生的人身损害，在民事诉讼中统一按照有关法律和司法解释规定的城镇居民标准计算残疾赔偿金、死亡赔偿金、被扶养人生活费，其他人身损害赔偿项目计算标准保持不变。

现行司法实践中，"两金一费"因城乡居民不同身份采用不同计算标准，导致赔偿数额差异较大。根据《广东省 2019 年度人身损害赔偿计算标准》，2018 年广东省（深圳、珠海、汕头除外）城镇居民、农村居民人均可支配收入分别为 42066 元 / 年、17168 元 / 年，相差达 2.45 倍；人均生活消费支出分别为 28875 元 / 年、15411 元 / 年，相差达 1.87 倍。也就是说，同样的人身损害，城镇居民获赔，有可能分别是农村居民的 2.45 倍和

1.87 倍。

以广东省某起机动车交通事故损害赔偿责任纠纷为例，35 岁的农村居民王某被机动车碰撞身亡，双方承担事故同等责任，王某生前与另一人共同扶养其 60 岁的母亲。按照 2019 年度农村居民人身损害赔偿计算标准，其近亲属可获得死亡赔偿金 20.6 万余元，其母亲可获得被扶养人生活费 9.2 万余元，两项合计 29.8 万余元。若按照城镇居民标准计算，死亡赔偿金为 50.4 万余元，被扶养人生活费为 17.3 万余元，两项合计 67.7 万余元。赔偿权利人获得的赔偿数额提高了 37.9 万余元，达 2.27 倍。

"开展人身损害赔偿标准城乡统一试点，是人民法院深化司法体制改革，为促进城乡融合发展提供司法服务和保障的根本要求，也是平等保护受害人的生命权、健康权，更好地实现公平正义的重大举措。"广东高院副院长谭玲告诉记者，"试点期间，受诉法院将在立案、审理环节向当事人主动释明统一适用城镇居民赔偿标准，平等、充分地保障当事人诉讼权利。"

（原载《羊城晚报》2019 年 12 月 24 日）

机遇垂青有准备之人

董　柳

第三十届中国新闻奖评选揭晓时,《告别"同命不同价"!》这条消息能成为全国仅有的两条文字消息一等奖之一,这既在我的"意料之外",又自感在"情理之中"。

采写过程中,我只是将这篇稿件与万千普通稿件一样认真对待,所以说"当时只道是寻常";参评获奖后,又印证了这个不变的道理——"功夫在诗外"。

"当时只道是寻常"

这篇稿件采写之初,我们并没有想到稿件日后竟能走出广东、走向全国,并最终荣获中国新闻奖一等奖。

2019 年 12 月初,部门领导和我一起来到广东省高级人民法院,与省高院新闻处的负责同志一道商议合作开办一档普法栏目。当天,省高院有关庭室的负责人拿出了即将在省两会上亮相的广东省高级人民法院工作报告初稿。当时,我在这份报告初稿中发现了这样一句表述:"实现全省人身损害赔偿标准统一,消除城乡居民赔偿差异。"

彼时,作为一名任职九年的法治记者,我到法庭旁听过无数案件,深知全国范围内普遍存在人身损害赔偿标准城乡不统一的问题(常见的如在交通事故后的赔偿上，城乡居民因身份的不同导致赔偿数额迥异），而这一问题如果能够得到解决，最终实现"同命同价"的话，无疑是我国法治的巨大进步。职业敏感和直觉告诉我，这个题材很"民生"，很有新闻性和服务性。

此后我便"念念不忘"，一直与省高院新闻处的同志保持联系，对接采访事宜，准备好迎接这一政策的"落地"。

2019年12月24日上午，广东省高级人民法院举行了一场新闻发布会，会议的主题就是发布《关于在全省法院民事诉讼中开展人身损害赔偿标准城乡统一试点工作的通知》，通知明确2020年1月1日以后发生的人身损害，在民事诉讼中统一按照有关法律和司法解释规定的城镇居民标准计算残疾赔偿金、死亡赔偿金、被扶养人生活费，其他人身损害赔偿项目计算标准保持不变。这一新规打破了司法实践中"两金一费"（残疾赔偿金、死亡赔偿金、被扶养人生活费）赔偿数额城乡差异的局面，首次实现了城乡居民人身损害赔偿"一视同仁"，标志着农村居民受害人可获赔的"两金一费"数额将大幅提升。

人民法院在审理涉人身损害赔偿的民事案件中长期采用城乡居民不同的计算标准。2019年9月，最高人民法院授权在部分省份开展人身损害赔偿标准城乡统一试点工作，广东为首批试点省份。与其他试点省份相比，广东法院统一标准在全省不分地域整体同步推开，覆盖了民事诉讼中涉及人身损害赔偿纠纷的36个案由，包括机动车交通事故责任纠纷，医疗损害责任纠纷，生命权、健康权、身体权纠纷等。

回看来路，这篇报道能获奖也在"情理之中"。首先是主题重大。主题是文章的中心思想，也即古人所说的"意"。唐代诗人杜牧曾说"文以意为主"，清代的王夫之也称"意犹帅也。无帅之兵，谓之乌合"。获奖稿件呈现了三大主题：一是反映了深化改革特别是司法体制改革取得的成果；二是践行了"中华人民共和国公民在法律面前一律平等"的宪法精神；三是弘扬了"平等"这一社会主义核心价值观。每个主题其实都是新时代的高频热点词。

其次是时效性强。时效性是否强，在很大程度上决定了"消息"这一体裁生命力的强弱。当新闻发布会还在召开时，我所采写的新媒体稿件就已经被羊城晚报的客户端羊城派弹窗推送了，羊城晚报因此成为最早发布这一消息的媒体。于是，发布会现场内就出现了这种现象：发布会还没结束，羊城晚报的稿件已在朋友圈"刷屏"。而当天中午的《羊城晚报》则在头版刊发了这一消息。

"功夫在诗外"

回看这段经历，这份荣誉属于羊城晚报，这是大家共同努力的结果。

一是采编人员的默契配合。当时的责任编辑之一胡军后来回忆，其当时见到稿件后意识到了事件的重大意义，决定放在报纸头版。这与他毕业于著名法律院校、具备深厚的法律背景有很大关系。二是与羊城晚报的政法线前辈们打下的深厚基础有很大关系。政法领域的报道一直是羊城晚报的"传统优势项目"之一，羊城晚报在这方面有着很深厚的积累，政法名记者辈出。前辈们将打下的坚实基础、优良传统一代代传承，我是站在前辈们的"肩膀"上前行才撷取到这颗中国新闻奖一等奖的"明珠"。三是与报社各级领导的支持、与羊城晚报这个大平台的支持有很大关系。一篇稿件能够参评中国新闻奖，首先得过羊城晚报新闻奖评选这关，过了这关还要过广东新闻奖评选这关，每一关都很重要，否则就会折戟沉沙。所以说，如果没有领导们的大力支持和推荐，这篇稿件也不可能走得远。

当然，稿件能够获奖，也并非全靠运气，而是"功夫在诗外"的结果——在日常工作中认真对待每一次采访、每一篇稿件，即通常所说的：平时写好新闻，关键时才能写"好新闻"。记得该报道在中国记协的获奖公示期间，部门主任曾对我说过一句话，大意就是这个奖是对我个人这么多年勤恳工作的一个肯定。2020年刚好是我参加工作的第十个年头，不敢说自己有新闻理想，但始终在追求做新闻。碰到好题材、好线索，我时常感到兴奋，甚至睡不着觉，想着怎样把它做好、写好，怎样使报道不留遗憾。在没有新闻线索的时候，我也总在努力地找线索、找题目，努力不让自己停歇。从这个角度看，机遇垂青有准备的人。

专家评说

把抽象的概念形象化

唐绪军

新闻报道中常常会涉及一些抽象的概念，比如"民主""法治""民生"等。怎样把这些抽象的概念写得明白晓畅、通俗易懂，让普通老百姓一看就能明白呢？第三十届中国新闻奖文字消息一等奖获奖作品《告别"同命不同价"！》给出了一个很好的示范。

这条消息只有800来字，分为五段。第一段是导语，概述了消息重点：广东省高院当天上午发布了一个通知，依据这一通知今后农村居民受害人可获赔的"两金一费"将有较大幅度提升。第二段是新闻背景，解释了这一通知的含义：打破了城乡差异局面，实现了农村居民和城镇居民的"一视同仁"。第三、第四两段是新闻主体，分别运用统计数据和具体案例对"一视同仁"加以说明。最后一段是结尾，回到发布会，引用广东高院一位副院长所说的话，阐明了这样做的意义，以及在实施这一规定过程中应注意的事项。全篇首尾呼应，重点突出，环环相扣，干脆利落。

这条消息的"新闻眼"是告别同命不同价。为此，作者有意识地把这一核心内容置于导语的开头，并且把"同命不同价"这 5 个字用引号标示，再加上一个感叹号，起到了发聩惊庭、夺人眼目的效果。读者的阅读兴趣瞬间就被调动了起来，毕竟人命关天。那么，什么叫"同命不同价"？消息紧接着加以解释。在民事诉讼中，受害人因其身份不同，计算残疾赔偿金、死亡赔偿金、被扶养人生活费（简称"两金一费"）时标准是不一样的，城镇居民按城镇居民年人均可支配收入和年人均生活消费支出计算，农村居民按农村居民年人均可支配收入和年人均生活消费支出计算。这两种计算的差别有多大呢？消息第三段根据《广东省 2019 年度人身损害赔偿计算标准》，以 2018 年为例得出结论："同样的人身损害，城镇居民获赔，有可能分别是农村居民的 2.45 倍和 1.87 倍。"哦，原来差别这么大！

但是，无论是"同命不同价"，还是 2.45 倍或 1.87 倍，到此都还是抽象的概念，到底怎么个"不同价"？这是读者读到这里都会有的疑问。为此，作者进一步以一起机动车交通事故损害赔偿责任纠纷案中一位 35 岁的农村居民为例，按照前述标准进行了计算。如果以农村居民的赔付标准计算，受害人家属可获得 29.8 万余元赔偿；如果以城镇居民的赔付标准计算，受害人家属可获得 67.7 万余元赔偿。两者相差了 37.9 万余元，后者是前者的 2.27 倍。这就是"同命不同价"。读到这里，读者自然就会对这条消息所报道的通知内容心生敬意，对其重要性有所体认。

最后，作者引用广东高院副院长谭玲的话说："开展人身损害赔偿标准城乡统一试点，是人民法院深化司法体制改革，为促进城乡融合发展提供司法服务和保障的根本要求，也是平等保护受害人的生命权、健康权，更好地实现公平正义的重大举措。"这段直接引语恰到好处地起到了画龙点睛的作用。

这条消息是法治新闻。司法实践讲究法言法语，要求准确严谨，同样，法治新闻的报道也必须严谨准确。消息中有一个用词充分凸显了这种严谨性。消息第三段在比较了城乡受害者获赔差别后，作者解释说："也就是说，同样的人身损害，城镇居民获赔，有可能分别是农村居民的 2.45 倍和

1.87 倍。"其中"有可能"这 3 个字，充分显示了作者的经验老到和功底深厚。因为现实中每一个案例都不尽相同，其赔偿计算也就不可能完全一样，记者的话就不能说满。比如，文中所举的具体案例，受害人家属获赔的城乡差别比例就是 2.27 倍，不到 2.45 倍。这个细节值得年轻记者认真领悟和学习。

（作者系中国社会科学院新闻与传播研究所研究员）

三江源国家公园全媒体报道专题
海拔四千米之上

来自高原的馈赠

——写在《海拔四千米之上》报道刊发四年后

陈兴王

云雾像瀑布一样绵延着翻过数公里山脊倾泻而下。

不远处，冰雪覆盖的玉珠峰映着朝阳，"金顶"在云层缭绕中若隐若现。

那是 2018 年 9 月，第三次去青藏高原采访，我在海拔 4767 米昆仑山口看到的景象，依然为之震撼。

数十万年的冰川融化后，以涓滴之流汇聚成滔滔江河，长江、黄河、澜沧江均发源于此。

可可西里巡山队的队员曾告诉我，进入三江源无人区，你留下的每一个脚印都有可能是人类的第一个足迹；被踩踏毁坏的每一处苔藓植物，都可能需要数年才得以恢复。

我们在这里看到了成群的藏羚羊在人们的保护下结队穿越青藏公路，看到了藏野驴、藏原羚闲适地漫步在高原草场，看到了清澈碧绿的湖泊如宝石般镶嵌在这片纯净大地上。

这是来自高原的馈赠，这里每一寸土地、每一个生灵都值得人类去守护。

但我们也看到了昔日开采矿石而留下的伤痕，还有那让动物们难以跨越的铁网藩篱……

为了让人们知道并参与共建中国人自己的国家公园，在三江源国家公园试点期间，我们选择来到这里，见证曾经的过往和今后的复苏与新生。

高原精灵

列车沿着青藏铁路从红色楚玛尔河上疾驰而过。

再往西数十公里，是著名的五道梁保护站。每年8月底到9月初，数万只藏羚羊完成繁育，从可可西里卓乃湖腹地开始回迁。

五道梁保护站附近的青藏公路和青藏铁路，是藏羚羊迁徙的必经之处。

"来了来了，这次估计有两千多只。"五道梁保护站的队员们透过监控发现了一群藏羚羊正往青藏公路奔来。

藏羚羊有一双清澈乌黑的大眼睛，素有高原精灵之美称。

二十世纪八十年代之前，数以万计的藏羚羊惨遭盗猎分子非法猎杀，一度让藏羚羊的种群濒临灭绝，索南达杰等一批保护者们也为之付出了生命。

随着保护力度的加强，藏羚羊种群逐渐恢复，目前已从当初的六七万只增长到三十多万只，从濒危降为了近危。

当日，藏羚羊在距离青藏公路不远处停了下来，保护站的队员们快速将两端的过往车辆和人员拦停，为藏羚羊腾出了一条迁徙通道。

领头的藏羚羊带着群羊试探着，第一次走到青藏公路中间，可能因人群的说话声惊扰，又退了回去。

汽车熄火、人群保持沉默，大家远远地站着、看着。头羊第二次尝试穿越依然失败。队员们再一次给身后的人群强调"不要出声"。

约半个小时后，头羊再一次朝着青藏公路走来。"过去了，过去了。"队员们压低了声音说道。

看到领头的藏羚羊穿过了青藏公路，后面的大部队紧随其后，鱼贯而过。

这是我们第一次这么近距离看到藏羚羊穿越青藏公路，也欣慰如今人类能与它们和谐共处。

在采访中，我们了解到，近年来为了更好地保护藏羚羊等高原动物，原本牧民之间为了分割草场而架设的铁网刺绳陆续得到拆除。

曾经因采矿留下的矿坑"疤痕"也在当地综合治理中被填平，伤愈后的大地重新长出了植被，一切都在恢复中获得新生。

一些牧民也转变了观念，加入到保护高原的队伍中，成为了巡护者。

冰川水塔

大陆冰川为河流贮藏丰富的淡水资源。

在"亚洲水塔"青藏高原孕育了长江、黄河、澜沧江等十余条大江大河。随着全球气温连年升高，高原冰川也不断受到影响，消融退缩加剧。

晌午过后，玉珠峰下潺潺流淌的冰川融水渐渐由清澈变得浑浊，径流量也随着温度升高不断增加。

跟随中国科学院寒区旱区环境工程研究所研究员蒲健辰的脚步，我们登上了玉珠峰南坡冰川。

这里海拔5200多米，大气层带来的沙尘落在冰川表面，经过阳光照射消融变成了蜂窝状。

国内冰川研究者们接力观测，在玉珠峰冰川获取了数十年的观测数据。

蒲健辰拉开皮尺，对应标记进行测量，结果并不意外，消融仍在不断加剧。在不到一年的时间，玉珠峰冰川又退缩了近10米。

这是一个不好的消息。打个比方说：这里的冰川就如同是一个水龙头，它为河流提供了稳定而持续的水源补给。倘若全球气温继续攀升，冰川消失，就好比水龙头关上了阀门，其所带来的气候效应、环境效应、灾害效应、资源效应和生态效应，将影响亿万依赖冰冻圈生存的人的生计。

而在加速消融时期的次生灾害也不容小觑。当年冰雪融水增多就曾导致卓乃湖溃决，在下游形成了一个偌大的新生湖，新生湖水量不断增加，一旦再次发生溃决，将直接危及附近的人群居住区和青藏公、铁路等基础设施。

高原的天气变幻莫测，中午暖阳微风，下午雨雪交加。

风雨过后，我们用无人机对玉珠峰冰川进行航拍，为其壮美而感叹，也为之消融而惋惜。

全球冰川消融已成事实，包括我国在内的一百多个国家数年前签署了《巴黎协定》，旨在共同努力以减少全球温室气体排放，控制气温升幅。

我国的冰川研究者们前赴后继，在寻找减缓冰川消融的办法上不断努力。

其实，我们每个人不能仅仅做一位大自然的享受者，我们都有责任成为自然的守护者，保护这些珍贵生态系统，共同参与到国家公园的建设中来，唤起更多人对大自然的尊重和珍惜。

这次采访历程，不仅让我们感受到了三江源国家公园的壮美，也让我们感受到了人类在与之和谐共生共处中所能获得的馈赠，来自高原的馈赠。

专家评说

秘境背后的责任

曹焕荣

遥远群山之中，三江源国家公园犹如一位穿越万古而来的老者，浅吟低唱着沧海桑田的歌谣。"带我走入秘境，探究那不为人知背后的责任"——专题报道《海拔四千米之上》的镜头、文字，都让受众置身高原秘境，开始一场心灵洗礼。

"豹奔熊袭""救护野豹""矿疤初愈""牧民新生"四个微纪录片，讲述人迹罕至的高原牧区那不为人知的故事，在高山的呼吸中感受大自然的脆弱与坚韧；用写实且诗意的画面语言，捕捉公园的壮美瑰丽、生态的微妙平衡、人类活动的直接影响。而聆听当地牧民的每一声叙述，揣摩与野生动物的每一次对视、俯视采矿留下的每一个疮疤，都会引起对于自然干预的深刻反思。

而眼前这一切，都离不开新技术的运用，将身临其境的沉浸式体验带给受众。360度全景图片、定点 VR 视频、漫游 VR 视频等与 H5 产品有机融合，让人能够"站"在三江源国家公园的高山草甸，感受穿越时空而来的震撼和沉甸甸的责任。

而眼前这一切背后，更少不了敬业和专业。多路记者，多次深入，在三江源国家公园腹地不仅带回或壮美或险峻或惊悚的画面，满足外界对于高原秘境的探求欲，还将国家公园体制改革试点过程面临的人兽冲突、破坏修复、游护结合等问题一一呈于台面，研讨生态保护有效路径，充分展现新闻工作的批判性和建设性。《海拔四千米之上》还用图文揭示其社会性，告诉每个人：为了保护三江源这片滋养了中华大地的源头活水，我们还有很长的路要走。

（曹焕荣系人民日报高级编辑）

长幅互动连环画
天渠：遵义老村支书黄大发 36 年引水修渠记

（原载澎湃新闻 2017 年 4 月 23 日）

创新人物采访形式　讲好中国故事

高剑平

贵州省遵义市播州区平正仡佬族乡团结村，无论站在什么角度远眺海拔 1300 米的灵宝山，人们的目光都很难不被山间崖壁上那道长长的凿痕吸引。

2017 年 3 月，中宣部组织了关于贵州遵义老支书黄大发的先进事迹报道。澎湃新闻组织了跨越多个部门的精兵强将，以项目制的组织机制，确定采编分工与流程，设计报道思路与呈现方式。采访期间前方记者和后方编辑每天都要开工作会议，梳理采访所得，不断调整报道框架，研究如何通过将丰富而饱满的细节真实呈现，展现黄大发的情感、情怀和信念，不刻意拔高，不回避问题，让受众能够了解、理解和相信"为什么黄大发能够数十年如一日坚持"，从而对黄大发所要守护的生活和坚守的信仰产生共鸣。

2017 年 4 月 22 日至 23 日，澎湃新闻先是连续两天从一早就推出《天渠——一位村支书的三十六年修渠记》开机屏海报，以宏大的"天渠"二字为题，无论形式还是内涵均气势磅礴，背景用动画的形式展现村民带着劳动工具行走于悬崖之上水渠的画面，渠旁就是千米绝壁，场景震撼，山水鸟鸣之声空灵而有"大片"气质，为即将推出的典型报道开了一个绝好的头。

4 月 23 日下午，澎湃新闻刊发 H5 产品《长幅互动连环画 | 天渠：遵

义老村支书黄大发 36 年引水修渠记》，沿用大气磅礴的海报封面，开篇 69 个字为整个报道奠定了基调：一道万米水渠，跨 36 年建成，过三个村子，绕三重大山，穿三处绝壁，越三道险崖。一位村支书，用一辈子的时间，彻底打破了村庄干渴的"宿命"，带领千余人打开了脱贫致富之门。

17 页的 H5 还原了老支书黄大发从 20 多岁的毛头小伙到 60 岁的花甲老人，青春耗尽，"拿命去换"，终于带领村民修通了万米水渠的故事，布局条理清晰，感人至深。

第二页由黄大发清唱的当地歌谣，带着历史的沧桑，一开篇就把整个产品的讲述带入高潮。之后，第一次修渠失败、一个字一个字认新华字典学习水利知识、冒雪去敲水利局官员的家门递交报告、挨家挨户走遍 7 个村民组、"如果水没有修过来，我就把名字倒着写"、带头在腰间绑上绳子吊上悬崖、"为了水，我愿拿命来换"、在卡车下过夜、庆功会上才说了两句就哽咽说不下去了、修好渠后仍然带着年轻人去护渠等细节无不令人感动，画面与文字均令读者印象深刻，而最后 4 名 80 后和 90 后对他的精神的延续的口述，特别是结语引用黄大发的话"沟没有修好，不好说自己是共产党人，只有埋头苦干，把家乡建设好我才放心"，朴素而力量十足，向读者展现了一名共产党人把"人民对美好生活的向往"作为自己的奋斗目标的坚定承诺。

澎湃新闻新媒体 H5 产品《长幅互动连环画｜天渠：遵义老村支书黄大发 36 年引水修渠记》是澎湃精心设计打造的新闻类媒体产品，以前报纸时代的文章加图片的形式，在互联网新媒体的时代已经过时了，最终决定用下拉式长幅连环画、渐进式动画、360 度全景照片、图集、音频、视频、交互式体验等多种报道形式，全景地展现了黄大发带领老一代修渠脱贫、带动新一代致富的感人故事。澎湃推出黄大发修渠系列报道，笔触流畅，细节真实震撼，形式创新丰富，故事性、思想性、艺术性兼具，感人至深，为典型人物报道树立了新的标杆。此 H5 产品是整个报道中的一部分，在创作过程中，保持与前线记者的密切联系，并参照记者传回的图片与视频素材来绘制插画，再让技术编程人员以 H5 的形式呈现。

澎湃新闻视觉中心通过组建精英创作小组多次头脑风暴，最终决定此 H5 产品以水为主线，用下拉式长幅连环画、渐进式动画、360 度全景照片、图集、音频、视频、交互式体验等多种报道形式，全景地展现了黄大发带领老一代修渠脱贫、带动新一代致富的历史长卷，用新闻媒体的社会责任感，为当地的发展历程记录下了浓墨重彩的注脚。

为了提高事件还原的真实度，整个 H5 制作与画风选用了朴实且带有平面装饰意味的黑白风格创作，角色处理采用写实的手法，生动传神，画面背景与人物主体关系黑白布局得体，以金色作为点缀，稳重大气又不失活跃的细节，在这个新媒体与手机阅读时代，带给了读者更全面立体、更轻松却更震撼的阅读体验。

同日刊发的《全景视频 | 行走千米高"天渠"，感受老村支书绝壁凿渠天险》，并插入 H5 中，是用 360 度 VR 视频，动态而真实地还原了大发渠穿山越岭，穿过海拔 1200 米的"擦耳岩"的险峻，带领读者身临其境地感受黄大发绝壁凿"天渠"的艰险与无穷斗志。

截至 4 月 24 日 22 时许，仅在澎湃平台，黄大发的系列报道总点击阅读数就已经突破 300 万，网友纷纷向其致敬称"除了感动还是感动"，赞其为"人民的村支书""真正的共产党人""新时代的愚公移山""真实、平凡而伟大""千千万万个黄支书在基层的坚守汇成了中国共产党人的光辉形象！这才是我们必须传承的精神支柱！"。

中宣部有关领导对报道点赞，称形式新颖而有"大气"，并立即组织在全网转发。"天渠"报道还走出国门，被世界经济论坛的官方网站转载，法国电视台也购买报道素材落地播放。

创新创出新天地

殷陆君

在中央推出媒体融合发展战略第 5 年之际，中国新闻奖新设媒体融合奖项，其中设立短视频新闻、移动直播、新媒体创意互动、新媒体品牌栏目、新媒体报道界面。

新媒体报道界面要求作品综合运用现代信息技术生产新闻作品，在内容表达、报道形式、技术应用、传播渠道等方面有重大创新，传播效果好。这一奖项设置反映了融合报道移动优先和视频化趋势，对于有志于此的新兴媒体来说是一个方向标。

新奖项设置对于每个参与者都是挑战。短时间里了解规则、理解规则，熟悉规则、使用规则，澎湃可以说抓住了先机。而澎湃前些年积极投身融合发展大潮，敢于创新，勇于突破，生产出优秀作品，可以说赢得了机遇。学习力和进取心，给有准备的人打开了时代之窗。

先进典型黄大发的宣传，很多媒体参与。同题共答，比出差异，能力出众。同台竞技，比出高下，实力为王。

创新形式表达，澎湃采用新闻入画、长图报道，创造熟悉的陌生、真实的奇特，体现了新媒体的新锐、连环画的灵美。

创新内容表达，澎湃用细节说话，让人物说话，用故事串联，体现了新闻的真实性和人物的可感性。

创新技术应用，有图有文有真相，有人有事有真情，有说有评有真谛。细节丰富而饱满，真实呈现恰当，展现黄大发的情感、情怀和信念，让受众了解、理解和相信"为什么能够数十年如一日坚持"，产生强烈共鸣。

创新传播。开机屏海报打头，"天渠"题目宏大，动画背景鲜活，气势逼人，自然引人；"一位村支书的三十六年修渠故事"，勾人续读。H5产品推陈出新，老海报作封面，新文字说故事。"拿命去换"体现了感人至深的拼搏。沙哑清唱的民谣展示了历史的沧桑，"沟没有修好，不好说自己是共产党人"，朴素而力量十足，向读者展现了一名共产党人"只有埋头苦干，把家乡建设好我才放心"的执着情怀。

新媒体要创造超出传统媒体的传播率，必须在"快"上做文章，快马加鞭推出；必须在"真"上下功夫，让人信任百倍；必须在"美"上做创造，音乐视觉触动。澎湃用下拉式长幅连环画、渐进式动画、360度全景照片、图集、音频、视频、交互式体验等多种报道形式，全景地展现传奇故事。系列报道故事性、思想性、艺术性兼具，感人至深。整个H5制作与画风选用黑白风格，体现了朴实的人物品格、写实的表现手法，生动传神。

这些，带给了读者全面、立体、轻松的阅读体验，创造了真实、细腻、动人的情感体验。

一道万米水渠，36年建成，过三个村子，绕三重大山，穿三处绝壁，越三道险崖。一位村支书，一辈子，带领千余人打开了致富门。一个真实、平凡而伟大的基层中国共产党人就在我们眼前。

评委给予好评，自然而然。

（作者系中华全国新闻工作者协会党组成员、书记处书记）

创造港珠澳大桥的"极致"

世界最长海底隧道"最终接头" 二次"精调"实现毫米级偏差

本报讯 记者陈新年、廖明山报道：港珠澳大桥海底隧道工程近日完成"最终接头"的安装，已经可以步行穿越了。昨天，记者来到这条世界最长的海底隧道采访，除了兴奋之外，还得到了一个令人震惊的消息：在"最终接头"成功安装后，还进行了一次耗时34小时"返工"式的精密调整，最终误差缩小到了"毫米"，建设者们说："我们没留遗憾。"

港珠澳大桥海底隧道是世界最长的海底深埋隧道，沉管总长度5664米，由33节混凝土预制管节和1节12米长的"最终接头"组成。其中，"最终接头"所采用的"小梁顶推"技术和装备为自主研制并属世界首创。

5月2日，"最终接头"在10多位外国专家和99名媒体记者的见证下，在28米深的海水中实现成功安装，南北向线形偏差控制在正负15厘米的标准范围内，实现了"日出起吊、日落止水、滴水不漏"的奇迹。

欢呼祝贺过后，最终接头的线形偏差引起了争论。"港珠澳大桥是120年设计使用寿命的超级工程，就像之前曲曲折折的33根沉管安装一样，这一次也绝不能留下任何遗憾。"3日早上，中国交通建设股份有限公司总工程师、港珠澳大桥岛隧项目总指挥林鸣提出了一个大胆的想法——重新安装调整。

"这么好的结果，我反对再调整！"决策会上，"最终接头"止水带供应商荷兰特瑞堡公司工程师乔尔表示，"虽然止水带仍然可以再压缩一次，但是为了精调一个方向，就可能将这些来之不易的完美重新置于不确定性之中，一旦发生碰撞，不仅损失超亿元，甚至会造成重大事故。"

上午 10 时许，多方讨论的结果是"偏执"占了上风。乔尔被这些为了精益求精而甘愿承担极大风险的中国工程师的情怀感动，他感叹"这是一个非常艰难的决定"。

4 日晚 8 时 43 分，执着的大桥建设者经过 34 小时的奋战，将"最终接头"的线形偏差成功缩小到东侧 0.8 毫米、西侧 2.5 毫米。

"这就是我想要的结果。"一天没上厕所、连续 34 个小时没合眼、指令发出上万次的林鸣终于笑了。"在我参与的 15 座沉管隧道建设中，这个是最棒的，没有之一，港珠澳大桥是世界造桥技术的最高体现。"乔尔感慨万千。

荷兰隧道工程咨询公司 TEC 是世界沉管隧道领域的佼佼者，曾笑称"中国企业不会走路就想跑"。5 日，该公司发来贺电，向精准完成这一世界级难度安装的工程建设者们致敬。贺电中说，中国建设者的最终接头施工方案，是对世界沉管隧道技术的重大贡献。

（原载《珠江晚报》2017 年 5 月 11 日）

"四力"让重大题材报道更"出彩"

陈新年

发布在 2017 年 5 月 11 日《珠江晚报》要闻版的消息稿件《创造港珠澳大桥的"极致"》(作者陈新年、廖明山,编辑靳树乾、张大勇),被评为第二十八届中国新闻奖消息类一等奖。

现在回想起来,我们的感受是:面对重大的新闻题材,除执着外,我们只是做了一回有心人,在脚力、眼力、脑力、笔力上下了功夫。

没有脚力,就得不到独家新闻线索

被英国卫报称为"世界七大奇迹之一"的港珠澳大桥,其海底隧道工程是交通业界的"珠穆朗玛峰","最终接头"的安装就是"登峰"之举,无疑成为媒体关注的一个重大报道题材。

作为地方媒体,在如此重大题材中如何做得更出彩呢?为此,报社领导亲自带队拜访岛隧工程项目总经理林鸣,双方就报道方案做了很好的交流。

2017 年 5 月 2 日晚,建设者宣布"最终接头"安装成功。按照施工计划,3 天完成"最终接头"的焊接后,人们就可以穿越海底隧道,从东人工岛走到西人工岛。

作为距离港珠澳大桥最近的珠海媒体，我们决定来个率先穿越海底隧道的体验采访。然而，直到9日，我们的这个采访请求才得到批准。

"不是说6日就可以穿越'最终接头'，为何要等到今天才让我们进去呢？"10日上午9时许，进入"最终接头"的时候，我们向工程安全人员抛出了这样的问题。

"原计划'最终接头'是6日可以固定的，但'最终接头'再安装了一次，所以耽误了几天。"引领我们进入"最终接头"的工作人员说。

"什么？不是对接成功了吗？为何要再次安装？"工作人员的一句话引起了我们的一连串问题。

那一瞬间，直觉告诉我，这里面一定有"秘密"。如果我们不去到现场，这个重新安装的"秘密"，就一定不会是我们第一个获得。

没有眼力，就发现不了新闻背后的故事

当天上午，在穿越海底隧道的"最终接头"过程中，我们对"最终接头"的再安装过程以及结果有了进一步的了解，而且深刻感受到了再安装的难度之大。

将一个6000吨的"最终接头"沉放海底对接成功后再来安装一次，这绝对是大新闻。但是，为什么要再安装呢？再安装的决策是怎么出来的呢？他们难道没想到失败的后果吗？

这里面一定有故事，而且凭直觉判断，只有找到"当家人"才能解开这个秘密。于是，我们立即打通了林鸣总经理的电话。

"好呀，欢迎你们采访。"上午11点，我们赶到岛隧项目总经理部，林鸣与团队的其他几名主要成员向我们详细回顾了"再安装"的全过程。

我们从他们的讲述中得知，所谓的"再安装"，准确地讲，就是在符合国际标准的情况下，重新精调对接了一次。而重新精调对接，缘于"最终

接头"第一次对接后的南北向偏差达到了 15 厘米，虽然滴水不漏，但超出了建设者设定控制在 7 厘米以内的目标。最后，经过 34 小时的努力，对接的结果实现了毫米级。

没有脑力，就挖掘不出大国工匠精神

如果说只是听他们讲述重新精调对接的过程，再把施工过程记录下来，这样的文章充其量只是一种纪实。如何让文章有时代精神、有血有肉、有矛盾冲突，是我们需要思考的问题。

为此，我们针对"在已经实现了滴水不漏的情况下，为何还要讨论是否重新精调对接？""在讨论会上，几乎所有人持反对重新精调对接意见时，林总为何要坚持己见呢？""重新对接，意味着逆向操作，风险不可估量，世界没有先例，一旦失败后，谁来承担这个风险？"等多个焦点矛盾问题发出了追问。

林鸣在接受我们采访时说，如果第一次对接是为海底隧道的沉管安装画上了一个圆满的句号，那么第二次调整，则是画上了一个惊人的感叹号。

尤其是当我们问到"'最终接头'的重新精调对接会让外国专家怎么看"时，林鸣拿出了荷兰海底隧道专家发来的贺电。

林鸣对大桥工程质量的执着追求和勇于担当的精神，不仅让我们肃然起敬，还能得到外国专家的赞美，这种精神不就是我们的大国工匠精神吗？

没有笔力，作品就感动不了读者

"新闻是易碎品，必须赶紧发稿。"当天下午，在构思过程中，记者果断地以"追求极致"和"勇于担当"的大国工匠精神为主题，确定了以现场穿越海底隧道的最新事实为由头，引出"最终接头"二次"精调"的斗智斗勇过程和令人惊叹的结果。

用千字的消息表述这 34 个小时的精调过程具有很大的难度。为此，记者从海量的新闻事实中，寻找适当的背景材料，表述工程的重要性；选择关键的环节，尽量保持事件的连贯性；用大量的直接引语还原事件的现场感，确保新闻的真实性；用具体的细节展示大国工匠的精神，提升新闻的价值。

10 日晚，稿件按时提交，当班编辑和值班领导进行了精雕细琢。11 日，《珠江晚报》要闻版刊登了这篇稿件，独家报道了这一鲜为人知而又惊心动魄的伟大创举。

在广东省新闻奖的评选中，评委们一致认为，该报道题材重大、采访扎实、视角独到、语言精练，背景材料运用得当。尤其是运用引语，增强了可信度和现场感。

该报道引发了多家媒体的转载和跟进报道，"最终接头"二次"精调"的故事在读者、网友中广泛传播。多个重大项目的建设者看了这篇文章后，对港珠澳大桥大国工匠的胆识、精神和智慧深表钦佩。

专家评说

细节成就"独家"

唐绪军

消息的种类很多，从底层大类来分，可以分为事件性消息和非事件性消息。事件性消息是以新近发生的某个具体事件作为报道对象的，重在点上，因此有明确的起止时间，时效性要求强；而非事件性消息通常是以某个过程或者某类现象作为报道对象的，重在面上，所以时效性要求不那么强。

港珠澳大桥是连接香港、珠海和澳门的超大型桥隧工程，是世界最长的跨海大桥，也是中国建桥史上的超级大工程，建设周期长达 9 年。在这个过程中，任何一个关键节点都有可能成为一个事件性消息，比如，开工典礼、第一座桥墩浇筑、第一节海底隧道沉管安装……也可以从某个时间节点做回顾性非事件性报道，或者对某项施工经验加以总结报道。由于港珠澳大桥被称为"世界七大奇迹之一"，广受媒体关注，而媒体又都想有自己的"独家"报道，竞争自然不可避免。怎样才能独树一帜，与众不同呢？细节！细节决定了"独家"。这是第二十八届中国新闻奖文字消息一等奖获奖作品《创造港珠澳大桥的"极致"》给我们带来的启示。

作为在地媒体，珠江晚报对港珠澳大桥建设过程的关注是理所当然的，但是要做出"独家"来也没有什么独门秘籍。据介绍，本来他们是想利用在地优势，做一个率先穿越海底隧道的体验式采访报道的。如果做成了，那肯定是"独家"。但是，在采访申请等待批准的过程中，建设方却已经宣布"最终接头"安装成功了。当他们获准采访时，距离推算的可以穿越的时间整整晚了 4 天。为什么会晚？这 4 天到底发生了什么？记者抓住这个细节追问。当得知"最终接头"安装完成后，又进行了再一次安装，新闻点终于浮现了出来。一追到底的结果也就成就了这篇"最终接头"二次"精调"的"独家"消息，从而使得《珠江晚报》在众多关于港珠澳大桥主体工程全线贯通的报道中脱颖而出，独领风骚。

在写作上，这篇"独家"消息也特别重视利用细节来还原新闻现场，增强可读性。比如，文中较多的直接引语的使用。新闻报道中的直接引语是新闻事件当事人的叙述，是新闻来源的第一手资料，准确引用不仅可以确保新闻的真实性，而且能够让读者在阅读时产生身临其境的现场感，增强报道的生动性。但是，要选择在一篇千字左右的消息中使用哪些直接引语，这考验的是记者的业务素养和专业功力。这篇消息在直接引语的使用上就颇见功力。比如,在追溯港珠澳大桥岛隧项目总指挥林鸣决定对"最终接头"进行重新安装调整的原因时,引用了他自己说的话,铿锵有力。再比如,止水带供应商荷兰特瑞堡公司工程师乔尔是重新安装的反对派,反对重新安装的理由也让他自己说出来,真实可信。消息最后引用了乔尔说的话:"在我参与的 15 座沉管隧道建设中,这个是最棒的,没有之一,港珠澳大桥是世界造桥技术的最高体现。"这比我们自己说一百遍"厉害了,我的国"都更有力量,更有说服力。这就是让事实说话。

当然,毋庸讳言,这条消息也有一个细节的瑕疵,即导语中的直接引语使用不甚妥当。直接引语通常是某个具体人说的话,现实中异口同声说同一句话的场景非常少。因此,导语中最后一句"我们没留遗憾",不太可能是"建设者们说"的。如果把它改成间接引语可能更符合实际。

漠视生命是最可怕的沉沦

林新华

一个老师倒下了，他倒在自己学生的刀下。

他是学生眼中的好老师，也是同事眼中的好同事。

但这一切优点，都没能让他逃过这一劫。

刺倒老师的他，是家长眼中的乖孩子，邻里眼中的尖子生。

但这一切优点，却没能让他放弃这一暴行。

12月4日，这起发生在邵东某中学高三97班的杀师案，令人震惊，发人深思。

没有深仇大恨，没有激烈冲突，他为何如此残忍？

12月9日，新华社记者披露了这一案件的细节。

在这些细节中，我看到了许多诱因：沉迷玄幻小说，性格内向封闭，人生目标缺失，家庭沟通不够……

应该说，这是许多案例中的共性诱因，但我认为这不是触发此悲剧的关键。

在阅读这些细节时，让我为之震惊、为之惊骇的是他对生命的漠视，他漠视的既有自己的生命，也有他人的生命。

记者在看守所采访他时，小龙（化名）始终微笑、放松。问到对滕老师的印象，小龙笑着说，两年多来，滕老师并没有粗暴对待他或伤他自尊。

记者问他杀害老师的原因时，小龙说："我从来没把他的命放在心上。"

"我从来没把他的命放在心上。"

多么可怕的回答！多么令人不寒而栗的回答！

对别人生命如此漠视的他，对自己的生命是否珍惜呢？

与记者交流中，他说，理想的生活是"一个人住，看小说，混吃等死"。案发前一晚，小龙突然笑着对室友说，自己"大限将至，阳寿已尽"。

一个今年刚满18岁的青年，在漠视别人生命之时，竟然同样视自己的生命如草芥。

小龙的回答，让我深思，也让我忧虑。

因为，漠视生命的青少年不只是小龙这一个案。就在一个半月前，同样在邵东，10月18日，3名未满14岁的少年入室抢劫，将一名小学女教师杀害。

一语不合，杀害同学；教育几句，杀害老师；家庭矛盾，杀害家人……漠视他人生命之时，各种不可思议的自杀，也频频发生。学业压力大，自杀；升学不顺利，自杀；受点小委屈，自杀……

据人民网等媒体报道，在全球青少年自杀率不断上升的同时，我国也同样遇到这样的问题，目前，自杀已成为青少年死亡的首要原因。

漠视生命正在一些青少年心中萌芽，这是令人可怕的事，因为漠视生命是最可怕的沉沦。

人生最珍贵的是生命，没有生命就没有一切。珍惜生命是对自己的爱护，也是对他人的尊重。

当然，为了真理，为了革命，为了正义……舍生取义，那是光荣的、伟大的、为人民所敬仰的。除此之外，对自己生命的漠视，是不负责任的，是应该谴责的。对别人生命的伤害，是要被法律制裁的。

一个人对生命的漠视是最大的沉沦。生命是自己的，更是家庭和社会的，一个人来到这个世界，就要对自己、对家庭、对社会履职尽责。

一些青少年面对生命的漠视，显示出我们教育的缺失。这个缺失一是来自家庭，在一些家庭中，除了孩子的成绩和身体健康，很少有家长对孩子的心理健康给予关注，更谈不上对珍惜生命的教育。在家庭教育不够的同时，我们的学校和社会也没有对此给予足够的重视，一些学校更大的倾向是瞄准成绩排名、升学率的高低，虽有对学生的身心健康教育，但用时不多，用力不够，更谈不上对"问题学生"进行细致的观察，点对点的思想疏导。由于家庭和学校都没有把珍惜生命的教育放在重要的位置，甚至是忽视了这种教育，自然会出现小龙这样漠视生命的人，并任由他们制造惨案，引发悲剧。

　　和谐社会，首先需要对生命的珍惜，没有对生命的珍惜，哪来和谐？漠视生命的人不只是对自己的生命构成威胁，同样会如小龙一样，对别人、对社会造成巨大的威胁和伤害。

　　小龙制造的悲剧，小龙们的悲剧，给我们敲响了沉重的警钟！对生命珍惜的教育，应该从家庭开始，在学校普及，引起社会的高度关注，让他们了解生命的真正意义和担当，既珍惜自己的生命，也珍惜别人的生命，以此杜绝悲剧的发生。

（原载《衡阳晚报》2015 年 12 月 11 日）

好评论在家国情怀里诞生

林新华

评论写作的意义是什么？

评论发表的责任在哪里？

评论释放的效果将怎样？

在我看来，对于一篇评论而言，这应该是它的三个目标，也是必须要瞄准的方位。

意义不知道，责任不明确，效果不清楚，要想出品一篇好评论，犹如盲人骑瞎马，跑在蜀道上。

因此，在构思每一篇评论时，这三个目标和方位是我必须要思量的。

（一）

目标和方位的校正标准在哪里？

应该说，这个标准决定评论的高度和影响力。

记录时代、守望社会，铁肩担道义、妙手著文章，这是一个新闻工作者的职业要求。

我把这种责任和担当的职业要求，简化为"家国情怀"！

家国情怀的核心就在责任和担当！

正如梁启超先生所说："知责任者，大丈夫之始也；行责任者，大丈夫之终也。"

《孟子》有言："天下之本在国，国之本在家，家之本在身。"

忧国、忧民、忧家，爱国、爱民、爱家，颂国、颂民、颂家……展现的都是家国情怀中的责任和担当。

这种家国情怀如果融入我们的血液里，在写作评论时，那三个目标就不会出现偏差，写出来的评论就不会无病呻吟，就不会无人关注，就不会曲高和寡，就一定会受到好评，引起大家共鸣，产生好的效果。

因为有了家国情怀这个标准，我很自然就会从家国情怀的视角去看新闻、想事情、找问题、立言论、尽职责。

（二）

2015 年 12 月 4 日，湖南省邵阳市发生了一件惨案，该市某中学高三 97 班的班主任在办公室约谈学生小龙（化名）及其家长时，被小龙持水果刀杀害。

看起来，这是一起刑事案件，在众多案件中，似乎并没有什么特别之处。我之所以关注这个新闻，是想探究这个学生为何会当着亲人的面杀害自己的老师，这到底暴露了什么社会问题？

责任提醒我，应该有所为！

面对日益多发的校园刑事案，媒体应该关注其中深层次的原因，向社会发出建设性警示。于是，这条新闻在我的眼里，不是一晃而过，而是被一路追随。

随着媒体对案情的披露，可谓步步惊心，也让我陷入深思。

没有深仇大恨，没有激烈冲突，面对老师，他为何如此残忍？

2015 年 12 月 9 日，新华社记者披露了这一案件的细节。

在这些细节中，我看到了导致这个学生杀害老师的诸多诱因：沉迷玄幻小说，性格内向封闭，人生目标缺失，家庭沟通不够……

作为跑过政法战线的记者，我采访过不少刑事案件，也有一些发生在校园里。应该说，这是许多案例中的共性诱因，但我认为这不是触发此悲剧的关键原因，因为他不是在激烈冲突后的激情杀人，也不是在胸怀怨恨中的报复杀人，更不是在失手之下的误伤，而是在亲人面前做出的伤害，它的深层次诱因到底在哪里？这个案件到底暴露了什么重大社会问题？它给我们带来怎样的反思？我们应该吸取怎样的教训？社会要如何去避免这样的悲剧？

作为一个新闻工作者，我有责任和使命去关注它。虽然它发生在相邻的邵阳市，但是它的影响远不止于邵阳。

在阅读这一案件的细节时，让我为之震惊、为之惊骇的是小龙对生命的漠视，他漠视的既有自己的生命，也有他人的生命。

媒体在报道中称——

记者在看守所采访他时，小龙始终微笑、放松。问到对老师的印象，小龙笑着说，两年多来，老师并没有粗暴对待他或伤他自尊。

记者问他杀害老师的原因时，小龙说："我从来没把他的命放在心上。"

"我从来没把他的命放在心上。"

多么可怕的回答！多么令人不寒而栗的回答！

对别人生命如此漠视的小龙，对自己的生命是否珍惜呢？

与记者交流中，他说，理想的生活是"一个人住，看小说，混吃等死"。案发前一晚，小龙突然笑着对室友说，自己"大限将至，阳寿已尽"。

一个刚满18岁的青年，在漠视别人生命之时，同样视自己的生命如草芥。

小龙的回答，让我震惊，让我忧虑，更让我陷入深深的思索中。

联想到我平常的采访和接收到的信息，许多青少年同样不珍爱自己的生命，动不动就自杀，而且原因千奇百怪，方式不断翻新，自杀新闻经常发生，甚至有人以自杀去寻刺激、找乐子。青少年对生命的漠视已经不是个别现象，而是一个非常严重的社会问题，漠视生命正在一些青少年心中萌芽。长此以往，这是多么可怕的事，因为漠视生命是最可怕的沉沦。

我以为，人生最珍贵的是生命，没有生命就没有一切。珍惜生命既是对自己的爱护，也是对他人的尊重。

我想，必须要有所为，必须要为此而呐喊，必须要通过媒体放大这个呼吁，敲响沉重的警钟！呼吁全社会都来重视对生命珍惜的教育，让他们了解生命的真正意义和担当，既珍惜自己的生命，也珍惜别人的生命，以此杜绝悲剧的发生。

于是，我写出评论《漠视生命是最可怕的沉沦》，文章在《衡阳晚报》刊发后，引起了大家的热议和共鸣。

有读者说，这是血的教训、血的呼唤，全社会都要来重视青少年的成长。有读者称，此文有深度，有宽度，有厚度。有读者评价，此文语言简洁而富有力量，文字清晰而饱含深意。

此文也因此荣获中国新闻奖一等奖等一系列嘉奖。

（三）

我想，如果不是当时坚守家国情怀，我只会在阅读这个新闻后，把它当成一桩刑事案件一扫而过；如果不是在写作评论时，胸怀家国情怀，也不会以问题为导向，发现这个重大的社会问题。

因为有了家国情怀，有了责任、担当，自然会练就一双慧眼，善于关注社会的焦点、热点、难点，从个案找共性，从平常寻特色，从一地看世界，紧跟时代，升华主题，以小见大，这样的评论鲜活有温度，扎实有深度，真实有力度。因为关注民生，下接地气，反映民情，这样的评论作品，必定会为百姓所期盼，为领导所关注，为评委所看重。

以家国情怀去看待一个评论的切入点、着落点，同时兼顾评论写作的时度效。每每遇到可立言之现象，以问题为导向，立即思考、写作，笔锋所至必于理性中建言献策，共同努力求解所需引起重视之问题。

评不只是为评而评，论也非为论而论，杜绝空泛而求实务，为求解问题来评而论。

胸怀家国情怀，以问题为导向，把握好时度效，更兼之对评论语言的求变求新，使评论变得厚重有力，理性有益，可读有效！

这是我对待评论的态度和原则！

作为一个新闻工作者，我们只要胸怀家国情怀，肩负责任，勇于担当，不忘初心，奋力前行，收获一定不会缺席。

借得妙手著文　无愧道义论心

曹焕荣

《衡阳日报》发表的评论《漠视生命是最可怕的沉沦》，如同夜幕下的一道清冽月光，驱散阴霾，冷静而坚忍地审视着生命的意义和价值。

由一起学生杀害老师的案件引起，作者难捺心中的震惊、哀痛、悲愤和不解，写下了这篇具有洞察力的评论，不仅剖析当下个别年轻人漠视生命的现象，开展对于个体极端行为的批判，更对学校和社会教育作出了深刻的反思。

在新闻体例中，评论切忌主观，但又不可全无独特风格与色彩。这篇评论，字字句句饱含一己的感情，却又被公众层层包裹；站在个人角度，而方块之间也展现了一种极致情绪张力下的群体理性之美，与其说让读者认同自己的观点，不如说是对更高层级的"共情"的一种追求。

评论开篇，如同悲伤的诗，诉说生命的贵重。针对发生在邵阳的惨案，作者在问为什么，同样回应着每一个受到强烈触动的读者，抛出"漠视生命是最可怕的沉沦"的观点。而这种沉沦，不是对当事人"小龙"个例的简单解析，而是作者站在大格局上深思熟虑的社会大题。从中，仿佛能看到一位心头滴血的新闻人，起笔"呐喊"，进而克制，并由浅至深、由具体到抽象地将生命教育缺失的现象加以痛陈。

这篇具有强烈现实意义和社会关注度的评论，一经发出，便引发公众对青少年犯罪问题的激烈讨论。作者没有停留在表象化谴责或感慨，而是呼吁社会、学校和家庭应当加强对青少年的生命教育，让每个家庭和社会成员感同身受，警钟长鸣。

相比较近些年某些恶性案件出现后，有的媒体人一拥而上进行的炒作，更要为《漠视生命是最可怕的沉沦》一文的作者点赞。不消费案件、不消费当事人本身，从维护法律尊严、弘扬正确价值观角度报道和评论，这是上线，也是底线。

《羊城晚报》2014年4月20日A1版

（原载《羊城晚报》2014年4月20日）

让红色娘子军精神穿越时空光照当下

孙　焰

《羊城晚报》2014年4月20日A1版获得了第二十五届中国新闻奖版面一等奖。仔细分析这个版面，大致觉得有几点是能让它从众多参评版面中脱颖而出的理由。而最重要的原因就是，版面的主打稿并不是一个孤立的事件，而是本报《红色娘子军精神·薪火相传》系列报道中的一个组成部分，这个系列报道也获得第二十五届中国新闻奖二等奖。整组系列报道从策划立意到社会影响都是一个完美的案例。

策划立意高远

这组系列报道缘起于本报一位忠实读者——海南省的王路生。他在父亲去世后，接替父亲为仍然健在的红色娘子军老战士们每天朗读《羊城晚报》。这个"金牌读者"的故事深深地打动了羊城晚报的编辑记者们。所以在报社评选完"金牌读者"之后，记者们还与王路生保持着联系。2014年3月9日记者得知，潘先英——红色娘子军在世的最后两位老战士之一，在海南过世。而这时，她唯一还健在的战友——卢业香老人，也已因病入院，连续几个月在琼海市人民医院的ICU病房中，与死神搏斗。她们，是《羊城晚报》几十年的忠实读者；她们，也是为新中国的建立抛洒过青春和热血的英雄儿女。

广东是改革开放的前沿阵地，是人们认为的富裕之地。但物质之丰富，并不等同于精神之富强。物质文明、精神文明，两手抓两手都要硬，始终是我们孜孜以求的。较之83年前，那群在琼海的热带雨林中，为了一个坚定的理想信念，甘于流血牺牲的年轻姑娘，我们需要一些思考，一些坚守，一些追求。她们所追求的，是一个"富强、民主、文明、和谐"的新中国；她们所期盼的，是一个"自由、平等、公正、法治"的社会。她们离我们并不遥远，即使时代有所不同，但她们与我们同样实践着"爱国、敬业、诚信、友善"的做人准则。

正是基于这样的原因，当时的羊城晚报社总编辑刘海陵决定，从政文部和摄影部抽调记者，组成报道组，于3月下旬奔赴海南省琼海市，探望了病床上的卢业香老人；追寻红色娘子军当年的革命足迹，梳理了这支队伍的传奇历史；寻访了红色娘子军的后人、党史专家、艺术家、琼海市领导，让红色娘子军精神可以穿越时空，光照当下。

社会反响巨大

记者采写回素材后，刘海陵总编辑、林海利副总编辑又专门召集要闻部、政文部相关记者、编辑，对素材进行再梳理和加工。4月8日清明节期间，《羊城晚报》以头版头条消息加3个整版的专刊的规模，推出了《红色娘子军精神·薪火相传》大型系列报道的开篇，隆重纪念这支革命队伍，回顾这段烽火岁月，呼唤新时代的理想信念，并连续在其后的一周多时间里推出了几十篇相关报道。一时间，红色娘子军勾起了几代人的岁月记忆，也成了引发很多人思考的话题。

中宣部新闻局在4月18日的《新闻阅评》中称赞，羊城晚报《红色娘子军精神·薪火相传》系列报道，以寻找"最后的红色娘子军"为新闻切入点，把社会主义核心价值观这一重大主题宣传与红色经典的精神内涵巧妙契合，主动设置选题，深入挖掘"红色娘子军"的时代内涵，为经济发达地区的精神文明建设提供了优质教材。该系列报道有内容、有深度，显现出厚重的历史感和鲜明的时代感，其创新做法很具参考价值。

4月19日早上，在这组报道还在陆续刊发时，红色娘子军最后一位老战士卢业香，在海南家中离世。而羊城晚报这组《红色娘子军精神·薪火相传》的系列报道，也成了对这位老人、对这支传奇队伍最深情的纪念。当晚，总编辑刘海陵、副总编辑林海利果断拍板，多角度、全方位报道这件事，把红色娘子军精神的宣传报道推向高潮。于是，责任编辑细心打磨稿件、美术编辑用心琢磨版面，倾力打造了这个获奖版面——《羊城晚报》4月20日A1版。

主图画龙点睛

这个版面能一下子吸引人、打动人，能够获得眼光犀利的中国新闻奖评委的青睐，跟那张主打大图不无关系。不管是评委还是读者，一拿到报纸，第一眼都会被版面上的大图——卢业香老人挥手的照片吸引。柔和的光线烘托着老人布满皱纹、满是沧桑感的面部大特写，红色娘子军经历的种种磨难平静地记录在老人残缺的手指上，依依挥别成就温情告别，非常切合主题。这张照片成为整个版面聚焦的中心，编辑也很恰当地把它摆在了版面的最佳位置——上半版、中间，让它在读者拿起报纸的瞬间就抓住眼球，吸引读者看完全部报道。

坚持版面特色

在当时的纸媒中，流行第一个版是封面导读，都市类报纸基本如此，而传统的央媒大报则基本不用导读，本报走的是中间路线，头版既有可读性强的报道，也有引领读者阅读的导读提要。两者可以灵活调整，新闻报道足够吸引人则做大新闻报道，缩小导读，没有太吸引人的新闻时则做大导读，这成为《羊城晚报》独具一格的特色。正是坚持了这一特色，成就了4月20日的A1版。当天，各方面的报道汇聚到编辑部门，稿件非常全面，有卢业香老人去世的消息，有家乡亲人的悼念，有《红色娘子军·薪火相传》系列报道的综述，还有这一组报道所引起的社会反响。于是，编辑只在报眼处放了一条重要的新华社稿，留下一栏做导读，其他六栏全部用来做了《最后一位红色娘子军战士走了》的组合报道，有丰富的层次感和视觉冲击力。编辑在稿件处理和标题制作上也很用心，稿件文字干净洗练，标题《最后一位红色娘子军战士走了》《让红色娘子军精神穿越时空光照当下》都是简洁、凝练、透着情感的好标题，让这组报道尽现光彩，让版面和谐、美观、大气。

专家评说

最是创意动人心

殷陆君

2014年4月20日《羊城晚报》A1版引人注目。

一个好主题诱人阅读。《红色娘子军精神·薪火相传》系列报道，以寻找"最后的红色娘子军"起始，以送别"最后一位红色娘子军女战士"落幕，深入挖掘"红色娘子军"的时代内涵。以重访红色精神地方代表为题切入，巧妙嵌入社会主义核心价值观。好主题有思想，既让人思，又让人想；既让人惊，又让人叹。

一个好组合引人悦读。最新的消息：老人走了。最近的故事：阿婆遗像是红军照。丰富的信息：晚辈的追思，社会各界的反应。多元汇集的组合报道，契合人们的怀念和读者对信息的需求。充分满足受众的需要，把受众当衣食父母，是我们做好报道的原点，也是我们追求好报道的高点。

一幅好照片摄人心魄。老人的面部大特写，皱纹满布，充满历史沧桑感。残缺的手指诉说着苦难，提示着不同寻常的过去。平静的表情，平和的心态，平实的手势，充盈温暖，洋溢情感，挥别温情的今天，平常中显示非同寻常。图片放大，引人关注，促人聚焦，夺人眼球。可谓：版面用好照片，一图胜千言。

一组好故事温暖人心。阿婆遗像是红军照，阿婆生前常把铜锣来摸，老人后人难忘恩，真实的故事最动人。亲情的温馨，组织的温暖，各界的温情，真切的情感最暖心。可谓：版面有故事，一语颤泪点。

一个好策划让人难忘。经典在历史的光影中若明若暗，典型在岁月的风尘中忽隐忽现。新闻就是通过一个个好形象让她显性擦亮，呈现一个个新故事让她传承动人。

"红色娘子军"是全国性地方题材，广东是先发型经济发达地区，如何让两朵文明花并蒂同开，如何让一些老题材生发新枝，是新时代新闻工作者必须回答好的命题。

羊城晚报这一策划，花开两朵、各表一枝，获得版面一等奖和系列报道二等奖，生动地告诉我们：老总有想法，编辑有办法，记者有做法，读者有说法，策划、采编、制作、传播一条龙接力，可以让文章出彩、版面精彩；新闻有规律，传承有归依，通联发现、采编发掘、队伍发扬、报道发展一条心共振，可以让报道出色、报纸出众。

羊城晚报这一系列，传达信息，传播新闻，传递温暖，传导价值，受到社会肯定和受众热评，生动地启示我们：红色娘子军，老去的是容颜，不老的是青春；老去的是人物，不老的是精神。83年前，那群在热带雨林中甘于流血牺牲的年轻姑娘坚守的，也是我们今天需要继承和发扬光大的。为党为国分忧，才能看得更远、做得更好；理想信念坚定，才能更稳地走向未来。

向网络谣言"亮剑"

马庚申

当今时代，论坛、博客、微博等网络传播平台越来越多地走进百姓生活。然而，网络所具有的发布信息快速、便捷的特性，也给一些别有用心的人造谣传谣提供了渠道，他们发布传递网络谣言扰乱互联网秩序，危害社会诚信，激化社会矛盾。我们要果断地向网络谣言"亮剑"。

莎士比亚有句名言，说"谣言会把人们所恐惧的敌方军力增加一倍，正像回声会把一句话化成两句话一样"。现实生活中，几乎我们每个人都曾受到过网络谣言的侵害。从日本大地震期间的"碘盐防辐射"，到"部分艾滋病人通过滴血食物传播艾滋病"，从"歼-10B 战机试飞坠毁"，到"海师支教女学生被灌醉轮奸"……从最初的言之凿凿，到最后的真相大白，网络谣言破灭的过程让我们认识到，网络谣言对公共舆论道德产生了致命的损害。

人人都有"麦克风"绝不等于人人都可以"乱放风"。网络环境越是开放、自由，越是考量我们的道德。我们越应该牢记公民责任，珍视、善待这种网络媒体给予我们的传播权利。对待网络谣言，我们每一位市民，首先要做到不听信、不盲从、不传播，知情者要挺身而出、及时批驳，敢于对谣言说"不"，让谣言止于真相。互联网企业和网站要当好制止谣言的"看门人"和"清道夫"，绝不能听之任之、推波助澜，让谣言止于企业责任。

当前，天津正处在发展的关键时期，好的形势来之不易，我们要万分珍惜。深刻认识网络谣言的危害性，增强对网络谣言的干预，务求干预实效，也是不断巩固团结和谐稳定、风正气顺心齐、想干会干干好的良好环境氛围的需要。认识到位、措施到位，效果就一定到位。

（原载《今晚报》2012 年 4 月 9 日）

关注社会热点　反映群众关切

马庚申

在"人人都有麦克风、处处遍布自媒体"的当今时代，新闻报道需要始终坚持正确的舆论导向，紧密关注社会热点，积极反映群众关切，坚持"走转改"、做好"短实新"，真正做到不唯远、不唯苦、只唯真。只有这样，报道才更有吸引力、影响力和生命力。

获得第二十三届中国新闻奖文字系列类一等奖的作品《向网络谣言"亮剑"》，在采写过程中，我体会较深的有以下几点：

一、新闻的敏感性，需要记者在坚持正确舆论导向的基础上，积极培育自己对于社会热点问题敏锐的洞察力

从 2011 年下半年起，"部分艾滋病人通过滴血食物传播艾滋病""歼 -10B 战机试飞坠毁"等一个个扰乱互联网秩序，危害社会诚信的网络谣言引起了我的注意。我认为这是一个角度新颖的选题，无视规则、毫无理性的网络谣言其危害不亚于网上"黄赌毒"。于是，我开始有意识地关注网络谣言从最初言之凿凿，到最后真相大白的过程。在此期间，今晚报 96860 公众服务热线和千名读者评报系统，也陆续接到了百余位读者关于"吃碘盐能

防辐射"等流传甚广的网络谣言的真伪求证咨询。这使我进一步认识到，现实生活中，几乎每个人都曾受到过网络谣言的侵害，它对公共舆论产生了极大损害，正逐渐成为社会热点问题，值得长期关注。

2012年初，随着微博、微信等越来越多地走进百姓生活，网络谣言有愈演愈烈之势，我进一步感觉到这个选题应持续跟进。于是，我电话采访并联系了天津市传播学、舆情监测等领域的几位专家，了解了网络谣言对于社会造成的危害，并积极搜集相关材料，准备在适当时机推出报道。

恰当的报道时机很快来临了。2012年3月底，个别网民在互联网上编造、传播所谓"军车进京、北京出事"等谣言，产生了恶劣的社会影响。公安机关迅速展开调查，依据有关法律法规，对在网上编造谣言者依法予以拘留，对在网上传播相关谣言者进行了教育训诫。国家网信办责成有关地方网络管理部门进行严肃查处，电信管理部门依法对梅州视窗网、东阳热线等16家造谣、传谣，疏于管理造成恶劣社会影响的网站予以关闭。一时间，"网络谣言"的相关话题，成为街谈巷议的焦点。2012年4月初，中宣部做出部署，主流媒体应积极发挥自身优势，针对网络谣言这颗蛊惑网民、欺骗公众、危害社会的"毒瘤"开展揭批报道。对于"网络谣言"这一选题，我由于长期关注、准备充分，因此无论是深入采访还是撰写稿件，比其他媒体同行更具优势，这也证明了那句话——"机会更加青睐有准备的人"。

二、采访的深入性，当获得新闻线索之后，应全身心投入，深入细致地采访，尽可能多地掌握第一手资料

深度报道怎样才能比其他媒体领先一步？除了多多锤炼自己的"新闻眼"，尽量比别人早发现线索，还需要在采访、撰写、刊发的全过程"处处留心""时时紧盯"，尽量总是先人一步。

在撰写该系列报道的过程中，为了能在剥开网络谣言"画皮"时有更

充分有力的佐证，我联合天津市"半边天"志愿者，利用QQ、微信、微博先后对1000多位网友，围绕"遭受网络谣言侵害的情况""是否赞成网络实名制""怎样让网络空间更加健康纯净"等话题，进行了调查、咨询和意见汇总，在写作时才有了详尽、充分的事例和论据；为了写好专门防控网络谣言的报道，我从上午10点到晚上9点，一直在每天要审核处理8000到10000个由网民们自行发布的帖子的网站管理员身边采访，亲眼见证他如何甄别、堵截那些未经证实的小道消息和不良信息，并最终选取了现场堵截网络谣言"甘肃文县发生火灾，造成100人死亡"的生动实例；为了采访由天津年轻人自发组成的网络辟谣小组"科普客"，给系列报道增添更鲜活的真实案例，我先后3次前往滨海新区，耐心地说服一开始对于采访十分抵触的该小组负责人……正因为如此，才使得这组报道拥有了众多鲜活的例证以及更加新颖的角度，这正是该系列报道能够获奖的重要因素之一。

三、报道的全面性，记者应旁征博引，积极与多位相关领域专家学者联系，反映其各自观点，以寻求对于该问题的权威解读，最大限度地确保报道中的观点客观、公正

为了让针对网络谣言危害的表述更具权威性、更有说服力，我先后对天津市社科院舆情所、南开大学传播学系、天津市网络文化建设和管理办公室等机构的20多位专家和相关负责人进行了采访，好几次为了采访一位专家，登门拜访三四次，有时候为了获得十几分钟的采访机会，一等就是一两个小时。

在搜集专家观点的过程中，为了避免因一家之言导致报道整体阐述的观点不够准确，甚至失之偏颇，我按照专家学者们擅长的领域，基本上都会找2位至3位专家请教，然后筛选他们观点中能够相互印证的部分，斟酌采用。例如：在回答我关于"该怎样实施网络实名制"的提问时，天津

社科院舆情研究所、南开大学文学院传播学系、天津师范大学新闻系等机构的专家的观点不尽相同，经过对多位专家观点的对比、印证，我在报道中最终采用了较为可行的"前台匿名、后台实名"的专家观点，从而有效规避了"专家观点打架"的状况出现，也更加便于获得读者理解和认同。

四、报道语言要通俗、简练、例证生动，符合"短实新"的要求，为百姓所喜闻乐见

该组系列报道中，篇幅最长的 700 多字，最短的只有 500 多字，读起来短小精悍。在撰写报道时，我摒弃了许多生硬的陈述性语言，而是有意识地且较为适当地使用了"向……说不""当枪使""责任田""门前三包"等生动形象的口语化语言，读起来通俗易懂、朗朗上口，非但不显得沉闷，而且格外活泼、俏皮。

五、撰写系列报道时，尝试使用多种体裁，形成"组合拳"，往往会令报道效果更佳

在这组系列报道采写过程中，我没有循规蹈矩地仅使用消息体，而是采用了消息、通讯、评论等多种体裁。正因为这几种体裁的取长补短、互为补充，才使得这组系列报道能在全国较早且旗帜鲜明地提出了"网络谣言蛊惑亿万大众的心，可谓害莫大焉、罪莫大焉，必须坚决取缔、依法惩处"的观点。

一个需要不断破解的课题

曹焕荣

在信息爆炸年代，网络谣言如同无时无处不在的无形瘟疫，于暗处不断滋生、蔓延，给舆论场造成混乱，严重侵蚀人的良知和社会正义。《向网络谣言"亮剑"》系列报道运用消息、通讯、评论等形式，不仅关注谣言本身，还深入探讨谣言背后的社会心理、利益驱动和法律监管等。特别是通过对不同类型谣言的剖析，展现虚假信息的多样性和复杂性，同时指出制止和打击谣言的难点。专家、行业协会、网民代表、监管部门等多角度的发声，也让这组报道展现了从"指出问题"到"分析问题"再到"解决问题"的探索轨迹。

读罢这组报道，能够从字里行间感受到满溢的是非感、责任感。有人把新闻人比喻为社会的"守望者"，而像《向网络谣言"亮剑"》那样站在潮头敢于搏击的新闻作品，恰恰满足了人们对真相、真理的需要和期待。这背后，少不了政治家办报、办台、办网的高度站位，少不了落实意识形态责任制的强烈意识，少不了过好互联网这一关的行动自觉。今天，联系有些主流媒体所办新媒体为流量所裹挟，参与编造、传播虚假信息的情况，再回头读一读十多前的这些文字，让人唏嘘，想必也会让一些同行红红脸、出出汗吧。

很显然，此时此刻的网络谣言不仅没有减少，而且还在增多，形式也在变化，如衍生出的"网络暴力""饭圈文化"更甚。《向网络谣言"亮剑"》一文曾说，"网络环境越是开放、自由，越是考量我们的道德"。当年作者给出的这一议题，拥有穿透事件、现象本身，映射当下的价值，有待思考与解答。

晚来悦读
一时新

晚报上的
中国新闻奖

二等奖

为了跨越时空的团聚

——孙嘉怿带领团队为 965 位烈士找到"回家"路

杨静雅

雷公牺牲前唱着沂蒙山小调，对战友说：别把我一个人留在这儿……最近，电影《长津湖》里的这一幕时常在宁波市海曙区志愿者协会副秘书长孙嘉怿的脑海里浮现，挥之不去。

"来自退役军人事务部的信息显示，目前全国有名可考的烈士约 196 万名，其中有明确安葬地的仅 55.9 万名。烈士也怕孤单啊，我们得加快速度，让更多安葬地信息不详的烈士尽快和亲人'团聚'。"孙嘉怿每天都在心里为自己和伙伴们加油。

由一个人到一群人，再到无数人，孙嘉怿带领团队帮助烈士寻亲，还将服务延伸到烈属，并让青少年参与其中，激发年青一代的爱国情怀。最近，她正借着《长津湖》的热度，用她 19.9 万粉丝的微博全网替烈士寻亲，仅今年 11 月份，就为 106 位烈士找到了亲人。昨天，又传来好消息，志愿者找到了四川籍烈士李长华的家人。至此，孙嘉怿带领团队已为 965 位烈士找到亲属。

一个人，走上为烈士寻亲的道路

孙嘉怿 1985 年出生于宁波，生活在一个军人世家，外公是抗美援朝志愿军战士，爷爷参加过抗日战争，父亲曾是一名海军战士。因此，她从小就对军人有着深厚的感情。

2008年，刚参加工作的孙嘉怿在朋友的带领下，参加了一个关爱抗战老兵的志愿服务团队。老兵们常给她讲起自己牺牲的战友，她由此对烈士产生了崇敬之情。在替老兵寻找牺牲战友的安葬地时，她常通过上网等途径查询烈士信息。

她发现，大部分烈士的信息里都没有烈士的具体安葬地，导致很多烈属查到了亲人的姓名，却找不到亲人的安葬地，无处祭奠亲人。同时，也有许多烈士墓长期无亲属祭扫。

于是，在节假日里，孙嘉怿常穿着黑衣，背着双肩包，一手捧着鲜花，一手提着水果去祭奠烈士。

"越是偏远的烈士陵园，去的人越少，我们到边境线上看望烈士吧！"2012年4月，孙嘉怿和丈夫蜜月旅行去了云南，国殇墓园、麻栗坡烈士陵园……搭便车、住农舍，有鲜花的地方就买束鲜花，没鲜花的地方就买些小笼包子、水果作为祭品，他们半个月去了10多座烈士陵园。每到一座烈士陵园，孙嘉怿都会挨个查看墓碑上烈士的详细信息。她发现，许多烈士牺牲时只有20多岁，和自己年龄相仿，很是震惊。她再到烈士纪念馆里看他们的事迹，更加震惊：有的为了引开敌人，身体被炸成两截；有的在身上绑满手榴弹，与敌人同归于尽……

这次云南之行，孙嘉怿对烈士的崇敬之情更深了。她每到外地出差，都会抽空去当地的烈士陵园，并将陵园的照片和自己祭奠烈士的感受发到微博上，号召更多人去祭奠烈士。

见孙嘉怿常在微博上发烈士陵园的照片，2017年初，安徽省太和县烈士王心恒的侄子王志宝辗转联系上孙嘉怿，请她帮忙找王心恒烈士的陵墓。家人只知道王心恒1949年在宁波牺牲，却不知他安葬于何处。

两周后，孙嘉怿在宁波樟村四明山革命烈士陵园找到了王心恒烈士的陵墓，便立即给王志宝打电话。由于太激动了，她的手都有些颤抖。电话那头，传来了"终于找到了"的喊声，随之就是"哇——"的哭声。

孙嘉怿买来水果，放在王心恒烈士的墓碑前，轻声说："老英雄，您的家人让我来找您了，以后我会常来看您。"

之后，每年清明节和烈士纪念日，孙嘉怿都会去祭奠王心恒烈士。今年4月初，王志宝来宁波祭奠王心恒烈士，孙嘉怿和一群志愿者一直热情相陪。

这次寻亲成功，让孙嘉怿走上替更多烈士寻亲的道路。她每次去烈士陵园，祭奠完烈士后，会将所有的墓碑都拍摄下来。晚上，她会去中华英烈网查找这些烈士的信息，补全信息后发到微博上，希望能帮助烈属找到烈士安葬地，从而让烈士"回家"。

一群人，为900多位烈士找到亲人

孙嘉怿替王心恒烈士寻亲成功的消息在网上传开，向她寻求帮助的人多了起来。

2017年3月，家住陕西省咸阳市的烈属黄军平联系孙嘉怿，想请她一起整理他从朝鲜开城烈士陵园拍下的烈士资料。

由于工作量太大，孙嘉怿在微博上发起"我为烈士来寻亲"活动，招募了20多名志愿者一起整理资料。

2017年清明节前夕，孙嘉怿按照籍贯分类发布了1000位烈士的安葬地信息。她的微博火了，很多人联系她，希望前往朝鲜祭奠亲人或寻找亲人的安葬地。

2018年4月初，孙嘉怿等志愿者陪同60多位烈属前往朝鲜寻亲。火车缓慢前行，雨点打在车窗上，志愿者和烈属们一路眼含泪水。车厢里很安静，大家或沉思，或远望，突然有位烈属轻声说："我们的先辈也是坐着火车去的朝鲜，他们再也没有回来，我们去'接'他们……"话音刚落，车厢里一片抽泣声。

此行，大多数烈属"接到"了自己的亲人，但仍有人没有找到亲人的安息地。来自南京的陈传文老人就是其中之一。

1952年，陈传文的父亲陈士成在朝鲜战场上开着运输车引开了敌人的轰炸机，壮烈牺牲，部队寄来的信里没有他的安葬地信息。

陈传文在烈士陵园里用拐杖敲打着地面喊："老爸，您到底在哪里？我跟您的儿媳妇董良英来了！让我们到哪儿找您？"

孙嘉怿立即上前扶住陈传文说："老人家，您别急，我一定帮您找到亲人。"

从朝鲜归来，孙嘉怿感到替烈士寻亲真的是太迫切了！

在孙嘉怿的发动下，越来越多的人加入到"我为烈士来寻亲"志愿服务队，其中有许多是军事、地理、历史等方面的专家。

孙嘉怿把志愿者分成摄影、整理、专家、审核四个组。摄影志愿者负责拍摄烈士墓碑，整理志愿者负责通过多种方式完善烈士信息，如果遇到了难题，就交给专家组。

孙嘉怿带领审核组负责所有信息的终审。为使信息更准确，她学习了部队番号和汉字字体演化等知识，常常学习到深夜。为使信息更全面，孙嘉怿常通过网络或"114"查询烈士家乡的相关电话号码，打过去了解情况。电话那头，有时会传来耐心的回答，有时也会传来质问："你怎么知道电话的，是不是骗子？"甚至有时对方会甩来一句"神经病！"尽管有时会遇到挫折，但她仍不气馁，不放过任何一条可能找到烈士亲属的信息。

有了各种人才的加入，孙嘉怿和伙伴们破解了许多难题，也帮陈传文找到了他父亲的安葬地。

在一位志愿者拍来的朝鲜陵园照片中，孙嘉怿发现一位烈士叫"陈世成"，经过她和多方面专家的共同研判，确定此名为"陈士成"的误写。

她欣喜若狂，专程赶到陈传文家中，将陈士成烈士所在陵园的照片送给陈传文，还拿出一张朝鲜地图，将陵园所在位置圈出来指给陈传文看。陈传文哭得像个孩子，说："有生之年，就算坐轮椅也一定要去见一次爸爸。"

自此以后，陈传文直呼孙嘉怿"闺女"，而孙嘉怿逢年过节都会去看望陈传文一家。

目前，"我为烈士来寻亲"志愿服务队有 200 多名队员，队员足迹遍布国内及朝鲜、缅甸等地的 700 多座陵园。服务队建起了全国首个烈士安葬地信息数据库，内有 4 万多位烈士的信息，烈士出生年月、家庭住址、部队番号、牺牲时间、安葬地点等一应俱全。孙嘉怿和她的团队，已为 965 位烈士找到了亲人。

无数人，参与到为烈士和烈属服务中

在替烈士寻亲过程中，孙嘉怿看到了许多烈属失去亲人后挥之不去的痛楚。

"我们享受的和平环境是无数先烈用生命换来的，这其中也包含着无数烈属的付出。"孙嘉怿说，烈属的生活已经得到了国家的保障，志愿者可以在情感上给予烈属抚慰。

2021 年是中国共产党成立 100 周年，孙嘉怿根据烈属需求，开展了一系列为烈属服务的活动。

1950 年，安徽省萧县青年冯世杰奔赴抗美援朝战场。冯世杰走后，妻子吴秀真因为没有及时收到回信，误以为丈夫有了别的想法，一气之下撕碎了全家福，把冯世杰的那一半扔掉了。1953 年，冯世杰一年前牺牲的消息从朝鲜传来，吴秀真后悔不已。2019 年 2 月，孙嘉怿替吴秀真找到了冯世杰的安葬地。吴秀真拿出半张全家福，想将丈夫"恢复"上去。孙嘉怿请人用影像修复技术合成了全家福，吴秀真看着照片，热泪盈眶。

今年，孙嘉怿顺势推出了"我为烈士修遗物"活动，组成了以宁波财经学院大学生为主体的志愿服务队，帮助烈属修复烈士遗像、证件等物品。

孙嘉怿还发现，每到清明节，总有一些烈属由于种种原因不能去现场祭奠烈士，便推出了"我为烈士代祭扫"志愿服务活动。

为烈士寻亲和为烈属服务，让孙嘉怿异常忙碌。她原来在一家金融单位工作，收入颇丰。2019年，宁波市海曙区志愿者协会力邀她入职，虽然薪水不高，但考虑到在新岗位上可以更好地推进"我为烈士来寻亲"项目，她欣然前往。

为烈士寻亲和为烈属服务，也让孙嘉怿开支陡增。前些年，她自费去全国20多个城市祭奠烈士，还自费带烈属去朝鲜寻亲，花去了不少积蓄。今年，她自费替烈士放大照片，又花了不少钱。这些钱都是她省吃俭用节约出来的，而她穿的都是一两百元一件的衣服，出差住的都是一晚100多元的旅馆。

桃李不言，下自成蹊。

孙嘉怿得到了网友的认可。目前，她的微博"猫小喵滴兔子"有19.9万粉丝，除了她带领的志愿团队外，还有成千上万的网友参与到她发起的"我为烈士来寻亲"话题中。目前，该话题的阅读量超过6970万人次。众多网友积极为烈士寻亲，有的查找寻亲线索，有的提供陵园照片，有的帮忙出谋划策。

2020年，全国人大代表、安徽省广播电视台的吕卉到宁波向孙嘉怿了解相关情况，并在当年的全国两会上提交了"关于烈士陵园档案信息化建设"的建议。2021年4月2日，退役军人事务部开通了"烈士寻亲政府公共服务平台"。

近几年来，孙嘉怿获得了宁波市海曙区道德模范等诸多荣誉，最近刚获评2021年度浙江省"最美志愿者"。这是实至名归！

几代人，把崇敬英烈化为爱国之情

"在为烈士寻亲的路上，我发现自己兴趣变了。"孙嘉怿说，20岁左右时，她晚上经常去泡吧，开始为烈士寻亲后，她意识到现在的好日子是先烈们用生命换来的，爱国、爱党之情油然而生。今年 6 月，她成为一名中国共产党预备党员。

孙嘉怿觉得，自己应该努力去影响"90 后""00 后"，甚至像她女儿这样的"10 后"，引导他们了解英雄、崇尚英雄、热爱祖国、珍惜当下。每次有新的烈士材料要整理，她都将材料优先分给年轻志愿者；每次有志愿者为烈士修好遗像，她都组织少先队员护送遗像；每次去祭奠烈士，她都会带一群孩子同去。这样做，为的是让他们在参与中了解烈士的事迹，感受当下和平环境的来之不易。

参与为烈士寻亲、为烈属服务活动，让志愿者们的心灵得到洗礼。参与为烈士修复遗物的宁波财经学院志愿者王宇童说："过去，我都是在报道中了解英雄，现在，我在修复烈士遗物时跨越时空与烈士'面对面'交流，感受到了烈士对国家的深情。"

孙嘉怿还发起"英烈故事我来讲"活动，和其他志愿者到中小学校给学生讲述烈士故事，志愿者以年轻人为主。据统计，"我为烈士来寻亲""我为烈士修遗物""我为烈士代祭扫""英烈故事我来讲"四支志愿服务队共有 400 多人，平均年龄仅 30 岁。

"大家都看过动画片《那年那兔那些事》吧，那里面的兔子也说要再到三八线上浪一回，肯定是怀念战友了，今天，我就给大家讲讲三八线边上发生的故事……"今年 9 月 30 日，孙嘉怿一大早来到宁波市海曙区龙观乡中心小学宣讲烈士故事，一开场，她的话就吸引了学生们。为了拉近与学生们的距离，她在宣讲结束时播放的《我的祖国》都是易烊千玺版的。

听完她的宣讲，该校学生谢龙在作文中写道：我觉得正是因为无数革命战士浴血奋战，才有了我们今天的幸福生活，我们应该继承先烈遗志，从小树立远大理想，长大报效祖国。

今年，仅孙嘉怿个人就进学校宣讲了 15 场，分散在全国各地的志愿者也纷纷到附近的学校宣讲。

孙嘉怿的女儿由于经常听孙嘉怿讲烈士故事，每次外出，一看到"烈士陵园"几个字，马上就会喊："妈妈，烈士陵园，我们去给烈士献花吧！"

孙嘉怿还经常带着学生去看电影，激发他们的爱国情怀。今年，她组织了多批青少年去看《长津湖》，并结合《长津湖》给大家讲述她在替烈士寻亲过程中了解的故事。

"在长津湖战役里牺牲的人中，也有我们宁波人，海曙区湖山村的汪文才就是其中之一，他牺牲时只有27岁……"

今年10月的一天，她在影院外给刚看完电影的孩子们讲故事，马上有孩子说："我长大以后也要报效祖国，成为英雄！"

这声音让我们牢记——

崇尚英雄才会产生英雄！

不忘来时路方能行致远！

（原载《宁波晚报》2021年12月26日）

与时代同频共振　让情感双向奔赴

杨静雅

在第三十二届中国新闻奖评选中,《为了跨越时空的团聚——孙嘉怿带领团队为965位烈士找到"回家"路》获得了通讯二等奖,在此,我和大家一起分享一点儿创作体会。

孙嘉怿是海曙区志愿者协会副秘书长,她长年带领数百名志愿者帮助烈士寻亲。媒体对她有过不少报道,宁波晚报的通讯《为了跨越时空的团聚——孙嘉怿带领团队为965位烈士找到"回家"路》能够在第三十二届中国新闻奖评选中获得通讯二等奖,并不是写得有多么好,有很多幸运成分在里面,比如,稿件发表在建党百年和电影《长津湖》热播的年度里就是之一。如果说有经验可以分享,我觉得稿件在立意和采访上有些可圈可点的地方。

"文章合为时而著",诗人白居易提出读书人要关注时代。作为新闻工作者,更应该与时代同频共振。2021年是中国共产党成立100周年,孙嘉怿在这样的年度里更加需要全方位宣传。于是,我在忙碌的审稿和夜班之余,对她展开了采访。

《为了跨越时空的团聚——孙嘉怿带领团队为965位烈士找到"回家"路》三个整版的稿件,共用了6幅照片,有5幅里有青少年。稿件也用了近一半的篇幅写孙嘉怿团队带领青少年开展各种活动。做出这样的安排,是因为我在采访时发现，孙嘉怿在替烈士寻亲的同时，还开展关爱烈属活动，并让青少年参与到整理资料、慰问烈属之中。她告诉我，之所以这么做，是因为她在为烈士寻亲中感受到今天的好日子是先烈们用生命换来的，爱国、爱党之情油然而生，思想得到了升华。她还加入了中国共产党，她想让更多青少年思想也得到升华。

这使我意识到，孙嘉怿团队不是"做好事""感恩烈士"这样的主题可以承载的了。

于是，我以"一个人""一群人""无数人""几代人"的表现为线索，不断升华主题，最终使"我为烈士来寻亲"走出了狭隘的代际交换、浅薄的一报一还，阐明了孙嘉怿团队"为烈士"是家国历史的传承，是民族精神的成长，是国民气质的涵养。

重大主题报道与时代同频共振，除了注重年度特征，还要注重年度热点。2021年电影《长津湖》创造了中国电影票房史，我在稿件中加大了《长津湖》元素的呈现，一开始就写道"雷公牺牲前唱着沂蒙山小调，对战友说：别把我一个人留在这儿……"，写出了烈士也怕孤单的情感，同时，呈现了全国尚有140多万烈士未能和家人团聚的数据，展现了孙嘉怿团队为烈士寻亲的迫切性和重大意义。

通讯创作细节很重要。而细节往往需要记者通过面对面采访，调动采访对象的情绪，与采访对象达到情感上的双向奔赴，才能挖掘出来。

在创作这篇作品时，我翻看了孙嘉怿十年来所发的数千条微信、数万条微博，从中得到了大量信息，我完全可以在一次面对面采访之后，通过微信等联络手段采访，但我感到隔着屏的交流很难和采访对象形成情感的互动。于是，我对孙嘉怿进行了多次面对面采访。

正是在这些面对面的采访中，我了解了很多细节。比如：她蜜月旅行选择去烈士陵园，她替烈士寻亲为省钱住100多元的旅馆，她对许多烈属像亲人一样……

正是在面对面的采访中，我感受到了她替烈属寻亲无果的遗憾，捕捉到了很多生动的细节。比如，我在作品中写道：陈传文在烈士陵园里用拐杖敲打着地面喊："老爸，您到底在哪里？我跟您的儿媳妇董良英来了！让我们到哪儿找您？"孙嘉怿立即上前扶住陈传文说："老人家，您别急，我一定帮您找到亲人。"

最让我难忘的一次采访是在 2021 年 9 月 30 日，这天是烈士纪念日。我连续值了四天夜班，每晚回到家中都是凌晨一两点。早晨醒来后，我又想起了已经写完初稿的孙嘉怿报道，总觉得不感人。于是，我产生对她进行跟随式采访的念头。我立刻给她打了个电话，得知她正在去龙观乡中心小学讲烈士故事的路上，之后她还要去樟村烈士陵园看望烈士。我急忙换了一身黑色的衣服，买了一束鲜花出发。虽然我赶到时，她的故事已经讲完了，但我还是问出了很多感人的细节：为了让孩子们喜欢听她讲的烈士故事，她的 PPT 里会用到动画片《那年那兔那些事》，会播放易烊千玺版的《我的祖国》。当我和她来到樟村烈士陵园，看她专门买了宁波土烧酒当祭品，好奇一问，她说她蜜月旅行去云南边境的烈士陵园看望烈士，找不到商店，就在路边买了小笼包子当祭品。这些由面对面交流引出的故事，如果是微信采访，大概率采访不到。

这次收获巨大的采访使我反思：互联网时代，记者通过发微信等手段，可以将采访对象的回复复制、粘贴变成文章，但却很难隔屏触摸到他们的情感；可以直奔主题问到我们想要的信息，但却很难发现没有想到的细节。长久过度依赖互联网，使记者的工作变得模式化了，变得枯燥了，慢慢地，不再有范敬宜"如果有来生，还是做记者"的感慨，也不再有邵飘萍"铁肩担道义，辣手著文章"的豪迈。或许，在互联网时代，记者更需要一场说走就走的沉浸式采访，更需要一次和采访对象乃至他（她）周遭环境的人在情感上的双向奔赴。

主题重大　立意高远　细节感人　角度新颖

金君俐

主题重大。2021 年是中国共产党成立 100 周年，此作品通过孙嘉怿为烈士寻亲的故事，展现了当代中国年轻人传承红色基因、赓续伟大事业的决心与情怀，极具年度重大主题特征。

立意高远。作品以"一个人，走上为烈士寻亲的道路""一群人，为900 多位烈士找到亲人""无数人，参与到为烈士和烈属服务中""几代人，把崇敬英烈化为爱国之情"四个小标题引领，不断升华主题，揭示了孙嘉怿事迹的重大时代意义。特别是文章最后用"崇尚英雄才会产生英雄！""不忘来时路方能行致远！"等语句，深化了主题。

细节感人。她蜜月旅行选择去烈士陵园，她替烈士寻亲为省钱住 100多元的旅馆，她对许多烈属像亲人一样……孙嘉怿的这些故事很感人。同时，文中写到的烈属陈传文在烈士陵园里用拐杖敲打着地面喊爸爸、雷公牺牲前唱着沂蒙山小调对战友说"别把我一个人留在这儿……"等细节也很感人。

角度新颖。报道中写到孙嘉怿等志愿者为烈士寻亲的感悟：让自己的人生得到了丰富，思想得到了升华。这使"我为烈士来寻亲"走出了狭隘的代际交换、浅薄的一报一还的境界，阐明了他们"为烈士"的意义：是家国历史的传承，是民族精神的成长，是国民气质的涵养。

（作者系宁波日报报业集团高级编辑）

少年志·青少年强国学习空间站

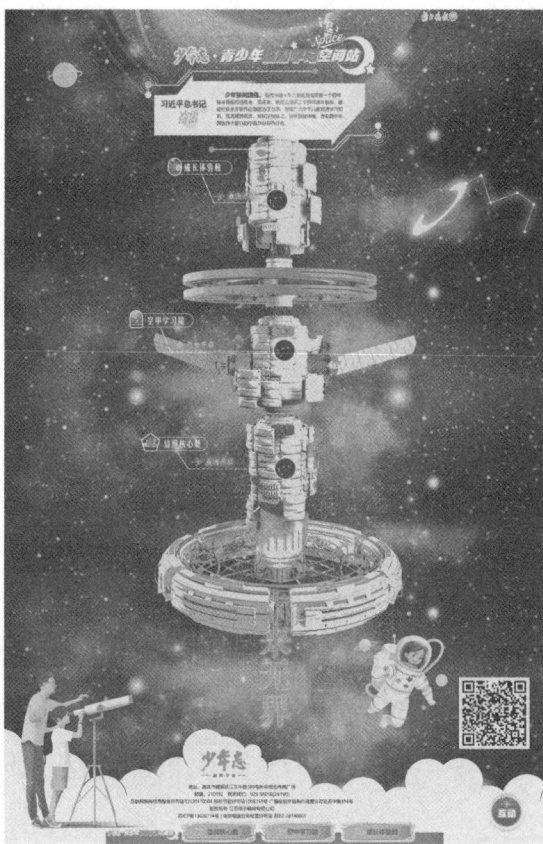

（原载扬子晚报网 2021 年 2 月 22 日）

用创意思维，做好"引领青少年成长"的大文章

王文坚　王　璟

"少年志·青少年强国学习空间站"全媒体新闻专题荣获第三十二届中国新闻奖新闻专题二等奖。学习空间站这个新闻产品首先是"第一眼美女"，富有创意的设计能让人眼前一亮，引人入胜。该新闻专题以内容为核心促进学习，以活动为抓手引领成长，以互动为特色增强黏性，实现了青少年上千万人次的学习打卡，有效阅读量达 2.5 亿人次，成为爱国主义宣传教育的现象级产品。其专题内容极其丰富，承载了参与人数超百万的十大主题活动、50 个以上的新媒体产品、超 300 个学习类视频及直播……具有影响力大和互动性强的突出特点。

一、创意载体要以"大背景"提高"引导力"

"少年志·青少年强国学习空间站"新闻专题紧密切合爱国主义教育要聚焦青少年的时代背景，紧扣中国共产党成立 100 周年，结合年度诸多重大新闻节点，及时策划推出了一系列针对青少年人群的全媒体新闻采访和主题活动。

2021 年伊始，有关空间站的新闻热度持续上升，激发了青少年对科技创新的热情。在年初一次重点项目策划会上，一个关于"空间站"的创意

应运而生。团队多次进行头脑风暴，对重大主题提出深度构想，确定创意呈现形式：以"空间站"形象进行创意构思，打造一个可供青少年学习的崭新的网络空间，并根据主题设置包括"信仰核心舱""空中学习舱""成长体验舱"在内的三大新闻融媒专区。思路确定以后，美编根据主题方向构建网页原型，为内容呈现打造极富创意的承载框架，"少年志·青少年强国学习空间站"网络新闻专题在扬子晚报网正式开辟。随着新闻内容的丰富和主题活动的推进，逐步将聚焦青少年的多元化新闻和活动充实到各个空间，让青少年既能在"空间站"驻足欣赏，又能积极参与互动学习。于是，就有了这一浩瀚宇宙中视觉层次丰富、内容板块清晰，融合图文、直播、视频、H5、vlog、动画等不同表现形式的学习空间站产品。

二、创意途径要以"好活动"扩大"传播力"

如果说好的创意形式是"面子"，那么丰富多彩的内容，就是这个创意的"里子"，里外结合，新闻专题就显得立体而丰满。

2021 年是中国共产党成立 100 周年，如何用青少年喜闻乐见的方式来学党史？"童心向党少年有志"江苏青少年学党史系列融媒行动于 5 月底正式启动，共包括征文赛、少年说、微竞答、主题行等形式多样的八大活动，通过听、说、读、写、唱等各式各样的活动形式，引导青少年"听党话、感党恩、跟党走"。系列活动影响力非常大，全省主题征文比赛吸引了 16 万名选手投稿参赛；百万青少年点赞学习"学党史童声图书馆"；超 10 万名少先队员发表"寻访日志"、献唱爱国歌曲……一系列线上线下联动的省市级活动在江苏中小学中掀起了学党史的阵阵热潮。

除了围绕大主题推出大活动，更重要的是抓住重大新闻第一落点，扩大新闻影响力。2021 年六一前夕，习近平总书记给淮安市新安小学少先队员回信。作为少年志联盟学校的新安小学之前已经组团参加了"童心向党少年有志"的全省主题征文比赛。我们第一时间与新安小学联系组织采访，当天便推出"听新安小学孩子们对党说"融媒栏目，邀请新安小学五（8）中队给习爷爷写信的孩子们分享他们参与比赛的征文作品，及时把孩子们的少年志向设计成融媒产品，线上线下进行展示。最终"习爷爷的回信"专题吸引超 2000 万网友点赞关注，取得了广泛的社会影响和积极的传播效果。

三、创意效果要以"强互动"增强"向心力"

"少年志·青少年强国学习空间站"强调创意互动，用广大青少年喜闻乐见的创新表达和活动形式进行社会主义核心价值观教育。那又红又专的活动如何做得很有感染力和吸引力？密码就是要贴近青少年！"云上歌会活动"就是以学生为中心，"众筹"了一场爱国演唱会。征集令一经推出就吸引了很多学校的文艺天团和唱歌达人，就连登上 B 站的网红小歌手miumiu 也来了，最后超百万人次投出的人气歌手联袂献唱爱国歌曲，云上歌会在网络专题上线后吸粉无数，学子们浓浓的爱国之情通过歌声在青少年心中传递。

空间站专题还有一个特点，就是特别重视受众交互场景开拓，重视新媒体元素运用，推出了"红色寻访 vlog""我的学习"作品展、青少年学党史·童声图书馆、中国红·照相馆、"新思想答题赛"等青少年乐于参与的融媒体互动产品，形成了互为补充、相互引流的"产品组合"。

这个作品之所以能获奖，我们的体会是做一个优秀的新闻产品，主题是基础，重大主题必须要"切得准"；创新是关键，创意载体必须要"用得巧"；呈现是保证，活动策划必须要"做得细"；效果是硬杠杠，新闻产品不能孤芳自赏，更不能自娱自乐，必须要通过强互动在受众中"叫得响"。

青少年爱国主义教育的鲜活样本

刘守华

"少年志·青少年强国学习空间站"这件作品为如何对青少年进行贴合时代特点、符合成长规律、呼应教育改革的爱国主义教育提供了一个鲜活样本。

用融媒体手段创新爱国主义教育内容和形式

该产品紧贴当下强调爱国主义教育要聚焦青少年的时代背景，紧扣中国共产党成立 100 周年策划推出一系列全媒体新闻采访和主题活动。围绕深入学习 2021 年 5 月 30 日习近平总书记给淮安市新安小学少先队员的回信精神，将"树立理想，砥砺品格，增长本领"做深、做透，并借助中国空间站形象进行创意构思，设置"信仰核心舱""空中学习舱""成长体验舱"三大新闻融媒专区，帮助青少年群体在互动学习与成长体验中"扣好人生第一粒扣子"。

开辟青少年信仰教育的网络新空间

该作品立意深远、设计精巧，通过接地气的新闻采访、丰富的视频产品、大量的活动赛事，实现了青少年上千万人次的学习打卡，内容极其丰富，手段创新融合。专题共上线十大主题赛事活动、上百场适合青少年学习成长的学习活动、超 300 个"新闻＋学习"视频产品，推出新思想答题赛、"我的学习"作品展、"中国红照相馆"等青少年喜闻乐见的融媒体互动产品。用广大青少年喜闻乐见的创新表达和活动形式进行社会主义核心价值观教育，重视受众交互场景开拓，重视新媒体元素运用，在网络上开辟出精准传播、有效覆盖的青少年信仰教育新空间。

双减背景下进行"教育 + 服务"的有益探索

该作品在双减政策背景下具有很强的导向性和服务性。线上的"空中课堂""院士面对面""经典大咖课""二十四节气课"等精彩微课成为素质教育的有效补给；线下的"艺术普及教育进校园""奥运冠军面对面"等融媒体项目更是把优质教育资源送到青少年身边。

总体而言，该作品创新引用"空间站"概念，融合了视频、微课、H5等交互式融媒手段，活动丰富、内容新颖，用青少年喜闻乐见的方式引导社会主义核心价值观教育，传播效果好，具有很强的示范引领作用。

（作者系江苏省新闻工作者协会常务副主席）

系列报道

原来你是这样的 00 后大学生

粉 TF-boys，爱看书，想当记者……为这个轮椅上的 00 后疯狂打 call！

"一代人有一代人的长征，一代人有一代人的担当。"习近平总书记在纪念五四运动 100 周年大会上指出："青年是整个社会力量中最积极、最有生气的力量，国家的希望在青年，民族的未来在青年！"

生于 21 世纪，"00 后"是具有"划时代意义"的一代。随着去年大学一年级新生走进校门，"00 后"大学生已全面"上线"。对于这群常被以代际话语和标签视角审视的年轻人，我们真的了解吗？"新青年＋新时代"又将演绎出怎样的动人故事，带来哪些思考命题？

恰逢五四青年节，为寻找这些问题的答案，羊城晚报特设《原来你是这样的 00 后大学生》专题视频节目，通过对一个个"00 后"大学生的采访拍摄，走近"00 后"，认识新青年，记录他们如何用自己的方式，打开新时代的大门！

今天，让我们认识一位虽然不能行走，却酷爱看书、想当记者的"00后"女孩——袁钰烨。

自拍、闺蜜、偶像、美食……朋友圈里的袁钰烨是个再普通不过的女生。然而，现实中的她又有点"特殊"：袁钰烨下肢萎缩，身体严重残疾，只能借助轮椅行走。

19岁的袁钰烨酷爱看书，是广东财经大学新闻系的大一学生。我们在该校三水校区力学楼107课室里见到她时，窗外正春暖花开，树木郁郁葱葱。

帮助从来不是应该的

谈起袁钰烨，辅导员柯老师对她的印象是乐观开朗："看待事情总是用积极乐观的心态。"

回忆起初见袁钰烨的场景，柯老师说："她（袁钰烨）担心自己的情况会给学校和老师添麻烦，总是不断说谢谢。"向帮助她的人表达谢意，袁钰烨称之为自己"一贯的做事风格"。

初入学时，上下楼给袁钰烨带来了不少困难。好在袁钰烨同班的男生们注意到了这一点。开学前一天，班级团委加了袁钰烨的微信，发来的第一条消息就是"我们是来帮你的"。此后，班里的男生主动组建了一支队伍，每一周、每一天，甚至每一节课，都有固定的同学负责把袁钰烨抬上楼、抬下楼。

袁钰烨感慨："有时候人手不够，就在路上拦学生帮忙，基本上没有被拒绝过。"

为了表达对援助者的感谢，袁钰烨推着轮椅来到男生宿舍，给每人送了一份必胜客。她说："他们帮我纯粹出于同学的友爱或关心，没有人规定他们必须这么做。我需要想一个办法让他们知道，对于他们的付出，我是铭记于心的。"

不能走也能到达

进入大学近一年，不能行走的袁钰烨有了越来越多能够到达的地方。

为方便袁钰烨进出宿舍，广东财经大学校方费了一番功夫，在男生宿舍区找到了一间经由无障碍通道就能出入的宿舍。此外，袁钰烨目前上课的教室多安排在一楼，在笃行楼每一间教室里，楼管阿姨都为袁钰烨找了一张专属课桌，方便她进出。

作为"00后"，作为移动互联网时代的"原住民"，袁钰烨利用智能手机，获取了许多便利。

她在初二时拥有了第一台手机。"初一时，我们班就有很多人有手机了，老师也开始用手机建群。在那种情况下，没有手机可能会跟大家脱节。"

袁钰烨介绍，智能手机拓宽了她的生活，"比如社团活动，如果在4楼、5楼的话，我根本就去不了。通过手机，我就可以及时了解活动内容"。

手机方便生活的同时，也会带来令时间碎片化的副作用。她选择用更自律的方式与手机建立联系："我会把手机放到我拿不到的地方，或者把网络关掉。等做完事情之后，再在规定时间使用手机。"

"老态"的生活与"新潮"的偶像

"我觉得我已经有点老态生活的感觉。"袁钰烨在采访中对记者说。

原因在于她常常无法理解身边同龄人的"点"："我有时候找不到一些'00后'同学们的'嗨点'在哪里。"

袁钰烨的兴趣爱好听起来似乎也不那么"00后"。平时她私底下喜欢看书，"比较喜欢看历史类的书，尤其喜欢看故宫出版社出版的"。

柯老师第一次去宿舍看望袁钰烨时，对这个小姑娘桌面上放满的书表示惊叹："如今很多大学生缺乏阅读习惯，但从这个孩子身上，我能感到她对知识的渴望与对学习的坚持。"

不过，这个自认为生活"老态"的小姑娘喜欢的明星还挺"新潮"——袁钰烨喜欢王俊凯、王源、易烊千玺，"高一一入学，就入坑了！"

"我不太喜欢那种和我们年龄差太多的明星。我喜欢 TF-boys，因为他们跟我是同辈。"谈及喜欢他们的原因，袁钰烨认为是"找到了共鸣"："他们的一言一行，很多都是自己想要表达但不能或没有机会表达的；他们有一些特长，也是自己没有但又想拥有的。从这些方面，我能够找到一些共鸣。"

我眼中的"我们这一代"

为了回答"'00 后'近期的烦恼是什么"这一问题，袁钰烨专门发了一条朋友圈："万能的朋友圈，可不可以说出你们最大的烦恼，在线等，急需呀。"

答案五花八门。有的说脱发了，有的说长胖了。袁钰烨则说，无法平衡生活与学习是她最大的烦恼，因为觉得时间有限，但是想做的事情又太多太多了。

对于他们这一代人的特质，袁钰烨用了三个词来形容：个性，多元，自信。"我觉得'00 后'的特质，第一个是很有个性，不喜欢被人束缚。第二个是很多元，包括我们接受的教育、接触的讯息、接触的人。第三个是自信，给我感触很深的是，虽然我们'00 后'还很年轻，但是我们不会觉得自己比'80 后''90 后'逊色太多。即使我们不懂，我们也想要去试一试。"

谈及新青年的责任与担当，袁钰烨表示："我们的前辈所承担的，我们肯定也都要承担。担当与奋进精神是必需的。但是我觉得，'00 后'与'80 后''90 后'还是有不同的，很重要的一点就是：我们可以更加全面地发展自己。"

（原载羊城晚报新闻客户端 2019 年 5 月 4 日至 12 月 31 日）

记录青春　见证成长

孙朝方　鲁钇山　陶奕燃　钟传芳

当移动互联网像水和电一样，成为社会生活的基础设施，当冲击与挑战、颠覆与变革处处可见，时代的聚光灯自然聚焦到了一个被唤作 Z 世代的人群，戴着"数字土著"光环的他们，是深刻影响当下和未来的时代密码。走入 18 岁的青春韶华，他们究竟是怎样的一代？

2018 年，带着惊喜与好奇，我们把镜头转向中国首批"00 后"大学生，希望透过他们的世界，寻找观察世界、思索人生、追求理想、奋力前行的原力。

《原来你是这样的 00 后大学生》系列访谈，虽然第一期在 2019 年 5 月推出，但相关的策划、前期采访沟通早在 2018 年就已启动。前期，从与院校联系，征集寻找合适访谈对象，到反复沟通，选择出具有新时代下新青年的典型特征的访谈对象，策划方案由此逐步细化。

所有访谈拍摄都是"田野式"的，在主人公最熟悉、最有生活痕迹的场景。不在摄影棚，没有固化的配置，每期访谈节目拍摄前，都需要做大量准备。包括与访谈对象的深入沟通，多个相关拍摄场地的选择与预约，与访谈对象相关道具的准备，摄制团队的器材准备，交通出行方案的制定，等等。

自然地，困难与意外状况也常常突袭而至。比如，在摄像、访谈记者、拍摄设备等万事俱备、只待开机时，访谈对象突然反悔不愿出镜；摄像、收音设备突然出现故障，无法正常使用；等等。很幸运，同为Z世代的拍摄团队，以"力拔山兮"的智勇，克服困难或找到了替代方案解决。

专题视频节目拟以人物访谈为主体，辅以对人物生活的跟踪式记录。在具体访谈与拍摄环节，镜头内容包括但不限于多机位，人物访谈，人物生活场景记录，具有象征意义物品拍摄，校园环境等空镜拍摄，等等；采访方式也不局限于传统的问答式，更包含了真实记录的访谈对象对话、学习、生活、演出，等等。

团队始终坚持精品意识。"00后"是年轻而难被定义的一代，作品也选择了更年轻化、更具"网感"的制作方式和更多元的表达呈现。如剪辑手法、包装设计等选择了更易获得他们喜欢的年轻活泼的风格，增强节目可看性、贴近性。除"网感"外，该系列访谈视频更追求"美感"，即追求镜头语言的美学表达。该节目拍摄除固定机位外，还包含航拍、使用稳定器运镜等多角度、多种运动方式镜头，后期还进行了色彩调整、多元视觉元素包装等处理，使画面具有较好的视觉效果。

借由《原来你是这样的00后大学生》视频专辑，我们见证了新一代年轻人平凡却也了不起的生活，记录了关于中国未来生力军的成长与蜕变。

迈入18岁，迈入法律意义上的成年，他们成了"大人"，又或许还是"长不大"的"数字小土著"。"00后"梁衡飞苦恼，"有时候被叫作叔叔还挺尴尬"。"00后"霍敏钊，则称自己是"三分之一个大人"。

开放，自信，多元，活力，创新……是访谈中"00后"大学生最常用来形容自己或同龄人的词汇。

"00后"身上的标签，终将注入时代的记忆，并成为这个社会前所未有的新印象、新风貌。

他们敢于试错，敢于走出舒适圈，"00后"梁可一表示："这样的人生才精彩！""00后"张一兰说："我们就是敢闯敢拼，就是觉得天生我材必有用，就是永不服输，非常自信！"轮椅上的"00后"袁钰烨，未来想当个记者，她表示"即使我们不懂，我们也想要去试一试"；从小山村里走出来的"00后"凌云登，想画遍所有中国的山；"00后"澳门大学生黄洁杏，想把中华文化传播到五洲四海。

仍记得2019年12月31日那天，《原来你是这样的00后大学生》最后一期发布，心中感慨万千。

没有人永远青春，但永远有人正青春着。"00后"就是这样正青春的一代。

伴随着新一年的来临，新一代"20后"呱呱坠地。"千禧宝宝"已不再是宝宝了，第一批"00后"已登上历史和社会的舞台。

时不我待，未来已来。希望能够继续见证，这一批"00后"，关于未来的想象逐步变为现实，做走在时代前列的奋进者、开拓者、奉献者。

专家评说

走近新青年　认识新青年

刘海陵

国家的希望在青年，民族的未来在青年。

在纪念五四运动100周年大会上，习近平总书记指出："新时代中国青年要珍惜这个时代、担负时代使命，在担当中历练，在尽责中成长，让青春在新时代改革开放的广阔天地中绽放，让人生在实现中国梦的奋进追逐中展现出勇敢奔跑的英姿，努力成为德智体美劳全面发展的社会主义建设者和接班人！"

生于21世纪，"00后"是具有"划时代意义"的一代。而随着大学一年级新生走进校门，"00后"大学生已全面"上线"。

羊城晚报《原来你是这样的00后大学生》短视频专题报道，在纪念五四运动百年的重要时刻推出，紧抓"新时代"与"新青年"两大核心词，为当代青年搭建起展现激扬风采的平台，通过"00后"讲述初心使命，通过大学生诉说家国情怀，通过新青年畅谈理想信念，走近新青年，认识新青年，记录他们如何用自己的方式打开新时代的大门，进而展示出可信、可爱、可敬的新时代中国形象。

该产品具备三大亮点。第一，访谈对象具有代表性。制作团队访谈拍摄10位"00后"大学生的生活，记录下他们在不同领域的坚持与努力，见证他们平凡却也了不起的生活。包括只能借助轮椅行走、却酷爱看书、想当记者的"00后"女孩袁钰烨，想把中华文化传播到五洲四海的澳门"00后"黄洁杏等，典型故事催人奋进，人物形象鲜明丰满。第二，巧用镜头美学表达。除"网感"外，该系列短视频更追求"美感"，除基本拍摄技巧外，还灵活采用航拍、使用稳定器运镜等多角度、多运镜方式，并进行后期色彩调整、视觉包装，使画面具有较好的视觉效果，展现出制作团队出众的融媒体策划生产能力。第三，广泛对接高校资源。广东是教育大省，制作团队通过教育领域深入重大主题宣传报道，有效拓宽主流媒体与重点高校的友好合作关系，在一定程度上反映了羊城晚报作为广东本土民生大报的特色定位，也彰显了其通过新媒体产品制作推动媒体深度融合发展的阶段性成果。

《原来你是这样的00后大学生》短视频专题报道紧扣"新青年""新时代"两大主题，精心选取"00后"大学生这个独特、新鲜的群体，以小见大，以点见面，深刻、全面地展示了当代中国大学生和新一代年轻人昂扬向上的精神风貌和多姿多彩的新生活。产品发布后，各高校在官方网站、官方微信等新媒体平台积极转发，形成良好互动，不仅生动体现了主流媒体关于主旋律宣传创新的温度与高度，更有助于进一步激励青年一代坚守爱国情怀、坚定奋斗意志，为实现中华民族伟大复兴的中国梦凝聚起强大的精神力量，用青春的智慧和汗水打拼出一个更加美好的中国。

（作者系中国晚报工作者协会第七届理事会会长，第十六届韬奋奖获得者，全国百佳新闻工作者）

阿 sir 的婚礼照，我们包了！

当地公司竟不敢承接港警婚礼服务，内地摄影师闻讯赴港免费拍摄

刘　浏

"很特殊的一张婚礼预告，感谢你们保卫这片热土，为你们骄傲。"近日，一位内地摄影师晒出了一张特殊的婚礼照，图片正中新郎新娘的身影相拥亲吻，背景是广角的维多利亚港全景。

婚礼男主角是一位香港警察，因为他警员的身份，他联系的婚礼公司竟不敢提供服务。得知这一情况的内地摄影师伸出援手，赶赴香港免费为他拍摄了婚礼纪实的照片。

出于对这位新郎隐私的保护考虑，婚礼摄影师只晒出了几张侧面、剪影，但图片中展现的情感却无比丰满，赞美这对新人爱情的同时，也感谢新郎为维护香港稳定的付出。

港警婚礼业务　香港公司不接我们接

婚礼摄影师歪猫（网名）告诉紫牛新闻记者，为港警拍摄婚礼照片的初衷就是因为"要争口气"。"我得知香港一些婚礼从业者表示不承接警员的婚礼业务，我当时就特别气愤，想着撑港警的婚礼从业人员多得是。"

随后歪猫发布了一条微博表示："香港警察凭此微博找我免费拍，我相信会这样做的不止我一个人。"这条微博也得到了内地不少婚礼从业者的响应。"因为我这样一句话，大约有一千多人都转了，里面至少有一半是婚礼从业者，包括了摄像、化妆等等。"紫牛新闻记者看到，不少人留言表示，只要香港警察有办婚礼的需求，内地从业人员无条件支持。

微博发布后一段时间内，有十多位香港警察找到歪猫，有的想拍婚纱照，有的需要婚礼当天的跟拍。"刚好这位警察的婚礼时间我有档期，我买了飞机票就过去了。"歪猫告诉紫牛新闻记者，这位警察在婚礼前不到一个月的时间找到他，比较着急，摄像师都是深圳那边过去的。"我的身份只是一个会拍照的朋友，以朋友的身份来参加这个婚礼。"

带着使命感而来　想拍出港警胸怀

"这是我给港警朋友拍摄的第一场婚礼。说实话去之前有些忐忑，并不是担心安全，而是一种使命感！我期望能用我的方式给他们留下一份独一无二的影像记忆。我的照片承载不了想表达的全部，但有些作品一定会打上时代的烙印而越发的弥足珍贵！谢谢你们的负重前行！"歪猫在微博上这样写道。

对于这次创作，歪猫直言挑战非常大，因为他从没有去香港拍过婚礼，对环境并不熟悉。而且在这个情况下，可以拍摄的地点也非常有限。"我事先都完全不知道会面临什么场景，但是当我到了那里，一个游轮码头，看到对面是雾蒙蒙的维多利亚港，我就想应该以这个背景来创作，来表现香港警察的胸怀，和他们心里承载的很多很多东西。"

紫牛新闻记者注意到一张新郎的侧面肖像，只能看出脸部的线条，但在脑海中却是香港的高楼大厦，一种对于城市的责任感在照片中胜过千言。

镜头中的主角　连续执勤，新郎十多天每天只睡一小会儿

"见到新郎我就很心疼，也很感动。"歪猫告诉紫牛新闻记者，新郎当时黑眼圈非常严重，因为连续加班十几天了，每天都只能睡一两个小时，特别累。连录口供的时候都差点趴在桌子上睡着了，只有结婚才能请到一天假。

在新郎家里，一扇玻璃门上挂着一张大大的全家福照片，是一家五口人的合影，新郎穿着警服站在正中间，他是一家人的骄傲。

歪猫说："我对警察是特别有情结的，我爷爷是警察，我爸爸是警察，我自己大学毕业时差点成为一名警察。"

"我算是中国第一批婚礼摄影师，如今的新娘大多数都在总统套房里，像新人家里这样的情况，我从业十多年都没有碰到过了。"歪猫说，"他们家住在超高层的公寓楼里，30平方米的家里住着5个人，每个人挤在一个很小空间里睡觉。但是走进他们家的时候，我没有感觉到特别拥挤，而是非常温暖。"

拍摄时，新郎家人对歪猫格外照顾，出一点汗立刻准备纸巾递过来，看他渴了立刻递上水。"我们对别人好，他们记在心上感恩，这种感觉特别好。"歪猫说，"新郎家里的情况非常普通，我们去了新郎爸爸开在商场里的一个小店铺，今年游客越来越少，生意不好。"

楼上婚礼楼下黑衣人集结，新郎待命中

歪猫告诉紫牛新闻记者，举办婚礼时还有个"插曲"，由于酒店靠近香港理工大学，就在仪式当天，楼下就有闹事者集结。"在举办婚礼时，酒店窗外就能看到楼下有大批身穿黑衣的人在闹事，上千人在高架桥上示威，气氛还是有一点紧张的。"

新郎一边举办婚礼，一边向楼下张望，因为如果出现紧急情况，他随时需要从婚礼现场赶去增援。歪猫回忆，此时新郎的长官一直在通知他现场的一些情况，虽然这边在办着婚礼，但他其实一直处于一个待命的状态，好在后来仪式的整个过程一切顺利，气氛也活跃起来。

作为婚礼仪式的一个部分，当天的外拍环节，新人选择了附近的游轮码头，一两个小时的外拍中，一行人也相对谨慎小心。歪猫给新人拍摄了一组外景照片，正是发到微博上以维多利亚港为背景的照片，将城市景观与新人完美融合在一起。婚礼过程比较低调，但是丝毫没有影响新人和亲友宾客的激动和喜悦。紫牛新闻记者了解到，包括酒店在内全程都在帮新人保密，连迎宾的水牌上都没有写详细的姓名信息，非常贴心。

新郎感谢：你们的支持对我们很重要

由于工作繁忙以及警队纪律，这位香港警察没能接受紫牛新闻的采访，但是他也非常希望表达自己的感谢。

在发给歪猫的感谢短信中，这位警察说："看完相片真的每一张都很有感觉，今天我一上班就跟朋友分享了你发给我们的第一张相片（长图），以及分享了我们的事。我整个团队上司同事，都说将香港现时的状况和结婚放在一起，结合得这么好。我的同事都说我遇贵人了。

"你们的支持对我们很重要，他们（上司和同事）都让我跟你说声谢谢，我明白简单的一句谢谢不能代表什么，但这是我们一点点心意。谢谢你！

"在我们开始婚礼到完成这婚礼期间因香港的环境，我们很有压力，从香港摄影师拒绝帮香港警察拍摄，到猫叔义务出手相助，心情起落很大，但因有你们的用心，专业的态度，令我有一个完满的婚礼，最后真的太太太多谢你们！"

网友反响热烈　感谢业界良心　祝福新婚夫妇

歪猫来自江苏无锡，从 2006 年开始入行婚礼摄影师，目前获得有各类摄影奖项 200 多座，拿下了婚礼婚纱摄影比赛的大满贯。他也是第一位荣获 WPPI triple master 荣誉称号的华人摄影师，算是国内婚礼摄影界的先驱者之一。

歪猫的微博下，除了网友的点赞，也有不少香港警察给他留言感谢。"我觉得这是社会责任感，我有这样一个一技之长，香港的一小部分从业者都那样挑衅了，我们不发声肯定不行，我个人在婚礼业多少有一些影响力，所以想带头做这个事。我相信，那些人并不能代表香港婚礼业所有从业者的态度，我们这样做也是给他们以勇气。"歪猫说。

除了歪猫，内地一些婚庆公司以及很多摄影师、化妆师都参与了这个事情。此次和歪猫一起去香港帮忙的一位化妆师说："我想用我的方式，给港警夫妻俩在婚礼中属于新人独有的安全感，将新娘的气质完美展现。"

紫牛新闻记者看到不少留言都在感谢歪猫，同时祝福这对新婚夫妇，"多谢你们一群爱国爱港婚礼业界良心之士""阿 sir 背影都透出满满的幸福"。而一位香港网友则留言："作为一个香港人真的觉得很对不起他们，他们在前线守护这座城市，我们连给他们一场正常的婚礼都做不到。"

（原载《扬子晚报》2019 年 12 月 6 日）

"你守护大爱，我们助你圆满小家"

——一场婚礼情系两地警民

刘 浏

2019 年 12 月，香港"修例风波"引发的动乱已持续数月，地区局势牵动人心。此时，我在微博上看到一组特别的婚礼照，新郎新娘只露出相拥的侧面剪影，照片色彩虽不丰富，但层次分明，有着中国山水式的意境。这样特殊的照片一下子吸引了我，通常婚礼摄影都突出新人的特写形象，隆重的着装、幸福的表情、浓烈的色彩，而这组照片却只有轮廓，为什么把新人拍摄得如此写意呢？看到解释的时候我立刻觉得这是一个非常好的新闻素材。

摄影师为这张婚礼照配了一段文字："很特殊的一张婚礼预告——感谢你们保卫这片热土，为你们骄傲。别吝惜自己的祝福，他们值得"。原来，照片背景是灰白亮色的香港维多利亚港，主角新郎是一位香港警察，摄影师特地选取了这样"不露脸"的照片发布，既体现了他心系香港的胸怀，又保护了个人的隐私。我立刻被这样一种对比深深吸引了，这是一组婚礼照，更是新郎职责与面对困难的写照，他身后略显灰蒙蒙的香港也正是他守护的土地。这种把小家和大爱融合在一起的感觉让人非常震撼。弄清照片背后的新闻价值后，我也立刻和部门同事讨论，大家一致认为应立刻全力以赴采访，前后方联动，挖掘背后的故事。正巧一位在相机公司工作的朋友认识这位摄影师，我记得他告诉我说："他就是你们江苏无锡人，现在是婚礼摄影界首屈一指的摄影师了。"交给我联系方式的同时他也感叹："还是你们反应快！"

当天下午，我就拨通了摄影师的电话，网名"歪猫"的他名叫贺丰。采访中我得知，在一些乱港分子煽动下，部分香港婚礼从业者或拒绝，或不敢为香港警察服务，甚至有人发出所谓"声明"挑衅。这时内地摄影师带头伸出援手，飞赴香港为警员免费拍摄，并倡议用这样的行动"实力撑警"。当时，贺丰在微博上发起倡议，声称港警找他拍摄婚礼照可以免费，很快就有一位港警给他留言表示，喜事将近，也确实遇到了一些困难，希望能得到帮助。贺丰迅速和几位从事婚礼摄影的人士商量，飞赴香港为这位港警拍摄婚礼照。

贺丰告诉我，他从无锡飞往香港，在当时的局势下拍摄，还是有一些紧张的。"倒不是怕黑暴分子，而是在陌生而有限的环境中，如何能为新人拍摄出满意的照片。"当时有不少细节也是他没有想到的，比如新人的婚礼举办时，酒店楼下就有黑衣人游行，新郎一边进行仪式，一边关注着楼下的局势，随时可能要和同事赶去现场增援。这样的形势说不紧张是不可能的，但是婚礼上没有一丝异样，依旧温馨感人，这样的一种冲突也深深感染着他。"婚礼现场的水牌没有写得很详细，我们外景的拍摄也不招摇，所有人都为了保护新郎的身份，细致而温暖地工作。"贺丰还提到，在这位警员家中他被深深震撼，家中挂着的全家福上，新郎身着警服被簇拥在中间，说明他是一家人的骄傲，任何风波都不能阻挡一家人对正义的追求。"新郎新娘家条件都一般，居住的房子很小，像是我们这里几十年前的筒子楼，家人都做点小生意维持，在当时旅游业不景气的状态下，也都非常辛苦，但是他们表现出来的积极乐观心态感染着我，也让我为两地老百姓的深厚情谊感动。"得知他们一行人是大陆来帮忙的，新人父母十分感激，对他们关照有加。

采访完摄影师后，我又联系上了婚礼当天的化妆师，同样也是一位内地的婚礼从业人员。她告诉我，内地业内人士通过这种方式支持香港警察并不只有这一次，尤其是深圳、广州的一些摄影师、化妆师，也响应贺丰的号召，站出来提供相关服务，为港警们解决后顾之忧，受到好评之余，也加强了民间的联系。最后，我通过贺丰联系上了故事的主角，但这位港警由于警队纪律不便接受采访，不过他的夫人加上了我的微信，通过微信她表达了对摄影师以及社会上更多关心他们的百姓的感谢。

警员维护香港的法制和稳定，是爱国爱港的职责，而办一场完美的婚礼是对爱人与家庭的承诺，在特殊的时代背景中，身份特殊的港警要成全两者，需要的是更多普通百姓的支持与理解。稿件发出后迅速成为网络热搜，全网不少媒体纷纷转载，一些港警也发声表示，因为这件事警队深受鼓舞，"光头警长"刘泽基在看到新闻后发了微博，代同事表达感谢。今年我还得知，一部分香港警察主动选择到内地拍照，这一"警民互动"延续了下来。贺丰说："我的照片承载不了想表达的全部，但有些作品一定会打上时代的烙印而越发的弥足珍贵！谢谢你们的负重前行！"

专家评说

这张婚礼照背后是全民一心坚守正义

冯秋红

2019 年 12 月初，《扬子晚报》一篇报道出现在微博热搜的话题上，一张极为特殊的婚礼照感动了无数网民，成为香港"修例风波"引发的暴乱中平静而又温暖的一幕。也让人们真切感受到，内地百姓与香港警察之间，有着恪守正义与统一的共同心愿。

在这张婚礼照中，新郎新娘以侧面剪影的形象出现，背后是香港维多利亚港全景。新人均没露出面部特征，因为新郎是一位香港警员，在当时的背景下身份特殊。这组照片是一位内地摄影师飞赴香港为他免费拍摄的。原来这位警员早早订好婚期后，遇上香港暴乱，部分当地婚庆公司联合起来拒绝为香港警察婚礼服务。内地一批摄影师得知后，发起"撑警"活动，愿意免费服务表达支持。

这组婚纱照是内地百姓"撑警"从"声援"到"伸手"的一次尝试，意义深远，随后大量的婚礼从业者都开始免费为港警服务，用实际行动表达对他们的支持。在记者的采访中，当事人新娘代表丈夫表达了对摄影师的感谢，对内地同胞的关心也十分感动，她说整个香港警队因为这件事都受到鼓舞。

这篇稿件首发后，立即引起全国范围的关注，话题"内地摄影师为香港警员拍婚礼照"搜索 50 余万次，稿件内容编辑的视频播放量超过 500 万次。报道这场特殊时代背景下的婚礼，让更多人了解香港警察的不易和坚守。稿件展现了内地各行各业普通人"撑警"的自发行为，对维护香港秩序、祖国统一的支持，传播了极具正能量的故事，拉近了两地普通市民的距离。

这张特别的婚纱照还原特殊时代背景下，港警婚礼受阻遇援手的故事。警员尽职维护香港大爱，内地婚礼从业者热心助他完成小爱，两地警民心心相连令人感动。暴乱与婚礼的强烈对比，也突出了普通人对正义的坚守和对爱的向往。稿件成为社会热点话题，带来鼓舞人心的社会效应和积极导向。

（作者系扬子晚报文体副刊部主任，高级记者）

苏明娟设立助学基金传递"希望"

本报讯 记者陈牧、夏丽霞报道：她曾受助于希望工程，如今设立助学基金为更多贫困学子传递"希望"。6月19日，记者从安徽省青少年发展基金会、安徽省希望工程办公室获悉，以苏明娟本人名字命名的"苏明娟助学基金"在当天收到了首笔善款。该助学基金成立于一周前，由苏明娟个人拿出3万元家庭积蓄作为启动资金。

1991年，在中国希望工程的宣传照上，一双渴望读书的"大眼睛"分外醒目，照片上的小女孩就是金寨县桃岭乡张湾村的苏明娟，她的人生也从此发生了转变。在希望工程的资助下，苏明娟成功步入了大学校园。2005年，苏明娟参加工作后，把领到的第一个月工资全部捐给了安徽省希望工程办公室。从此，她每年都会去省希望工程办公室捐献1000元助学金，至今从未间断。

多年关注公益事业的苏明娟，在2017年12月15日当选共青团安徽省委副书记（兼职）。"这半年多，我一直考虑做点事情，所以有了设立助学基金的想法。"苏明娟昨天告诉记者，她是在希望工程的关怀与支持下成长起来的，滴水之恩当涌泉相报，于是在6月12日，她来到安徽省青基会、安徽省希望工程办公室，办理了设立"苏明娟助学基金"的相关事宜，并拿出3万元家庭积蓄作为助学基金的启动资金。

昨天，安徽省青基会、安徽省希望工程办公室相关负责人在接受记者采访时表示，已经按规定程序和章程办理了设立基金的相关事宜，同时将严格按照希望工程基金管理办法管好、用好这些善款。6月19日，有一笔500元的善款指定捐给"苏明娟助学基金"，这也是该基金收到的第一笔善款。"当年是希望工程改变了她的人生，作为希望工程的受助生，她希望通过这种方式来回报社会。"这位负责人说，该基金今年将首次资助5名2018级贫困大学生。

"愿社会各界能源源不断为助学基金注入善款，以汇聚更多公益力量，帮助更多贫困学子圆梦。"苏明娟说，目前助学基金主要关注贫困大学新生，在基金逐步壮大之后，还将用于留守儿童教育、贫困地区优秀教师奖励及农村学校基础设施建设等诸多方面。

（原载《新安晚报》2018年6月20日）

关注典型人物　反映时代精神

陈　牧

　　曾受助于希望工程，如今设立助学基金为更多贫困学子传递"希望"。作为中国希望工程形象代言人，"大眼睛"苏明娟一直是国内媒体关注的新闻人物。

　　2018 年 6 月 19 日，记者从安徽省青少年发展基金会、安徽省希望工程办公室独家获悉，以苏明娟本人名字命名的"苏明娟助学基金"于当天收到了首笔善款，随后第一时间联系采访，并于次日刊发消息《苏明娟设立助学基金传递"希望"》。稿件主题突出，立意深远，获得第二十九届中国新闻奖二等奖。

独家报道　蕴含正能量

　　从受助者到捐助者再到成立以自己名字命名的助学基金，苏明娟的名字已经成为一个时代的"符号"，也一直跟教育和青年工作密不可分。

　　2018 年 6 月 19 日，记者从安徽省青少年发展基金会、安徽省希望工程办公室独家获悉，以苏明娟本人名字命名的"苏明娟助学基金"于当天收到了首笔善款。

获悉这一消息后，记者第一时间联系苏明娟本人和安徽省青基会、安徽省希望工程办公室相关负责人进行了采访，了解助学基金设立背景、缘由及思考，得知基金主要用于资助贫困大学新生。

知识改变命运在任何时代都有向上的力量，滴水之恩当涌泉相报的传承也在苏明娟的身上有了新的注解。

这篇报道刊发后，引发了社会各界对苏明娟本人及其助学基金的广泛关注。通过新安晚报及其旗下融媒体平台安徽网、大皖客户端、官方微博、微信的全方位传播，也唤起更多人助学的热情。

同时，国内众多知名网站都进行了转载报道，扩大了基金的影响力，增强了关注度。"苏明娟助学基金"在本报报道后也收获了更多爱心捐款，使基金不断壮大，帮助了更多需要帮助的人。

精心打磨　记录好文字

在短小精悍的篇章中，传递新闻的时代意义和社会价值，是消息的重要使命。

文字消息讲究短、实、新，这篇独家报道严格遵循消息体裁要求，全文 819 字，简洁凝练。记者多方采访，信源权威客观。稿件抓住了"首笔善款"的最新事实细节，以新近发生变动的事实为突破口，时效性强。

在背景材料的选择上，记者具有强烈的受众意识。精心选取了"1991年"和"2005年"这两个较有代表性的时间节点，对苏明娟的身份与成长经历进行补充与介绍，加深了消息的厚度与深度。

整篇报道在文字上精心打磨，从标题、导语，到新闻人物语言的引用，均体现简明扼要、生动有力的要求，反映新闻记者较高的文字驾驭能力。尤其是标题一语双关，不仅敏锐抓住了"大眼睛"苏明娟感恩社会、回报社会的闪光点，还揭示了"传递希望"的深层意义，苏明娟的"涌泉相报"正是对希望工程的深刻诠释。

报道蕴藏着引人向上的正能量，信息量饱满，精神内涵丰富，对吸引更多的人参与公益具有良好的示范效应。

持续关注　反映时代性

历史是昨天的新闻，新闻是明天的历史。稿件的及时推出也与新安晚报多年来持续关注、记录具有时代意义的人与事的优良传统密切相关。

早在 2002 年，已进入大学读书的"大眼睛"苏明娟致信中国青少年基金会，诚恳地要求自行退出中国青基会对她的捐助计划，希望"将这笔钱用在更多需要帮助的贫困学生身上"。

当时，记者第一时间进行采访，《"大眼睛"请求停止希望捐助》的报道展现出一位普通农村女孩自强自立的精神，也获得了 2002 年中国晚报新闻奖特等奖。

近年来，虽然苏明娟鲜少面对媒体，但是本报却从未缺席对其成长历程中的重要节点的关注。多篇独家专访报道记录下她工作后持续捐款帮助贫困学生、当选共青团安徽省委副书记（兼职）、设立助学基金等不同阶段的心路历程。

借助典型人物的人生轨迹，生动反映改革开放的壮阔历程和时代意义，让这篇报道获得新闻和社会的双重价值。

值得一提的是，该稿件是记者发现而非官方信息发布，其采访全面、逻辑清晰、文字洗练，生动体现了媒体人的脚力、眼力、脑力和笔力。

由连续报道看到"希望"永续

曹焕荣

她的名字或许并不为所有人熟知,但她的那双眼睛却成了20世纪90年代初一个国家系统性工程——"希望工程"的标签。自此,"大眼睛"女孩与"希望工程"画上等号,而《新安晚报》这则消息,让人们看见一片"希望"的完美延续。

以"大眼睛"苏明娟命名的助学基金会当天收到第一笔善款。在该基金会成立一周前,苏明娟个人拿出3万元积蓄作为启动资金——当"被助者"长大成人,身份转换成"助他者",一个童话故事般的结局,随着曾经接受过无数份爱的那双大眼睛,将更多的爱凝聚并投向远方。在苏明娟这位当代青年身上,可发现爱心的力量,发现教育改变命运的可能,发现正确价值观的播撒。

有人称新闻是"易碎品",实际上仅指时效。新闻传播学将"连续报道"作为一课,强调新闻人物、新闻事件并不"易碎",观察其发展、跟踪其变化,是受众愿望、新闻价值所在。"大眼睛"怎么了?至今始终是社会关注焦点。而《苏明娟设立助学金传递"希望"》这则消息的发表,则尽到主流媒体的责任和义务。它紧扣最新发生的新闻事实,通过"大眼睛"女孩长大后设立助学基金一事,成功传递深化教育扶贫的理念和导向,以及个人行动助推社会潮流的强大示范作用。如果不采用连续报道方式,恐怕很难取得这种效果。

作为连续报道,背景交代就显得格外重要。记者回顾受众熟悉的"大眼睛"女孩人生经历特别是其在"希望工程"帮助下成长的过程,也不忘对于这一浩大社会工程的介绍；详细写到她设立助学金的动机，再到助学金的运作和未来规划。报道按时间线索和逻辑关系进行组织，使受众清晰知晓苏明娟此举的来龙去脉。有的连续报道疏于背景描述、事件演变，吸引力、影响力自然大打折扣。

当然，连续报道不是老生常谈，要注入新的信息。这则消息虽然不长，但披露了"希望工程"在新形势下的进展。"2005年，苏明娟参加工作后，把领到的第一个月工资全部捐给了安徽省希望工程办公室。从此，她每年都会去希望工程办公室捐献1000元助学金，至今从未间断"，又专门为助学基金拿出3万元，而新成立的助学基金很快就收到第一笔善款。这是对"希望"这一主题的生动诠释，也圆满实现了受众心中对"希望"的期盼。

卫计委主任"转岗"社区家庭医生

国内全科医学奠基人之一孙晓明坐诊基层迎来第 1000 名挂号病人

本报讯 记者左妍报道：卸任浦东新区卫生计生委主任岗位后，国内全科医学奠基人之一的孙晓明重新穿上白大褂，在三甲医院及社区开了全科医学工作室，还成了居民的家庭医生。上周末，工作室迎来第 1000 位挂号病人。

"尽管没做'广告'，预约的病人还是慢慢增多了。"下沉社区的孙晓明最近明显感觉到，作为居民健康"守门人"的全科医生越来越吃香，不仅可以解决患者 80% 以上的健康问题，更成为分级诊疗的"引路人"。

74 岁的老张无法走路，到某三级医院看病，一堆检查做下来仍未找到原因。为此，儿子为他订了一台电动轮椅。偶然间，他来到浦东潍坊社区卫生服务中心的"孙晓明教授全科医学工作室"。和孙晓明交流的时间够长，老张一次小小的咳嗽都被捕捉到，总算找到症结：发烧了，肺部还有感染。"老年人对发烧、疼痛不敏感，耽误了治疗。"孙晓明说。两周后，轮椅还没发货，老张就已痊愈，行走自如，还叮嘱儿子把轮椅退了。如今，只要亲戚朋友生病，老张就鼓励大家去看社区全科医生。

孙晓明说，在专科，精细化的学科发展让医生处理病人往往从病症入手，更对"症"；在全科，更强调对"人"，通过仔细询问、检查，把患者的整体情况摸透。因此，全科医生有一个重要特点：善于跟病人沟通。这就是基层全科医生和大医院专科医生的差别。

上海是我国最早引入社区卫生服务理念、发展社区卫生服务的地区之一：1997 年起，通过连续 13 年市政府实事项目，社区卫生服务机构网络遍及城乡；2006 年，在全国率先实施全科医生规范化培养；2011 年起，推进家庭医生制度构建；2015 年，启动新一轮社区卫生服务综合改革。目前，上海有注册全科医师 7000 余名。到 2020 年，上海有望达到每万居民拥有 4 名全科医生。

孙晓明早年赴英国留学，主攻全科医学；回国工作后又赴美从事博士后研究，最终形成在上海全面推进全科医生家庭责任制的一整套想法。但他认为，现阶段全科医生靠培养还不够，需要专家入驻社区坐诊及带教。于是，他作出示范，从政策制定者变成践行者。

去年 9 月，他选择了浦东潍坊和上钢两个社区卫生服务中心开设工作室，诊室隔壁就是教学室，碰到疑难杂症，随时跟年轻医生探讨，帮助他们成长。之前，他已在东方医院开设全科工作室。"社区患者如果需要转诊，东方医院全科精准对接专科，这样的'全科 + 专科'才是老百姓最期待的服务模式。"孙晓明说。

（原载《新民晚报》2018 年 2 月 12 日）

关注典型人物　反映时代精神

左　妍

我采写的《卫计委主任"转岗"社区家庭医生》一文荣获了第二十九届中国新闻奖二等奖（消息类）。我成为卫生记者第二年，还是医药行业的"新人"，就偶然抓住这条"活鱼"，可以说是非常幸运了。

这篇不足千字的消息，只是我日常工作中非常普通的一篇报道，它带着新民晚报"飞入寻常百姓家"的独特印记，通过描述一位区卫生部门行政管理人员"转岗"成为社区家庭医生的小故事，反映了分级诊疗、医疗资源下沉、社区卫生服务改革等民生大主题。

新闻线索的来源很简单，只是偶然听说了这件事。但我一下子就感受到了冲击，并迅速想到了两个新闻眼。一是孙教授从政策制定者变成了实践者，二是"国内全科医学奠基人之一"成为社区居民"健康守门人"，探索推进社区的全科医学发展，非常具有说服力。

其实，在医疗卫生系统，专家退休后返聘、下沉基层的案例并不少，但是一名行政管理人员卸任后转岗成为普通家庭医生，这在行业中并不常见。那时，国家新医改的核心内容之一是强基层，上海在全国率先启动社区卫生服务中心综合改革，鼓励老百姓签约家庭医生，推行"1+1+1"组合签约，把常见病、多发病留在社区。现在，这样的一条"活鱼"摆在践行"四力"的记者面前，怎可错过呢？于是，我马上联系社区和孙晓明本人，

约采访。

联系上之后，我发现孙晓明的工作室并非第一天开张，从新闻性上说，好像已经有些晚了。但是，这个故事还没有媒体报道过，其本身依旧值得报道。于是我回到报社和领导商量怎样重新找到由头，把握好报道的时机。毕竟，新闻必须考虑时效的问题。

当时的考虑是，切入点如果是开张第一天，或是接诊第一个病人固然好，但是缺点在于，过早报道的话，工作室的成果还不够多，不具备很强的说服力。自己"造"一个由头行不行？当然也行，当时孙晓明告诉我，已经接诊了将近一千个病人，我眼前一亮，1000——这个数字是个整数，非常具有冲击力，为何我们不在这个具有标志性意义的数字上做文章呢？

于是，我来到工作室蹲点，陪同孙晓明坐诊。孙晓明性格温和，看病耐心细致，病人非常喜欢他。其中，74岁的老张的故事令我印象深刻。他去医院看病，一堆检查做下来仍未找到原因，后来在孙晓明教授的全科医学工作室找到症结，经过治疗后痊愈了。

其实，社区的水平并不差，只是我们习惯了不管什么毛病都往三甲医院跑，检查做了一大通，时间费了不少，最终的结局可能与在社区看病并无两样。有时候，我们的家庭医生比我们更懂自己。在上海的社区卫生服务中心，市民朋友可以接受连贯的、规范的治疗，还有转诊绿色通道、医联体、长处方、延伸处方等举措，保障社区居民的健康。经过多年的综改探索，上海的社区早已不再是过去"只能配药"的地方，从CT检查、康复、慢病管理到外科小手术，社区的健康"菜单"越来越丰富，医生水平也不断提升，成为居民心中名副其实的健康"守门人"。

孙晓明教授的故事，只是上海众多全科医生的一个缩影，他有特性，又有共性。在他的身上，可以看到上海社区医改的巨大成果和时代意义。

在写稿的时候，我也曾犹豫过，究竟是写成通讯还是消息。其实，我们新民晚报作为国内最老的一张晚报，报道风格在晚报中一直都独树一帜。新闻报道常以短平快为特点，切口虽小，但胜在以小见大，反映了时代发展的宏大主题。最终，在报社领导的建议下，我把这篇新闻写成消息，沥干水分，突出处理了新闻的反差要素，用简练通俗的语言写了一则消息，却取得了令我本人也意想不到的效果。在此一并感谢为这篇新闻稿出过力的人。

专家评说

给你一双发现的慧眼

殷陆君

中国新闻奖评选，消息好评又不好评。所谓好评，是身体不辛苦，选出让大家都认可的好消息，从篇幅上说似乎并不难。所谓不好评，是心苦，很难找出自己认可的好消息。

每次评选，足额评选出各个奖项，是皆大欢喜的心愿。但是在消息项目，要足额评选出一二三等奖，并不容易。

第一届中国新闻奖评选，消息一等奖就空缺一个。此后的情况也有不少。

原因可能有不少。其中很重要的一个原因，就是消息要写短又要写好，并不容易。如果体现短实新的特点，就更难了。

新民晚报有发短文章的传统，记者有抓活鱼的经验。这条消息飞入寻常百姓家，有反响，有点赞，说明民生新闻需要人追踪，涉及百姓生活的新闻总有人会看。

一位当过卫生部门"一把手"的人重当医生，有什么样的故事？一位老医生看门诊，患者有什么样的体验？一位全科医生进社区，百姓有什么样的看法？

选题新颖是消息的第一落点。一位行政管理人员"转岗"成为社区家庭医生的小故事，反映了分级诊疗、医疗资源下沉、社区卫生服务改革等民生大主题。

文字简洁是消息的第一特点。千字文，讲了主人公接待1000名患者的经历，用对话方式描述了场景，介绍了社区医疗改革的背景，相比于大的信息量，文字是不错的。

如果读者能从消息中知道医生多少岁、何以成为国内全科医学奠基人之一、全科医生为何越来越吃香、在诊断过程中怎样成为分级诊疗的"引路人"，让群众体验"全科＋专科"是最期待的服务模式，让受众发现有意思有意义的细节，品出新闻的新意味，也许就达到了消息简约不简单、切实不表面、精准又到位的高度。

希望新时代，能够涌现一些发得又快、写得又活，既有一日之辉煌又有历史之回响的消息精品。

走进新时代 共植希望树

（原载扬子晚报新闻客户端 2018 年 3 月 2 日）

扬子晚报"走进新时代 共植希望树"

在移动传播场景下构建时政报道视觉交互生态系统

杨晓梅 王梦晓

2018 年全国两会恰逢换届，会期长达 20 多天，意义重大，内容丰富。扬子晚报策划融媒体报道"走进新时代 共植希望树"，抓住移动传播特质，突破专题列表的常规模式，运用养成类手游的产品逻辑，以高度的可视化和互动体验为内核，全面创新两会报道。前后方团队 20 多人，北京、南京远程紧密合作，在可视化表达、多线程交互、年轻化形态、工作面融合四个维度搭建出适配移动传播特质的时政报道视觉交互生态系统。

高度可视化"树"说两会

在 20 天的报道周期里，所有两会原创报道全部采用可视化制作，将传统的图文报道全面提升为可视化表达，根据内容匹配产品类型，让丰富而形象的图解、音视频、H5 等可视化方式各展所长。图解侧重应用在需要进行新闻信息归纳、提炼的内容上；音视频产品强调贴近新闻现场和报道对象，不仅有策划的选题，更注重现场捕捉新闻点，快速抢发；H5 产品则突破单向线性的传播模式，让用户在 H5 交互点上完成与信息内容的互动。

从 3 月 2 日到 21 日，"希望树"集纳了 74 件两会报道产品，100% 可视化。最快的一条短视频从北京前方记者拍摄，到后方完成剪辑、标题和包装制作，再到希望树"上架"，仅用了 52 分钟。

在单篇内容的可视化之外，"希望树"的整体界面形态运用了养成类手机游戏的模式。采用原生代码设计，将常规的专题列表转化为可以不断"长高"的希望树界面，随着两会进程，报道产品不断"上树"，希望树也在不断"长高"，最终形成了一个长达 3 米的长图。

动态生长系统强化交互

2018 年的两会报道团队里，扬子晚报首次出现了程序员。从 2017 年开始，"条漫长图"开始在移动端风行，扬子晚报融媒制作团队一直紧盯行业标杆，跟踪研究长图优秀作品。主创人员深入分析了长图产品，各类产品主要是比拼创意反转带来的延展感和绘画风格带来的体验感，但也普遍存在交互体验不足，用户只能"看"不能"玩"，大像素的超长图加载缓慢等弱点。团队的共识是：交互体验可能是长图这个产品类型上的突破点。在报道界面的创意会上，引入了程序员团队，主创团队的共识是，这件产品不仅要运用长图界面进行报道集纳，还要在报道界面构建出深度双向互动的生态系统。

"希望树"是动态成长的，它的大小与全社会"合种"的力量呈现正相关。媒体通过可视化报道产品为"树"添枝加叶，网友通过点赞释放"小太阳"为"树"提供成长能量。在"树"下，读者和用户可以给代表委员留言，每日优选的网友祝福和点评在"希望树"周边以弹幕的形式滚动播放。"希望树"不仅仅在移动互联网线上的虚拟空间成长，网友的点评、交互等通过随机抽奖和评论优选的方式进行筛选，获奖者将收到电商配送的水果礼盒，线上"种树"转化为线下"果实"，精巧的互动形式带给网友十足惊喜。

原创手绘"萌"化 90 后

"希望树"整体设计风格动漫化，采用全手绘创作，以年轻态的风格改变了时政新闻报道一板一眼、严肃正经的模式。贴合移动端用户熟悉的手机游戏、动漫二次元、视频潮流网站的热点视觉元素和交互特质，无论是树干、枝叶还是用于交互的功能键"小太阳""大拇指"等，都是"萌萌哒"。

除了每条报道内容做足可视化之外，每一个报道产品外露标题都精练动感，精选民生话题和热词，在标题入口就建立了"与我有关"的讲述方式，使严肃的时政新闻得以在年轻人的社交圈引发转发和分享。

由于采用原生代码，"希望树"报道界面适配了多种移动传播的方式，从网站手机版、客户端 APP、微信、微博、朋友圈海报等渠道都能直接进入"希望树"页面，全渠道匹配年轻人碎片化的移动端资讯接收方式。这种报道形式得到了网友喜爱，点击"小太阳"为希望树增加能量，这个功能被网友累计使用了 1.9 亿次，"希望种子"留言区参与数超过 60 万条，产品全网传播总流量超过 4000 万，被誉为"看会神器"。

策采编发全流程融合打通

"希望树"不仅创新了全国两会的报道形式，也是扬子晚报在采编制作层面的业务融合创新。美编、程序、记者、后期、编辑，团队 24 个人分属 5 种角色，每一个人都发挥出了自己最大的能力值。北京、南京相距千里，

20天的报道周期，20多人的"希望树"团队，记者、编辑、可视化、程序设计各种角色高度协同，在实际运行中不断优化流程，用时政报道的全面创新进行了一次媒体融合能力值的突破。

记者出发前大家归拢了一下报道选题列表，大约规划了50多个产品，希望树报道整体完成后，最终产品74个。其中有7个是不在预定列表里的产品，都是前后方团队临时增加的创意和策划。产品团队所有岗位都在原先既定的规划之外，不断增加创意，在长达20天的连续作战压力下，不仅完成了预先设定的工作目标，而且临时策划和新闻抢发都能快速完成，并保质保量。这说明，当创新形成了一个场域，可以激发出更大的创造力。

"走进新时代　共植希望树"不仅是融媒报道界面的创新，也是扬子晚报媒体融合在时政报道上的一张答卷。

专家评说

可视化互动让时政新闻成为"悦读品"

陈太云

如何把全国两会这样的重大时政报道做得通俗易懂、更接地气？

扬子晚报"希望树"从可视化和用户交互两个维度切入融媒产品的打造，用大量的图解、短视频和H5，将两会新闻信息进行归纳、提炼和可视化加工，生成优质原创内容，满足了受众高场景度的需求。

时政新闻往往以严肃的面孔示人，媒体最怕的是在时政报道中"自娱自乐"，看起来热闹非凡，但用户并不买账。两会报道，特别需要洞察用户体验，要将新闻内容与传播技术相加、相融，创新传播形式、传播渠道和传播场景，让内容抵达用户并被接受。

作为一次新闻生产和传播模式的创新，扬子晚报的"希望树"是新技术驱动下的产物。它借鉴手机养成类游戏黏性大的特点，利用手机游戏的产品逻辑，原生代码设计程序，融合图、文、音、视和动画多种媒体形态集合呈现。在碎片化阅读和视觉体验成为主流需求的移动新闻时代，使用大量的图解、短视频和 H5，将新闻信息进行归纳、提炼和可视化加工，通过"萌萌哒"的可视化效果，让用户轻松滑动手指即刻获取信息，形式更加新颖有趣，使严肃的时政新闻得以在年轻人的社交圈广泛传播。通过可视化制作，把能够展现江苏在高质量发展上已迈出了坚实步伐的内容化为"悦读品"，在受众的轻松阅读中实现了有效传播。

内容生产是传统媒体的优势，而可视化的新技术会赋予内容全新的生命。两会信息中有很多"干货"，仅仅把其拎出来扔给受众，受众并不会轻易接受。"内容＋可视化"，需要做好场景的融合和嵌入，将内容与消费圈、生活圈、工作圈等融合在一起，在熟悉的语境中阐释陌生的话语体系才能获得更好的传播力与影响力。

此外，"希望树"作为一款情景式数字媒体交互产品，与用户友好互动，实现其黏性功能。在可视化产品设计时充分考虑互联网"裂变式"传播方式，注重挖掘受众兴趣点，增强用户体验感。"希望树"大量使用 H5 技术支撑的可视化报道，突破了单向线性的传播模式，用户在接收信息的同时也可以向传播者发送信息。"希望树"从上线之初，就着力构建深度双向互动的"生态"，从 3 月 2 日推出到 21 日结束，20 天里这棵"希望树"在用户友好互动中不断长大，最终形成 3 米长图、74 件报道产品、1.9 亿点赞的融合传播数据。这不仅是编辑制作层面的业务创新，更是传播效果层面的思想创新。

移动互联网时代，用户是一个个鲜活的个体。"希望树"用沉浸式的用户体验、有温度的互动交流，增强了两会新闻的用户黏性，让党的声音传得更开、更广、更深入。

（作者系扬子晚报融媒制作部首席官，高级记者）

《寻找"最美女孩"》系列报道

寻找"最美女孩"

昨日 8 时许，凤城七路与文景路十字，一位老人突然晕倒，路人纷纷伸出援手，长发女孩双膝跪地为老人做了 30 多次人工呼吸

张志杰

4 月 18 日早上 8 时许，凤城七路与文景路十字上演感人一幕：一位 60 多岁的老人突发疾病倒在街头，路过市民纷纷施救。其中一位年轻女孩跪在地上，不停地对老人做人工呼吸和心肺复苏，直到救护车赶来。女孩的行为赢得众多点赞。遗憾的是，虽然众人合力抢救，老人最终还是没能苏醒过来。

她 4 分多钟做了 30 多次人工呼吸

"看见地上躺着人，一开始，我还以为是有人出车祸了，走到跟前看到一个年轻女孩正在给一位老人做人工呼吸，我才知道是有人突发疾病晕倒了。"18 日早上 8 时左右，市民瑚先生送孩子上幼儿园，途经凤城七路与文景路十字时，看到不少人围在路边，瑚先生赶忙拿出手机，记录下整个过程。

从瑚先生拍摄的视频中记者看到，一位年纪六七十岁的老人躺在路上，

身边一辆自行车倒在地上。年轻女孩双膝跪地，一边为老人做人工呼吸，一边有节奏地按压老人胸口。不时有污物从老人口中流出，其他市民急忙掏出纸巾为老人擦拭。这边擦拭完，女孩接着对老人做人工呼吸和心肺复苏。女孩看起来有 20 多岁，戴一副黑框眼镜，上穿牛仔外套，下穿黑色裤子，脚穿白色休闲鞋。女孩很投入，一举一动显得很专业，俯身做人工呼吸时一头长发不时散开下来，旁边另一女孩上前帮忙用手挽起。记者粗略统计，在 4 分 29 秒的视频中，女孩俯身为老人做人工呼吸 30 多次。

路过群众纷纷伸援手
帮着叫急救车找家属

"谁身上带有药？""看看老人装有手机没？"除了年轻女孩对老人进行急救，不少群众也上前帮忙，现场紧张而有序。一位路过的中年男子见状，蹲下来帮忙掐老人的人中，对老人进行穴位刺激。一位中年女士着急地从自行车车篓里拿出一个黑色手提袋，翻看有无老人的信息资料。还有人忙着找老人随身是否带有药物。然而，大家只发现有一部手机和一部收音机，中年女士赶紧通过手机联系老人的家属。视频拍到 4 分 29 秒时，120 救护车到达事发现场，大家帮忙把老人送上救护车，这才各自散去。

"我当过兵，在部队时接受过急救方面的专业知识，能看出来女孩的动作很专业。"瑚先生说，他判断女孩应该是一名医务工作者，年纪轻轻能这样做，真的不容易。"我当时都被感动哭了，这样的女孩真应该好好表扬一下！"瑚先生说。

老人没能抢救过来
家属称患有心脏病

记者了解到，老人被 120 急救车就近送到了凤城医院抢救，遗憾的是，送到医院时老人已经没了心跳，最终没能抢救过来。据医生讲，老人的家属称老人患有心脏病，这次意外很可能是突发心梗。

昨日下午，记者拿着瑚先生拍摄的视频，先后到事发地以及附近的凤城医院和长安医院，试图寻找这名年轻的女孩，但遗憾的是，没有人认识这名女孩。下午5点多，记者辗转联系上视频中帮忙掐老人人中的中年男子。这名男子叫朱小斌，曾经也是一名医务工作者，目前是一名营养健康师。"我是办事路过，看到当时的情况就停下来了。我看女孩一个人也挺累，就帮着对老人进行穴位刺激。"朱先生说，他只是尽了点微薄之力，"既然碰到这事了，咱肯定要帮一把。"听说老人最终没有抢救过来，朱先生言语中还略带遗憾。

👍 **为她点赞**

寻找为老人急救的长发女孩
阿里巴巴奖励她 5000 元"正能量"奖金

昨日下午，这段视频开始在网上传播，不少网友都为这名长发女孩及众人的行为点赞，将其称为"最美"女孩，也有不少人很关心女孩的身份。下午，阿里巴巴"天天正能量"项目组获悉后，对现场伸出援手的众多市民予以表扬，对长发女孩特意奖励5000元"正能量"奖金。

"这个清晨和每个清晨一样，温暖的晨光照亮了古城的城墙；这个清晨又特别不一样，善良的西安人用自己的爱心温暖了一个老人最后的生命路，也让整个城市洋溢着温情的模样。当美丽的女孩跪在地上，拼尽全力想留住老人的生命，当路人们各司其职，想方设法和死神赛跑，我们看到了，这是一座充满着爱与善良的城市，在这里，没有陌生人，只有好心人。寻找为老人急救的女孩和好心的路人们，谢谢你们，温暖了人心，美丽了西安。"这段话是阿里巴巴"天天正能量"项目组给参与施救的所有热心人的颁奖词。项目组的工作人员告诉记者，详细了解情况后，项目组决定联合西安晚报寻找并奖励这名女孩 5000 元奖金，并给予现场伸出援手的每一位热心人一份代表敬意的正能量礼物。

"天天正能量"是阿里巴巴联合全国近百家主流媒体共同发起的大型公益项目，成立于 2013 年 7 月，以"传播正能量 弘扬真善美"为宗旨，以媒体和互联网为依托，面向全社会挖掘、寻找、奖励平凡人的善行义举。最近，阿里巴巴发布的"天天正能量"大数据显示，陕西和西安分别位列"十大正能量省份""十大正能量城市"。西安晚报联合该项目奖励的西安好人陈绪水、拾荒老人史秉文等，都是其中的代表人物。"今天，这份名单再添新的'正能量'！"工作人员说。

本报提醒市民朋友，如果您认识这位姑娘，或有她的消息，请一定告诉我们，联系电话：029-88229999。

🔔 温馨提示

抢救心脑血管病人
要摆正体位去枕平卧

虽然众人合力抢救，老人最终还是没能苏醒，不免让人难过。今后我们如遇心脑血管疾病突发的病人，应该如何抢救？下午，记者采访了陕西省人民医院急诊内科主任刘丹平。

刘丹平说，遇到心脑血管疾病的病人晕倒，首先要检查病人是否有意识，可以拍肩询问病人怎么了。判断病人意识的时间不能超过 5 秒钟，以免延误救助时间。其次，在确定病人没有意识后，要帮忙呼救，赶快寻求支持，请别人帮忙打 120 电话，呼叫救护车。接下来，要将病人摆正体位，去枕平卧，使病人平躺于硬床或地上，通过看、听、感，注意病人有无呼吸。看病人胸部有无起伏，以耳朵贴近病人口鼻，听有无呼吸声。

在做人工呼吸时，要用按于前额一手的拇指与食指，捏闭病人的鼻孔，然后抢救者深呼一口气后，张开口紧贴病人的嘴；用力向病人口里吹气，吹气要求快而深，直至病人胸部向下塌后，有气流从口鼻排出。"一般人工呼吸 2 次、按压胸部 30 次，这样反复进行，直到专业的救护人员赶来。"刘丹平说。

（原载《西安晚报》2017 年 4 月 19 日）

《寻找"最美女孩"》系列报道背后的故事

张志杰

2018 年 11 月 2 日，第二十八届中国新闻奖正式揭晓，我们采写的《寻找"最美女孩"》文字系列报道荣膺二等奖。回过头来思考整个采编和获奖过程，看似无心插柳，实则有意栽花。

2017 年 4 月 18 日上午 9 点多，值班主任王晓英在微信群发现一条线索：当天早上，在西安北郊凤城七路与文景路十字路口，一位老人突发疾病晕倒。危急时刻，一名长发女孩不顾有呕吐物，跪地给老人做人工呼吸，其他人也纷纷伸出援手。这一温馨场面被路人拍摄下来。在长达 4 分多钟的视频中，女孩为老人做人工呼吸 30 多次。说实话，街头救人之类的事情，经常见诸各地媒体报道，但是我们并没有因此而轻视。

接到线索后，我第一时间赶往事发现场，走访目击者。我猜测女孩可能是一名医务工作者，为此，我还到事发现场附近的凤城医院、长安医院等，一边打探老人的救治情况，一边寻找这名长发女孩。遗憾的是，我只打探到了老人离世的消息，有关长发女孩的信息却一无所获。当天，我通过各种办法，先后联系上视频的拍摄者和在

现场参与救人的另一位市民，通过他们的讲述，再结合视频记录的内容，我认真完成了第一篇报道。另外，阿里公益"天天正能量"项目通过我们获悉此事后，当天也做出奖励长发女孩的决定。这些都丰富了我们的第一篇报道内容。

4月19日，第一篇报道在《西安晚报》上刊发后，再加上视频在网上的传播，此事引起广泛关注，长发女孩获赞无数，很多网友将女孩称为"最美"女孩。

长发女孩是谁？为何会有这样的举动？也正是带着这样的疑问，我们精心策划，开启了一场寻人"接力赛"。最初，寻人并不顺利，我们想尽办法却一无所获，但我们没有放弃。在接下来的3天里，我和同事张雷连续刊发寻人报道:《美丽女孩你在哪？我们在找你》《"姑娘，这座城市需要更多像你这样的人"》《老人家属事发现场拉横幅寻找"最美"女孩想当面对她说声谢谢》，用最朴实的语言表达对长发女孩的敬意，发动全城寻找这位女孩。

4天后，终于传来长发女孩的消息。她叫吴一帆，陕北人，学过医学相关知识，在西安工作。我们的后续报道《长发女孩找到了　她哭着说没能救活老人心里很难受》《吴一帆：这份感谢应该属于在场帮忙的所有人》《女儿你真棒　爸爸妈妈支持你！》也紧跟着一一推出。西安市委文明办更是及时发声，对吴一帆的善举高度肯定。

事情至此，看似告一段落，但是我们并没有就此"罢休"，而是趁热打铁，结合吴一帆的事迹，通过向广大市民征集线索，让他们讲述发生在自己身边的温馨画面，挖掘出更多的"正能量"。在随后的10多天里，我们用温情的笔触，把挖掘出的故事一个一个娓娓道来。我们还邀请医疗专家走进社区，为居民普及心脑血管疾病方面的预防和急救知识，算是为这组报道画上了圆满的句号。最终，牵动一座城的接力寻找完美落幕。

前面介绍了采编过程，接下来再说说获奖经过。

2018年初，这组报道参加2017年度陕西新闻奖的评选，如愿获奖。5

月，这组报道由省记协推荐参加中国新闻奖的评选。参评中国新闻奖并非一帆风顺，其间还有一段小插曲。

8月初，我们突然接到省记协通知：中国记协评奖办公室指出这组稿件出现错误，并将参评材料一并退回。原来，自2014年开始，中国新闻奖的评选增加一道程序——在送定评委员会前，所有参评作品都要由审核委员会组织专家进行严格审核，审核内容包括有无错别字、有无标点符号使用不当、有无语法错误等。在这组作品中，有"4月18日早上8时许，文景路与凤城七路十字上演感人一幕……"这么一句，审核委员会指出"十字"应为"十字路口"，意指作品表述不准确。对此意见，我连夜请教陕西师范大学两位汉语言文学专业的教授，他们认为文内"十字"的表述并不能算错误，结合上下文阅读没有问题。我们据此写好申诉意见后，第二天一早递交省记协，由省记协紧急送往中国记协。幸运的是，我们的申诉意见最终被采纳，稿件得以继续参评，并最终在参评的60多件（组）文字系列报道中脱颖而出。

这次获奖，也是时隔多年，西安晚报再次获得中国新闻奖。之所以能够获奖，我们经认真总结，认为我们在"小"和"细"上下了功夫。

没有因为事情"小"而轻视。就像前面提到的，街头救人之类的素材并不鲜见，但是，我们并没有因为这是一条再常见不过的"小"线索而轻视。相反，一开始我和同事就很重视，从采访写稿到策划推进，每一个环节我们都认真对待。其实，当时同城很多媒体都在关注这个事情，也都希望能找到长发女孩。等人找到了，多数媒体都止步于此，唯独我们坚持了下去，继续策划栏目，以"小"见大，让这组报道不仅有了分量，也有了深度。

字斟句酌在"细"上下功夫。长期以来，很多新闻工作者都认为无错不成"报"，新闻作品有点小错在所难免，对自己总是"网开一面"。这组作品，不管是前期采写还是后期把关，我们都字斟句酌，认真对待每一件新闻作品，坚决杜绝任何错误，这也是我们的稿件没有硬伤的原因。当年参评中国新闻奖的 60 余组文字系列作品，可谓件件皆优秀之作。遗憾的是，有些作品被审核出了这样或那样的错误，最终"出局"。

这组报道能获中国新闻奖，也与编辑部门后期的精心包装分不开。在这里，我们表示诚挚的谢意。

专家评说

从一个人到一座城　从一件事到一种精神

朱　玲

一位老人突然发病倒地，以一位长发女孩的救助为核心，众多路人纷纷伸出援手，原本冰冷的十字路口，顿时变得紧张起来、温暖起来，如同一个抢救室。4 分多钟内，长发女孩跪地为老人做人工呼吸 30 多次，始终不放弃。在她拼尽全力挽救老人生命的同时，众多路人各司其职，携起手来与死神赛跑。整个场面有序而温馨，这里没有陌生人，只有好心人。

《长发女孩双膝跪地　为老人做了 30 多次人工呼吸》首篇作品刊发后，引起巨大反响，广大网友称赞长发女孩是"最美"女孩。长发女孩是谁？她在哪里？一场"寻找最美女孩"的行动就此拉开帷幕。

西安晚报的这组系列报道共计 15 篇，2 万余字，包含通讯、消息、小评论等各种体裁，图文并茂、内容丰富、文笔细腻。从第一时间还原事发现场，到发起全城寻人；从当事人现身讲述，再到挖掘市民身边感动，整个系列作品环环相扣，结构紧凑，从一个人到一群人，一个个感人的画面跃然纸上，充满真挚感情的一件件故事，书写着这座城市蕴含着的时代精神，传递着暖暖的正能量。

近年来，街头救人的事情并不少见，也经常见诸各级媒体的新闻报道。具体到长发女孩吴一帆救人这件事，当时也并非独家新闻，全城各类媒体都在关注，为什么西安晚报的这组报道最终能获得中国新闻奖？除了作品采写扎实，内容丰满，细节感人，本身"硬核"，还在于这组报道没有就事写事，没有止步于找到这一件事涉及的某一个人，而是趁热打铁，逐步深入。在寻找长发女孩吴一帆的过程中，展现出了每一位救助老人的参与者的善良，展现出了被救助老人的家人们的感恩。在找到吴一帆后，晚报又继续深入挖掘"身边更多的感动"，让更多市民参与进来，讲述身边已经发生或正在发生的那些默默助人的故事，营造了"助人者人恒念之赞之"的强大舆论声势，形成社会热点，传播了正能量，放大了影响力。

前些年，老人倒地"到底是扶还是不扶"一度引发社会热议，凸显的是人与人之间的信任危机，反映的是社会道德层面出现了问题。这组作品"以小见大"，从"常见"的"小"事出发，通过挖深做透，深化了主题，体现了鲜明的时代精神。这组作品的获奖也告诉我们，不管在任何时期，救死扶伤、见义勇为、诚实守信、乐善好施等中华民族的优秀传统都是我们新闻工作者应该大力弘扬的对象。

（作者系西安报业传媒集团（西安日报社）党委委员、副总编辑，高级记者）

龙腾港珠澳

林桂炎　摄影

（原载羊城晚报金羊网）

《龙腾港珠澳》

——一组为中国超级工程而生的图像礼赞

林桂炎

港珠澳大桥是中国的"超级工程"，也是世界最长的跨海大桥，连起世界最具活力的粤港澳大湾区，对促进香港、澳门和珠江三角洲西岸地区经济的进一步发展具有重要战略意义，也是中国从桥梁大国走向桥梁强国的里程碑之作。《龙腾港珠澳》系列作品历经 3 年时间，选取不同时间节点中港珠澳大桥的施工场景，展示其龙腾虎跃的建设过程，从不同侧面呈现了立体可感的港珠澳大桥形象。

初遇：本能让我拿起相机

2014 年 9 月，在一次偶然从珠海坐船出海时，我远远望见正在建设中的一排港珠澳大桥桥墩。作为一名摄影记者，我几乎是本能地有了要记录它的想法。2015 年，一次部门会议上我提出想要记录港珠澳大桥的建设过程，记录中国故事，这一想法得到了部门领导的肯定。

港珠澳大桥是世界上最长的跨海大桥，连接起香港、澳门、珠海，大桥全长 55 公里，主体工程包括人工岛、桥梁和海底隧道。仅主梁钢板用量就达到 42 万吨，相当于 60 座埃菲尔铁塔的重量。

为做好系列报道，羊城晚报派出精兵强将，上至集团领导，下至采访团队每一位记者，都非常重视。报社总编辑亲自带队到港珠澳大桥管理局洽谈合作，并敲定了跟踪报道大桥建设全过程的合作方案。

跟拍：三年苦干记录中国故事

系列报道启动后，大桥在我心里埋下的种子开始发芽，我也当仁不让挑起了跟踪拍摄的主力任务。过了这么多年，我还记得当初第一次上桥时的感觉——两个字：震撼！

港珠澳大桥的每一个组成部分都是巨无霸，人站在前面会感到非常渺小。当天，我从唐家湾2号码头上船，船开一个多小时后才到达青州航道桥的海上施工平台。靠近塔桥的时候，望着高耸的塔桥上面挂着"中国结"，民族情感油然而生——我既对中国能建设这样的超级工程感到自豪，也更加坚定了要做好这个系列报道的信念。

从那之后，我天天关注着大桥的建设进展，一有风吹草动，就立刻赶赴珠海。3年来，我背着几十斤的摄影器材，跑遍了大桥的每一个角落。有时，烈日骄阳几乎要把我晒干；有时，大风呼啸险些把我吹进海里；有时，不期而至的暴风骤雨让我无处藏身。看着茫茫大海，我会感到很无助。让我一次次拾回信心的，是这座超级工程和它的建设者们——在辽阔的大海上，他们共同展现了中国最高的工程水平和匠人精神。

港珠澳大桥如蛟龙一样横跨伶仃洋，人站在桥上只能看到"冰山一角"，只有用无人机才能拍到整座大桥雄伟的全貌，才能多视野、更立体地看到3个航道桥、桥面、人工岛等，才能更好地表现出超级工程的气魄。所以在大桥的拍摄过程中，我们团队以无人机为主、相机为辅进行拍摄，这也是无人机在羊城晚报首次成为重大系列报道的拍摄主力。

《龙腾港珠澳》也为羊城晚报摸索传统媒体与新媒体的融合发展提供了良好的案例样本。团队制作的视频、720度VR全景图等，以更多形式来呈现这个海上奇迹，更立体地讲述大桥故事。

结篇：我和大桥互相成就

3 年多的拍摄中，让我印象最深的，是对决定大桥工程成败的海底隧道"最终接头"安装的拍摄。

港珠澳大桥虽是"桥"，但为了不影响海上航道、飞机起落等，史无前例地设计了一条长 6.7 公里、深 40 米的海底沉管隧道。5 年多的时间里，工程师们克服万难，已将 33 节沉管安装到海底。2017 年 5 月 2 日，海底隧道的"最终接头"即将安装。

当天凌晨 4 点，我抵达安装海域，安装船上灯火通明。在场的每个人都换上了崭新的工作服，我也有——这是以最庄严的态度来对待最关键的对接。动员大会后，我娴熟地用无人机记录了"最终接头"被吊起，缓慢移动、沉放入海的每一个画面。

然而，"最终接头"入海后，最艰难的海底对接才刚刚开始。6000 多吨重、12 米长的"最终接头"，要像楔子一样，沉放到海底 20 米深的海槽里，精确地"卡"在两节沉管之间，误差不超过 7 厘米，谈何容易！而它能否成功对接，却关乎整座大桥的生死。接上了，隧道就通了，桥就通了；接不上，可能就会毁了隧道乃至整座港珠澳大桥。安装船上气氛紧张，每个人都专注自己手中的工作，没有人有心思多说哪怕一句工程以外的话。我一边记录下建设者们聚精会神调试的画面，一边紧张地等待着。经过 16 个小时的奋战，捷报传来："对接完成，管内一滴水也不漏。"安装船上顿时成了欢庆的海洋。我拍下了这一刻，并在心底为他们鼓掌。

几年的跟踪记录，给我带来了很多美好的回忆和难忘的经历。通过报道，我们的团队和读者共同见证了大桥从几个桥墩到合龙通车的点点变化，大国工匠们的辛勤汗水和绣花精神也得以呈现在世人面前。

3 年里风雨无阻的坚持，团队的艰辛不言而喻。但我们遇到难题没有退缩，没有放弃，做到了全程独家。除了所有重大节点的报道，我们也对工程进行了日常记录，拍摄了很多独家照片和视频，这些资料，在未来也会发挥重要的作用。

2016 年，羊城晚报独家推出了 11 个版的《龙腾港珠澳》专题报道，得到了社会各界的一致好评和中宣部的表扬。加上此前的媒体融合产品，此次系列报道可谓推陈出新、气势恢宏。正因此，《龙腾港珠澳》系列报道也获得第二十八届中国新闻奖二等奖。

专家评说

系列报道贵在坚持

唐绪军

所谓系列报道，指的是围绕某一个新闻事件或者某一个新闻主题，有计划地进行多个相互独立但又彼此有一定关联的持续性报道。新闻事件千姿百态，新闻主题也各不相同，有的存续时间很短，有的存续时间很长。对存续时间很长的新闻事件或新闻主题进行系列报道，需要的是耐心，是始终如一的坚持。第二十八届中国新闻奖系列报道二等奖获奖作品《龙腾港珠澳》就是这方面的一个例证。

《龙腾港珠澳》是围绕港珠澳大桥建设过程所做的一组以图像为主的系列报道。港珠澳大桥是中国的一项超级大工程，连接香港、珠海和澳门三地，桥隧全长 55 公里，于 2009 年 12 月 15 日动工建设，2017 年 7 月 7 日实现主体工程全线贯通，2018 年 10 月 24 日正式开通运营，建设周期长达

9 年。作者自述，他是 2014 年 9 月在一次偶然从珠海坐船出海时，震撼于见到的那一排正在建设中的大桥桥墩，才产生了要以图像记录这一超级大工程建设过程的想法。这一想法得到部门领导的支持后，开始付诸实施。

与以文字为主进行的系列报道不同，以图像为主进行的系列报道要求更为苛刻。每一次的独立报道，作者都必须亲临现场，尤其是关键的时间节点，作者不在现场就留不住转瞬即逝的建设场景。作者自述，在做这一系列报道的 3 年间，他曾蒙受过烈日的暴晒，经历过狂风的怒吼，遭遇过骤雨的突袭，但从来没有动摇过用影像记录这一超级大工程和它的建设者们的信心。正是这一信心驱动着他跑遍了大桥的每一个角落。于是，我们才能看到：港珠澳大桥主体工程全线亮灯的璀璨，港珠澳大桥江海直达船航道桥第二个"海豚"钢塔成功吊装的壮丽，港珠澳大桥九龙航道桥桥塔旋转矗立海面的奇观……

这组系列报道的成功同时也得益于作者对新技术的掌握和对新设备的运用。港珠澳大桥被誉为超级大工程，不仅在于其长度为世界之最，更在于其每一个部件都是巨大无比。比如，建筑隧道的一节标准沉管，长度为180 米，宽度为 37.95 米，高度为 11.4 米，重量达 8 万吨，相当于一艘中型航空母舰。拍摄这么大部件的作业场面，没有一定高度的视角和一定距离的视野是无法完成的。因此，在这组系列报道创作过程中，作者大量运用了无人机拍摄。于是，我们才能够看到：港珠澳大桥东人工岛的全貌，港珠澳大桥青州航道桥上的"中国结"，抵达安装地点的 E29 沉管……

坚持很难，但只要下定了坚持不懈的决心，并且持之以恒，任何艰难险阻都会有办法克服，最终一定会迎来成功的曙光。

《柳叶刀》权威论文被曲解，参与研究的中国专家通过紫牛新闻辟谣

多吃主食死得早？多吃肥肉活得长？
某些自媒体别再一本正经地胡说了！

宋世锋

8月29日，著名医学杂志《柳叶刀》发表了一项关于饮食方面的新研究，文章比较专业，一般人不大容易看懂，而国内一些自媒体的解读就"浅显"多了——"多吃主食死得快""多吃肉才健康"。这种颠覆常识的解读瞬间引爆网络，由于这是《柳叶刀》上的权威论文，一些网友质疑的声音也显得"底气不足"。然而，真的是这样吗？

《柳叶刀》到底说了啥
脂肪与主要的心血管疾病没有关联

8月29日，国际著名医学杂志《柳叶刀》发表了两篇论文。该研究历时10年，涉及5大洲18个收入水平不一的国家和地区的13.5万人。通过统计他们的饮食习惯来计算营养组成，并在此后的多年中，追踪他们的死亡以及心血管疾病发病情况。

第一篇论文是关于蔬菜、水果和豆类对健康的影响，研究结果是每天吃4份左右（375到500克）这类食物，对健康有明显益处，但是继续多吃不会再获得明显的好处。

第二篇论文则是关于脂肪和碳水化合物对心血管健康以及死亡率的影响。研究结果是，食用的脂肪数量和种类与心血管疾病的发生率以及死亡风险都不相关；在不同的志愿者分组中，平均碳水化合物供能77.2%的人死亡率比碳水化合物供能少的人群要高28%，脂肪供能35.3%的人和脂肪供能10.6%的人相比，死亡风险低23%。

研究牵头人马希德·德甘说，西方发达国家居民以前饮食中的脂肪和饱和脂肪占比过高，分别超过40%和20%，随着健康膳食概念兴起，如今分别降到31%和11%，现有饮食指南甚至建议将每天摄入脂肪总量控制在30%以下，将饱和脂肪摄入量控制在10%以下。

而他们研究发现，脂肪与主要的心血管疾病没有关联，饱和脂肪甚至能降低中风风险，因此可以适度增加饮食中的脂肪比例。

解释一下"供能"：

某人碳水化合物供能77.2%，就是说他的身体热量中77.2%来自碳水化合物。人体的三大热能营养素是碳水化合物、脂肪和蛋白质。碳水化合物是由碳、氢和氧三种元素组成，米、面、蔬菜、杂粮和糖都属于此类。

自媒体又是咋解读的
"多吃主食死得早！多吃脂肪活得长！"

这是一项比较前沿、严肃的研究，却被国内一些自媒体炒作得变了味。

知乎写手"瘦龙低碳"首先于8月31日在知乎上"解读"这项研究。结论主要有以下几点：

1. 吃米面糖等主食，可能让你死得更早。

2. 多吃好的脂肪，吃油，可能让你活得更长。

3. 吃肥肉、椰子油等富含饱和脂肪的食物，能降低中风的风险。

4. 吃油和心脏病没有关系，吃多少油都不会提高心脏病的风险。

5. 我们信任的膳食指南，可能让我们越吃越不健康。

他说："考虑到这些研究结果，全球的膳食指南，恐怕需要重新考虑定制标准。"

"瘦龙低碳"自称要"死磕中国肥胖问题"，他在知乎上的职业经历写的是"国家肥胖控制中心·减肥研究室"，对于这个控制中心和研究室，网上搜索不到任何信息。此后多个自媒体用"多吃主食死得快"等耸人听闻的标题进行炒作，在微信朋友圈和微博上刷了屏。

权威辟谣来了
多吃主食死得快？胡说！
不吃或极少吃主食与大量吃主食都不好

中国人的饮食以米面主食为基础，碳水化合物大多来自主食，研究中提到的"碳水化合物供能 77.2% 的人群死亡率比碳水化合物少的人群高 28%"，就被炒作成"多吃主食死得快"。

北京协和医院临床营养科教授于康澄清说，目前中国人平均每日碳水化合物能量比为 55%，而《柳叶刀》采用的研究对象碳水化合物的能量比为 67%，考虑到论文撰写者剔除了 2 万中国数据，可能保留的都是碳水化合物的能量比高的，不代表全体中国居民。

实际上，目前大部分中国人的碳水化合物摄入量并不超标，因此没有必要刻意减少或严格控制。相反地，临床上目前常看到严格限制主食产生不良临床结局的病例。应该说，不吃主食或极少吃主食与大量吃主食都对健康不利，这早被很多研究所证实。

多吃肉才健康？还是胡说！
脂肪摄入过多和过少对健康同样有害

这项研究中另一个引起误读的内容是"脂肪供能 35.3% 的人和 10.6%

的人相比，死亡风险低 23%"。

于康教授说，目前中国人脂肪摄入呈现逐步增加趋势，平均每日脂肪摄入能量占比已达到 32.9%。上述研究显示，每日脂肪能量占比为 24% 至 35% 之间时，总死亡率和脑卒中风险相对较低。这与中国的实际情况比较接近，所以没有必要再增加肉类摄入量。

研究还显示，每日脂肪摄入仅为 10.6% 的人死亡率相对高。这个标准只相当于 23.5 克脂肪，大约等于每天只吃 1 个鸡蛋，其余全部吃素菜，这样的饮食不健康是人们的共识。

和主食一样，大量进食脂肪和严格限制脂肪其实对健康同样有害。

参与此项研究的中国专家：
网上都是瞎起哄，均衡膳食是正道

中国医学科学院阜外医院"国家心血管病中心医学研究统计中心"主任李卫，是这项研究的中国地区负责人，她说本来统计了 4 万多中国的数据，加拿大方面采用了 2 万多。

网上炒作起来后，李卫对那些外行的说法不屑一顾，认为都是"瞎起哄"。

"自媒体写手对医学专业知识了解不多，断章取义，不用理他们。"李卫告诉紫牛新闻记者，"这个研究与中国和联合国等方面发布的膳食指南都是一致的，强调均衡膳食，不要过于极端。还是要看文献，论文写得很清楚。"

麦克马斯特大学人口健康研究所所长萨利姆·优素福说："与饮食有关的事最好适度，大部分营养既不要摄入太少，也不要摄入太多。"

网友留言

网友"听寂^_^Zola":看来我明智，没有以讹传讹，这个谣辟得 100 分！扬子良心出品。

网友"小竿子"：只能说万事有个度，不超过这个度就是好的。

网友"董 wm"：科学在不断进步，国际上有争议的研究，不必视其为洪水猛兽。如果翻译有误，专家正解一下就好。

网友"吉祥心灵的资本"：运动、劳动加饮食搭配，还要有自己的身心健康，乐观心态决定未来长寿！其他都是胡扯！

（原载《扬子晚报》2017 年 9 月 7 日）

辟谣"多吃主食死得快"的经历和思考

宋世锋

随着网络通信技术的进步，信息发布变得日益简单，促使大量自媒体涌现。在网络化的信息传播中，点击量、转发量成为成败与否的衡量标准，信息的具体内容似乎倒成为不太重要的东西。这种情况导致的一个结果就是很多自媒体大量转发甚至制造假新闻，目的只是追求点击量和转发量，以求变现。而假新闻泛滥的后果是严重的，大量不明真相的受众被蒙蔽。2017年9月曾经热传的假新闻"多吃主食死得快？柳叶刀的研究，打了多少医生的脸"就是一个明显的例子，对其进行辟谣的工作也值得研究。

柳叶刀研究提倡"适量均衡"

2017年8月29日，著名医学杂志《柳叶刀》发表了一项历时10年的有关饮食方面的研究，包括两篇论文，涉及5大洲18个收入水平不一的国家和地区的13.5万人。通过统计他们的饮食习惯来计算营养组成，并在此后的多年中，追踪他们的死亡以及心血管疾病发病情况。

第一篇论文是关于蔬菜、水果和豆类对健康的影响，研究结果是每天吃4份左右（375到500克）这类食物，对健康有明显益处，但是继续多吃不会再获得明显的好处。第二篇论文则是关于脂肪和碳水化合物对心血管健康以及死亡率的影响。研究结果是，食用的脂肪数量和种类与心血管疾病的发生率以及死亡风险都不相关。

这个研究结论就是现在提倡的"适量均衡"，包含肉类不是越少越好，主食蔬菜水果也不是越多越好。

研究牵头人马希德·德甘说，西方发达国家居民以前饮食中的脂肪和饱和脂肪占比过高，分别超过 40％ 和 20％，随着健康膳食概念兴起，如今分别降到 31％ 和 11％，现有饮食指南甚至建议将每天摄入脂肪总量控制在 30％ 以下，将饱和脂肪摄入量控制在 10％ 以下。而他们研究发现，脂肪与主要的心血管疾病没有关联，饱和脂肪甚至能降低中风风险，因此可以适度增加饮食中的脂肪比例。

自媒体解读"多吃主食死得快"

这是一项严肃的研究，却被国内一些自媒体拿来胡乱炒作。知乎写手"瘦龙低碳"首先于 8 月 31 日在知乎上"解读"这项研究，他的结论主要是"吃米面糖等主食可能死得更早""吃肥肉、椰子油等富含饱和脂肪的食物能降低中风的风险""吃多少油都不会提高心脏病的风险""中外卫生部门制定的膳食指南可能让我们越吃越不健康"。

他进一步将这种胡说八道式的解读简化为"多吃主食死得快""多吃肉才健康"，这种符号式语言极其适于网络传播。

这种解读极具"颠覆性"，与中国、美国、欧洲和联合国等方面的健康卫生部门所推出的《居民膳食指南》完全不同，由于内容太"劲爆"，瞬间引爆网络，被多个自媒体和个人用户转载。当时不仅在新浪微博上刷了屏，而且很多人的微信朋友圈中也有大量转发。

联系论文作者批驳谣言

朋友圈的"养生"文章是谣言高发地，笔者看到这个刷屏网文后，感觉不太符合对健康方面的认知，就想调查一下到底是不是像自媒体解读的那样。于是先到柳叶刀网站上，把与这项研究有关的两篇论文都下载下来细致读了一遍，发现并没有"多吃主食死得快""多吃肉才健康"之类的内容，只是按饮食水平对样本进行了分组研究。

笔者研究论文的作者名单，发现有多位中国医学专家参与，并且标明了所在单位，而中国医学科学院阜外医院"国家心血管病中心医学研究统计中心"主任李卫是中国区研究的负责人。

让论文作者解读疑点是最具有说服力的，于是笔者经过反复努力，终于联系到李卫主任。李卫主任作为专业人士，对于朋友圈健康网文一向很不屑。她告诉笔者，那种解读完全是胡说八道的"瞎起哄"，她本来都不想理会。她所参与的柳叶刀研究与中国和联合国等方面发布的膳食指南都是一致的，都强调均衡膳食，不要过于极端。

由于这篇网文传播度太广，很多营养学家纷纷站出来辟谣。笔者又采访了北京协和医院临床营养科教授于康，请他再作进一步的澄清。于康说，目前大部分中国人的碳水化合物摄入量并不超标，因此没有必要刻意减少或严格控制。相反地，临床上目前常看到严格限制主食产生不良临床结局的病例。应该说，不吃主食或极少吃主食与大量吃主食都对健康不利，这早被很多研究所证实。

国家二级营养师、中国营养学会《中国居民膳食指南 2016》科普讲师于良告诉笔者："科学界对新研究进行传播或者科普时，倾向于采用在业内达成共识的结果。在饮食方面，共识就是中国居民膳食指南。"

论文作者和营养学家的意见都在最终报道里呈现了出来，充分证明了自媒体解读的"多吃主食死得快""多吃肉才健康"是不折不扣的谣言。

揭示真相以正视听获好评

这篇报道受到读者的广泛好评。北京市网信办公布 2017 年 9 月的十大谣言榜，"多吃主食死得快"名列第六，北京市网信办说："据扬子晚报紫牛新闻，北京协和医院临床营养科教授于康澄清说，目前中国人平均每日碳水化合物能量比为 55%，而《柳叶刀》采用的研究对象碳水化合物的能量比为 67%，不能代表全体中国居民。"

中宣部《新闻阅评》注意到了扬子晚报的这篇报道，而且还关注到在网上全文刊发但在报纸上限于篇幅没有登载的内容，在 2017 年第 367 期的《新闻阅评》中用"匡正'知乎'文章对柳叶刀论文的误读很有必要"的标题，以比较大的篇幅专门表扬这篇报道匡正了自媒体的伪科学，而且获得大量转发和热议，取得良好的传播效果。

这期《新闻阅评》指出，"该文针对知乎网一篇文章就柳叶刀杂志两篇论文的误读，通过采访参与相关课题研究的中国科学家，揭示真相，以正视听，避免以讹传讹。一、柳叶刀两篇论文被误读引发网上炒作。二、及时采访专家科学解读以正视听。'知乎'文章等直接把柳叶刀论文中提到的'碳水化合物供能 72.2% 的人群死亡率比碳水化合物少的人群高 28%'，炒作成'多吃主食死得快'，显然有失偏颇。扬子晚报'紫牛新闻'记者发现后，及时采访北京协和医院临床营养科教授于康。三、就传播新格局中的科普提出中肯意见。扬子晚报'紫牛新闻'在澄清'知乎'文章对柳叶刀论文的误读，还以高度的社会责任感，对有关饮食安全、健康知识的普及问题听取科学家意见，其中有的颇有见地，例如：1. 柳叶刀杂志发论文的同时就刊发了不同意见的评论，但最初报道的所有媒体自媒体都视而不见，只是演绎了最吸引眼球的部分出来传播。2. 许多健康方面的信息并非单纯为了科普，有些是为了制造新闻，有些是用作商品营销，即便是没有任何利益冲突的单纯科普，其证据的来源和可信度也参差不齐。3. 食品健康的前沿研究对于科学发展是有价值的，但并不适合介绍给公众。不仅是公众难以准确认识这些前沿研究的局限与价值，大众媒体也几乎都一样"。

思考：面对层出不穷的谣言，媒体怎么办？

著名营养师顾中一谈到这个自媒体炮制的假新闻时感慨说，随着新媒体时代的到来，信息传播的速度和范围已远超过去，每一天都会通过各种渠道主动或被动地接收大量的信息。很多健康方面的信息并非单纯为了科普，有些是为了制造新闻，有些是用作商品营销，即便是没有任何利益冲突的单纯科普，其证据的来源和可信度也参差不齐……

"对于'朋友圈'里流传的各种养生知识或是健康话题，让专业人员大感头痛，因为辟谣的速度根本赶不上伪科学的生产速度，"顾中一说，"面对这类'养生'鸡汤文章，应该保持清醒的科学认知，主动去溯源查验其可信度。如果发现问题，要引用可靠证据使容易受到误导的家人朋友辨明真伪。"

很多自媒体单纯追求点击率，有意传播甚至制造谣言。很多谣言迎合了受众的心理，传播力远超真相。这种现象在全世界都成为一个令人头痛的问题，受到困扰的不仅是中国。

但是，正规媒体和记者必须担起责任，不能让互联网成为传播有害信息、造谣生事的平台。对于这种关注度非常高的谣言，必须及时进行正确解读，以免使其产生危害。

中宣部《新闻阅评》也说："网络和微博、微信'朋友圈'经常流传各种养生知识或健康话题，比如这些天又出现普洱茶'致癌'的说法。这些传播有时让人获益不浅，有时又让人大感头痛，因为解释、辟谣的速度根本赶不上伪科学的扩散速度。尽管如此，'以人民为中心'的新闻媒体和网站不能无所作为。扬子晚报对'知乎'一稿的匡正，给我们作了一个榜样。"

对待伪科学的正确之道

李 玥

移动互联年代，有些健康信息的传播并非为科普，有的为了营销，有的为了炒作，常常泥沙俱下，可信度参差不齐。对此，主流媒体必须从自身定位出发，在揭示真相、澄清谬误方面起作用。扬子晚报"紫牛新闻"对"多吃主食死得快"传言的匡正，作了一个正面示范。

不惧权威，直面质疑。国际顶尖医学杂志《柳叶刀》在同一期上发表两篇论饮食健康的文章，十分专业，一般人不易看懂。国内一些"自媒体"纷纷进行解读，声称"多吃主食死得快""多吃肉才健康"。这种颠覆常识的观点瞬间引爆网络，但由于慑于《柳叶刀》的高端权威，质疑的声音显得"底气不足"。"紫牛新闻"记者敏锐察觉，打出问号，即以极为认真的态度介入其中。对于扛着世界一流专业刊物旗号贩私货的做法，不听之任之，不退避三舍，媒体就应该是这个样子。

多方取证，弄准坐实。"事实胜于雄辩。"帮助受众辨真伪，必须拿出可靠证据。从稿件描述看，记者先上柳叶刀网站，将两篇论文下载细读，然后联系论文作者，请出本人直接进行阐释，答疑解惑，这是最有说服力的。接着，又采访国内多位专家学者，证实一些"自媒体"散布的"多吃主食死得快""多吃肉才健康"是不折不扣的谣传。报道以事实为准绳匡正伪科学，取得了良好的传播效果。

追根溯源，举一反三。如今，一些"自媒体"信奉流量至上，一味追求点击率，传播一些似是而非的东西，不时编造传播谣言，致使虚假信息满天飞，这已成为一个世界性公害。"紫牛新闻"这一报道不止于辟谣，还进一步剖析"多吃主食死得快"一类谣言出现的深层次原因，就有关饮食安全、健康养生问题进一步听取科学家观点，提出具有建设性的意见。这种报道有事实、有分析、有思考、有建议，层层递进，兼具新闻性、知识性，受到好评是情理之中的。

（作者系北京广播电视台节目研发中心副主任）

"狗不咬"乡长

刘克定

有一件事，使我好几年都难以忘怀。也就是"考研"最热的那年头，忽然从报纸上读到一则新闻：上海市有个区的副区长，分管民政工作，常常下基层，而基层单位大都是福利院、救助站、养老院……与聋哑人沟通时，就遇到了语言障碍。为了直接了解聋哑人的疾苦，更加贴近这些残疾人的心，他花了许多的时间向人请教哑语，并且很快"毕业"。下福利院、救助站，遇到聋哑人，他就直接用哑语和他们对话，不借助翻译。而聋哑人有什么问题，也直接去找他反映。虽然我未能记住这位区干部的姓名，但我很为他的实干好学精神所感动。虽然学哑语比"考研"难度小得多，对功名前程也无多大用处，尤其一个副区长级干部，也大可坐在办公室，听电话汇报，有时间去学点外语。但他没有这样做。他懂得作为主管民政工作的领导，不学好哑语，就等于没有掌握打开聋哑人心灵的钥匙，这把钥匙不掌握，当"衙斋卧听萧萧竹"时，就听不出"疑是民间疾苦声"，至少听得不很真切。

几乎在看到这则新闻的同时，我还听说一件事，某乡乡长去世，上级组织部门要物色一位新乡长，原有的两位副乡长均不理想，而乡长秘书，论资历、经验，均赶不上两位副乡长，但这个秘书有个特点却为两个副乡长所不及：他走遍这个乡，十里不闻犬吠。因为他常下基层，和村民关系很亲近，常给村民读报、写信、写对联，村民有事都找他诉说诉说，连狗都熟悉他的身影脚步。经过考察摸底，上级把这个"狗不咬"的小秘书定为乡长人选。这个"不闻犬吠"很不简单，说明老百姓了解他，喜欢他，也说明他掌握了开启这个乡村民心灵的钥匙。

两件事似乎并没有什么必然的关联，但是给发现人才和使用人才，提供了很好的范本。现在用人，标准很高，看学历、看职称，还看资历、年龄、来头，就连一个从事糖果包装的街道小企业，用工也讲高学历，非本科以上不要，贪大求洋，不是为了解决实际问题。

门槛太高，章程太旧，并不合乎中国的实情，中国的实情是：既需要制造火箭、卫星、高铁、潜艇的高端人才，也需要大量解决实际难题的专业人才。学习也是如此，古代的圣贤告诫要学以致用，并说学习有好几种类型：一种是用以充实自己，使自己成为一个有用于社会的人，这叫"君子之学"；而为自己的功名富贵而学，上不能报效国家，下不能为群众办实事，只会在平庸的人前背诵所学的平庸的教条，则不免为陋儒，叫"陋俗之学"；还有为炫耀自己而学，以所学得的一星半点东西来傲人，谓之"小人之学"。可见学亦有道，立志要高，"路头一差，愈骛愈远"，其学只能是下下乘。有胸襟，有方向，解决实际问题，哪怕是涓埃之学，都是值得鼓励、值得称道的"君子之学"。考察任用人才，以及人才自身的学习，都应当从中国的实际出发，切不可去追求那些没有实际价值的虚名。

有些出国留学、游学、访学、进修归来的人士，称之"海归"，将自己的所学，用来报效祖国，这是值得鼓励的，一些地方也给他们许多优惠的政策。但常年在平凡的岗位，根据实际需要，学习一些实际的知识，用以解决实际问题，应该说，这样的栋梁之才，各地都有，可惜多被等闲视之。像"狗不咬"乡长，不考研而学手语的分管民政工作的副区长，是从报章上见到的，可见现时还只是新闻而已。

（原载《新民晚报》2016 年 1 月 15 日）

写后感

刘克定

我小的时候住在外婆家，外婆家风景很好，屋后有一片竹林，鸟鸣啁啾，听得多了，我就问外婆，怎么有的鸟儿叫声我从来没听过？好像新来的。外婆说，兴许不是本地鸟儿，从外地飞来旅游的吧？听惯了本地鸟叫，乍听外地鸟儿，嗓门儿挺高的，也有声音浑厚的，夹在一起挺好听的。

外婆的屋前，有一条大路，说是大路，也不过是骑单车和推土车的泥巴路，晴天叫扬灰路，雨天人们管它叫水泥路。而就是这条路，七弯八拐，走得多了，你就会感受到农耕经济的心怀。

我曾是那路上众多的行者之一。它穿过村落，穿过田野和荒漠，越过干涸的河床，翻过小小的山头，连接着村与村、人与人。路面的泥土，虽然凹凸不平，但被踩得紧实，用锄头挖它不动，唯有雨天，它就变得黏糊糊的，粘掉路人脚上的鞋子，稍不留意，还会叫你仰天一跤，摔得满身泥泞，狼狈不堪。而只有赤脚走在这条路上的人，从不见他滑倒，他的脚丫像铁爪一样，钳住泥巴，稳稳当当迈向前去。有人说，乡间的路是赤脚汉走的路，是庄稼人走的路。

赤脚汉和独轮车，是乡间小路的开拓者。

乡间小路总是弯弯曲曲的，像老农手背皮肤下的静脉。那弯曲是不定形的，自然而然的。这一条路和那一条路，都不是以一个模式延伸，各依

各的形态，编织着对生活的共同憧憬和向往，时而汇合，时而分道扬镳，时而蜿蜒远去，时而曲径通幽。

从外婆的老屋场出行，到附近的墟场，我数了一下，一共拐了十六个弯。我慢慢走着，在每一个拐弯处，我彳亍，思索，我发现——

第一个弯，是绕过何叔家的鱼塘，这鱼塘不大，何叔已经经营了很多年了，逢年过节，他全家把网一拉，嗬！好几百斤活蹦乱跳的草鱼、鲢鱼、鲤鱼……全村人的餐桌上，都少不了何叔鱼塘的鱼。

第二个弯，是绕开发嫂子家用篱笆围着的菜园，茄子、扁豆、丝瓜、辣椒……她每天担水浇菜，头天晚上将瓜菜摘下洗净，第二天清晨送到集上卖钱。

第三个弯，是绕开一株老槐树，老人说，当初这棵树还很小，长在路中间，老祖宗说，落地生根，不也和咱人一样吗，决定不移走，人是活的，绕开一点不就结啦！于是直行的主道在这儿拐了一个弯。

还有细舅家那破房子，尽管断壁颓垣，毕竟是他祖上传下的基业，已经上百年了。村长说等以后村里有了钱，大家给他拾掇拾掇，弄一个新院子。

那土地庙前，是上香的人踩出的一条岔道，主道在十几步之外就绕着过去了……

还有田间几口井，水质很好，甘冽清凉，行路人常喝这水解渴，为了保留这井，大路又拐一个弯，留一条蹊径往井旁……

我坐在老槐树下思索；槐树正开着花，一串一串挂在树上，香入心脾。

小径弯弯曲曲的真正含义是多么深刻、丰富，多么富有人情味儿！这弯弯曲曲，就是数代人生态的版本。读懂这本"书"，就知道世上原本没有路，"走的人多了，也就成了路"；更不会永远有直路，因为有山、有树、有井、有房子、有鱼塘、有篱笆、有庄稼……

在几里路外的上甲村，有一个言嗲，是著名的牛倌，是个老实庄稼汉，没见他有老婆孩子，一个人吃饱了全家不饿。他跟牛打了一辈子的交道，是个牛专家，用牛、相牛、给牛治病……很有一套。就因为这个，村里牛病了、要买牛什么的，都找他跑差。

说起买牛这个活计，并不轻松，除了懂行，还要能吃苦。买回来牛，得牵着它翻山越岭，日夜兼程，因没钱乘车，也没有出差费，一路上餐风宿露，草鞋都穿烂好多双。每到一地，先给牛找草料，弄到一点水，先给牛喝。有时顺带也做点倒买倒卖（兼做牛的买进卖出），赚点饭费车费，坐几站火车（人、牛、货挤在车皮的角落里），下得车来，浑身上下连鼻孔全是煤灰。

后来，农村搞运动，把言哆"揪"了出来，倒腾耕牛的事。其实他不说也无人知晓，但他经不住"斗"，站到台上双腿发抖，便一五一十说了出来。他怎样翻山越岭去江西找牛贩子，又怎样讨价还价，怎样成交。又怎样饥餐渴饮，舍不得花掉身上的一两百元私房钱，怎样用来买牛，半道上又怎样卖掉，赚了几十块钱，买火车票，坐几站车皮（货车厢），他是怕牛累着，走不到湖南。就这样"竹筒倒豆子"，哪知道就为这被打成"资本主义牛贩子"。没几天，家门口挂了"黑牌子"。那以后，门庭开始冷落，村里有关牛的吃喝拉撒，都不敢再找他"咨询"，他也很坦然，逢人便说，"我是走的资本道路，你们别跟着"。

记得那年立冬的晚上，忽然一声惊雷，在夜空滚过。我看见言哆神色不安起来，一会儿看看天，黑乎乎的，又看看远处养牛户的灯火，昏黄的，星星点点闪动。伴着嘈杂的人声，还听见有人在大声咋呼，他索性进屋，关门，倒头便睡。没一会儿，他又坐起来，抽着烟，思索着，漆黑的屋里，只见一点红火星，在他的两唇间忽明忽灭。

不多会儿，门外蹬蹬蹬的脚步声由远而近，一群人提着马灯来找牛倌，咚咚咚敲着他的门，把他叫起来，说话却悄声细语，他答话也是悄声细语，生怕被人听见，我连壁脚都听不清楚，估摸人们是来向"牛贩子"讨方子，叽叽喳喳折腾了大半夜。

听老人说："雷打冬，十间牛栏九间空，有牛受惊吓了，加上天冷，就会死掉，庄稼汉没了牛，可是灾难啊。他们来问言嗲，言嗲告诉他们多备草料、棉絮，叫牛别怕，说是火车响，牛懂，只莫让牛冻着……"

言嗲说："去年，有个干部以传播农业文化为借口，要我交出养牛经，我没交给他，他懂得什么农业文化？他就是打我的歪主意！"养牛经只传儿孙，连女儿媳妇都不传，他没有交出来。

又几年过去了，言嗲已经死了，他的侄儿按照他的嘱咐，将他埋在他的住地后山上，可以望见很远，能看见田里的牛。我到他的墓地去凭吊，见墓的周围栽了很多青松，还有很多鲜花，据说是村民栽的，供品多得不得了，有酒、蛋、糖果、薯饼、瓜子儿……还有满地的鞭炮屑。言嗲爱牛，村里人也爱他。

是的，美不是抽象的，有人说，好的东西不一定是美的，但美的东西一定是好的。到具体事物，美总是有一定的标准，这个标准很重要。刘基的《郁离子》里说燕王喜欢养乌鸦，尤其爱听乌鸦的叫声，这是燕王的审美标准。要说爱牛和相牛之道，要说审美，言嗲和庄稼汉们是最有发言权的。

后来，上甲村搞了一次给牛选美大会，搞得很隆重，"选手"也不少，像举办奥运会一样。庄稼汉把自家的牛牵出来，端详着，抚摸着，赶着遛几圈，这么多"情人"的眼睛盯着，拿名次并不容易。夺冠的一定是大家公认的"西施"。大伙儿给荣获冠、亚军的牛披红挂彩，燃放鞭炮，敲锣打鼓，场面一定十分热烈。

我还想说，假如言嗲还健在，又能在现场，一定是个顾问，没准当个评委会主任，都有可能，没准笑得合不拢嘴，忙得屁颠屁颠……

日子一久，看得多了，对农村的人情世道，感受就会深刻。就说乡下的狗，看家护院，恪尽职守，根本不是城里的宠物狗，只要它认为可疑的陌生人，就会大声吼叫，一犬吠影，百犬吠声，只有经常串门的好朋友，狗才摇着尾巴，老远就走上去迎接。我写《"狗不咬"乡长》，也是在农村认识一位小秘书，村里人找他有事，一个电话就来了，写对联、写信干啥的，服务到家，不取分文，不吃饭，只喝一杯茶。后来老乡长生病去世，两个副乡长，一个喜欢喝酒，有时醉得说话舌头不听使唤，另一个对乡里情况心中无数，说不上道道，上级考虑搞个民意调查，推选乡长，结果小秘书榜上有名，按资历是不够，但农民喜欢他，于是他上任了，农民给他取了个外号：狗不咬。

农村生活非常丰富多彩，有许多深刻的生命命题，有不少遇见，给我智慧、启发，有时辗转难眠，大自然的、人文的、情爱的，催我思索，鼓励我奋进，虽然我更多的时间是在城市工作生活，但我觉得若论情感、智慧、质朴、正义，城市的某些地方某些人身上，还是显得苍白了些，或者说，一点蝇头小名小利，能使有的人辗转反侧，失去原本的纯真。

要说理由，那就是"人一般地都是用所有者的眼光去看自然，他觉得大地上的美的东西总是与人生的幸福和欢乐相连的"（车尔尼雪夫斯基所说）。丰收的喜悦和幸福，总是富藏着美的意蕴，以及人心对美的向往，这是庄稼地里长出的真理。

感谢新民晚报龚建星老师的帮助和指导，他是个纯正的人，真挚的人，富有正义感的人，他编发拙文，非以日计，我们评上上海新闻奖一等奖、中国新闻奖二等奖的消息是他告诉我的，奖金是他寄给我的，他的人品，有如水晶一样的晶莹纯净。

《"狗不咬"乡长》赏析

王国华

　　学哑语和"狗不咬"，看上去似乎是完全不同的两件事，但在刘克定先生的笔下，它们有了联系。一个分管民政工作的副区长，在社会上风行考研之际，不选择学习外语准备考研，而是学习哑语，目的很明确：更便于和自己需要了解的群体直接对话，同时也让对话对象感受到自己的体温。一个整日奔波于乡村阡陌，和村民打成一片的乡里秘书，因为三天两头见面，气味太熟悉，狗见了都不咬。这两位公务员的行为，可谓殊途同归，前者是后者的充要条件，后者是前者的结果。而他们的共同点是不拘一格，不慕虚名，重视实绩。

　　在作者的文中，上级把这个"狗不咬"的小秘书定为乡长人选，可谓知人善任。只是不知那位专心学好哑语的副区长，将来的仕途会怎样。好在有小秘书这个先例，虽然他没有考研，但凭着踏踏实实的作风，想来也应该不会太让人失望。此所谓见贤思齐。学历诚然重要，公认的口碑和成绩更重要。全国人大常委会副委员长、中国作家协会主席铁凝的简历上，学历一栏就定格在"高中"，这丝毫不影响她在中国文坛的分量。

　　如果打量副区长和小秘书这两个人的前缘和后续，也许会发现，他们的人生选择并非一定是要怎样怎样。做出这种选择，更多是从中获得个人的愉悦。这不可能是赶鸭子上架地学习，因为并没有人对他提这种要求，也没人要督促他、考核他。同理，小秘书走入乡村给村民读报、写信、写对联，和村民聊天，听村民诉说，也不是上级的三令五申。事实是，他们都从具体工作中找到了乐趣，工作和生活结合在一起，乐在其中。

作者在文末感慨："常年在平凡的岗位，根据实际需要，学习一些实际的知识，用以解决实际问题，应该说，这样的栋梁之才，各地都有，可惜多被等闲视之。"这种感慨莫如说是一种期待，期待更多的副区长和小秘书这样的人被推到更重要的位置上，让这种工作和个人兴趣结合在一起的愉悦得以永续。

　　（作者系中国作协会员、中国散文学会理事、深圳市杂文学会副会长、深圳报业集团宝安日报社编委）

《红色娘子军精神·薪火相传》系列报道

物质的丰富，绝不是为了带来精神的匮乏
时代的繁荣，绝不是为了湮没信念的光芒

寻找最后的红色娘子军

黄丽娜

4 月的琼海，潮湿闷热，暴露在阳光下的每一点时间、每一个动作，都变成了一种煎熬。

琼海市人民医院 ICU 病房里，最后一位红色娘子军战士、百岁高龄的卢业香老人，静静地躺在病床上。与十七八岁时当红军、打敌人、穿密林、吃草根的那些生死战役相比，如今的她在与死神的较量中显得如此平静。

因腿部感染引发一系列并发症，令她时常高烧到 39 摄氏度以上，右脚已经全部变黑、坏死，每次呼吸都需要机器辅助……眼前的这一切，都让人很难与 83 年前那个烧炮楼、打伏击，能跑、能跳、能战斗的年轻女战士联系在一起。

老人 1 月 17 日入院，一睡就是两个多月。儿子抚摸着母亲的发丝，一遍遍呢喃："哪有人睡得这么久啊……"没人知道卢业香还会不会醒来，就像没人知道在这最后一位红色娘子军逝去后，这段记忆是否也会就此终结。

作为红色娘子军的诞生地和主要战场，在海南省琼海市，历史的印记并不难寻觅。

这座城市唯一"像样"的城市雕塑，就是以红色娘子军为主题的群像；最大、最成规模的旅游景点之一，就是红色娘子军纪念园，后者还在海口至琼海的高铁上被反复播报。近几年，琼海市委、市政府还出资为在琼海居住的红色娘子军战士们修建了"红军路"——公路一直通达村里战士的家门口；补贴资金重建房屋，每月发放3000元的生活补助，全部医疗费用实报实销……

但除此之外，有多少人真正了解她们经历的那段历史、她们承受过的苦难、她们所追求的那些信仰？

那部叫《红色娘子军》的老电影，那台叫《红色娘子军》的芭蕾舞剧，看再多遍，如今可以领略到的大概也只有艺术加工后的美感，至多还有一些内心的激情澎湃。多数观众无法感同身受的，是琼海一年四季滚滚的热浪，是随时可以吞噬光明和生命的密林里的凶险，是山路多么崎岖，台风暴雨多么生冷；更遑论那些枪林弹雨，那些几倍于己的敌人，那些看着战友一个个倒下时的恐惧与孤寂。

除了在一些特定场合，现在还有人会唱起那首《红色娘子军军歌》吗？可能听到"向前进、向前进，战士的责任重，妇女的冤仇深"这样的歌词时，都多少会觉得有些不合时宜。对于现代女性，很难想象在1930年前后的琼海，当女人们第一次知道可以像男人一样有自己的名字，可以进夜校读书，可以有自己的土地，可以自己选择婚姻时的震惊。在震惊之余，这些十七八岁的姑娘，像男人一样拿起了枪，为了摆脱枷锁，为了过上平等、自由的生活。

一般人对红色娘子军的了解，大概也仅限于此——她们拿起了枪，走上了革命的道路。其实历史远不止如此。

在电影、歌曲描述的故事之外，少有人知道，1932年年底，海南红军主力在第二次反"围剿"失败后，红色娘子军被迫解散，战士们各自疏散回家。但是敌人没有放过连以上的女干部，红色娘子军的五名连长和指导员先后被抓。她们经历了严刑拷打、经历了长期的牢狱折磨，甚至成为敌人炫耀"战功"的活道具，但没有一个人变节、没有一个人出卖组织。尽管她们每个人都知道极其重要的、足以改写琼崖革命进程的核心机密。

红色娘子军战士王学葵，2002年在新加坡写下了《我们谁都没有出卖同志》一文。文中写道：

"1932年秋末冬初之间，琼崖红军第二次反'围剿'斗争失败，庞琼花在母瑞山被捕，我和冯增敏、王时香、庞学莲、黄墩英几乎同时在乐会四区被捕。我们被捕后，都被关押在阳江监狱。国民党旅长陈汉光亲自审讯我们，并且严刑逼供，但我们站稳革命立场，保持革命者的气节，谁都没有变节动摇，谁都没有出卖同志。两年后，我们被押到了广州，关进所谓'感化院'。在'感化院'，我们谁都没有动摇投敌。1937年冬，出现了国共合作抗日高潮，我们同时获释，一起离开广州乘船回海南。"

如今，这些故纸堆里翻出的文字，像躺在病床上的卢业香老人一样，看上去那么平静。但在这种平静之下，翻涌着女革命者坚定的信仰与追求。

上面这些文字，读上去可能还会令人动容；如果您能像我们一样，走在琼海的烈日下、密林间，再回想起红色娘子军当年的历程，可能心生的感慨会更多一些。但在83年后的今天，在最后一位红色娘子军战士随时都可能离世的今天，我们回顾这些往事，甚至实地探访历史发生地，所求不仅是打动人心。

没有价值的，必然被历史所抛弃，被人们所忘记。但在历史长河中，为什么红色娘子军的印记如金子一般，在大浪淘沙后仍闪烁光芒？因为她们有信仰。物质的丰富，绝不是为了带来精神的匮乏。时代的繁荣，绝不是为了湮没信念的光芒。

（原载《羊城晚报》2014年4月8日）

报道背后的故事

黄丽娜

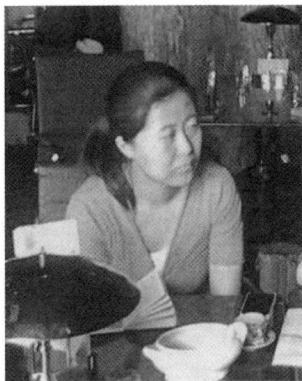

2014 年 4 月，羊城晚报政文部和摄影部的多位同事，可以说，是经历了一个溽热、艰辛而又难忘的四月。我们几次三番，头顶海南初夏的酷日，深入琼海多地辗转采访，收集史料、寻访历史故地，只为还原一段历史，铭记一支传奇队伍，同时也为当下的人们寻找一份精神的指引。这份让我们付出很多，也收获很多的报道，就是《红色娘子军精神·薪火相传》系列。

首先不得不说的是这一系列报道的缘起。而说起缘起，又不得不感叹一下羊城晚报悠久的历史真的是一笔财富，她当年一纸风行积累起的庞大读者群更是一笔财富。

2007 年在《羊城晚报》迎来创刊 50 周年之际，报社举行了"十大金牌读者"的评选活动，在活动中我们发现了一位来自海南省的金牌读者王路生。他在父亲去世后，接替父亲为健在的红色娘子军老战士们读《羊城晚报》。这个故事非常打动我们，我们也一直与王路生保持着联系。

2014 年 3 月 9 日我们得知，潘先英——红色娘子军在世的最后两位老战士之一，在海南过世。而这时，她唯一还健在的战友——卢业香老人，也已因病入院，连续几个月在琼海市人民医院的 ICU 病房中，与死神搏斗。她们，是羊城晚报几十年的忠实读者；她们，也是为新中国的建立抛洒过青春和热血的英雄儿女。

基于这份特殊的情缘，基于这份对先辈的崇敬之心，特别是在物质生活日益优渥的今天，羊城晚报更是深感不能忘记她们的丰功伟绩，不能忘记她们身上所彰显的革命传统，不能忘记以她们为代表的老一代革命者对理想和信念的不懈追求。

有感于此，时任羊城晚报总编辑的刘海陵决定，从政文部和摄影部抽调记者，组成报道组，于3月下旬奔赴海南省琼海市，探望了病床上的卢业香老人；追寻着红色娘子军当年的革命足迹，梳理了这支队伍的传奇历史；寻访了红色娘子军的后人、党史专家、艺术家、琼海市领导，让红色娘子军精神可以穿越时空，光照当下。

记者采写回素材后，刘海陵总编辑、林海利副总编辑又专门召集要闻部、政文部相关记者编辑，对素材进行再梳理和加工，明确报道的脉络、报道推进的节奏等等，并对版面的包装做了进一步要求。

4月8日清明节期间，《羊城晚报》以头版头条消息加三个整版的专刊规模，推出了《红色娘子军精神·薪火相传》大型系列报道的开篇之作，隆重纪念这支革命队伍，回顾这段烽火岁月，呼唤新时代的理想信念；并连续在其后的一周多时间里推出了几十篇相关报道，还开展了数据调查，在不同年龄段掀起了对于红色精神的讨论。同时微博、微信的全方位推送，也使这组报道的传播效果最大化。

一时，红色娘子军勾起了几代人的岁月记忆，也成了引发很多人思考的话题。该系列报道更引发了广东、海南两地以及全国读者的追捧，掀起了一轮对红色经典的追忆，对红色精神的思考和解读。

4月19日早上，在这组报道还在陆续刊发时，红色娘子军最后一位老战士卢业香，在海南家中离世。而《羊城晚报》这组《红色娘子军精神·薪火相传》的系列报道，也成了对这位老人、对这支传奇队伍最后的纪念。

这组报道引发的社会效果，也引起了中宣部的重视，中宣部刊发了阅评予以表扬。而羊城晚报也因为这组报道与红色娘子军的故乡——海南省琼海市搭建起了互信的关系。

在采访中，我们了解到琼海市在近年的改革发展中，传承红色精神，走出了一条不砍树、不占田、不拆房，就地城镇化的"田园发展"模式。这样的发展模式不仅对广东的城镇化道路有所启发，而且也契合了当时宣传报道的重点。于是羊城晚报以琼海的发展模式为样板，整合新闻报道、活动策划等资源，将琼海全方位地进行包装，以旅游度假、农副产品、田园风光为卖点，将这座城市介绍、推介给广东和全国的读者。

可以说，这组报道不仅在报道形式等方面有很多创新，而且达到了新闻性和宣传性的双赢。

专家评说

并非最后的纪念

李　玥

2014年4月8日，清明节刚过，《羊城晚报》以头版头条消息加整版专稿的规模，推出系列报道《红色娘子军精神·薪火相传》。11天后，4月19日早上，红色娘子军最后一位老战士卢业香离世，此时这组报道还在连续刊发。可以说，它成为对这位英雄老人和这支传奇队伍的最后纪念；更应该说，它由"薪火相传"构成的主题词，正激励广大群众像电影《红色娘子军》主题歌所唱的那样"向前进、向前进"！

海南历史上隶属广东。作为广东主流媒体，羊城晚报在不同年代对诞生于、战斗在海南岛的红色娘子军做过大量报道。进入新时代，尽管海南单独建省，但该报领导和采编人员始终把红色娘子军记在心上，把宣传红色娘子军精神视为己任，派出多批记者前往海南琼海，与健在的女战士家庭保持密切联系，广泛收集历史和现实资料。没有忠诚、热情和责任，是不可能有一篇篇作品出现的。

着眼"薪火相传"，记者在作为红色娘子军诞生地和主要战场的琼海市，寻找历史印记，描绘"红军路"、纪念园，用大量笔墨书写"最后的娘子军"。在熟知的电影、歌曲、舞剧故事外，文中引述近年发掘的史实，如老战士王学葵回忆，1932年底，海南红军主力在第二次反"围剿"中失败，红色娘子军五位连长、指导员被捕后经历严刑拷打，全都保持革命气节。"我们谁都没有出卖同志"，这句普通的话，让如今的人们充满敬意。详细讲述电影《红色娘子军》中背着婴孩行军的原型王运梅的故事，更是震撼人心。当年在战场上，出生于用山葵叶、芭蕉叶搭的产棚中的儿子，夭折在自己的怀里；进入新时代，这位"平凡的战士、伟大的女性"以102岁高龄加入中国共产党，面对党旗宣誓，表示"我永远跟党走，直到生命的最后"。可歌可泣的历史，可敬可爱的先辈，支撑起整个报道的精神高度。

"因为她们有信仰"，这句话，鲜明地揭示了红色娘子军精神的时代性，体现了记者的立意和站位。广东地处我国改革开放前沿，是人们公认的富裕地区。立足广东的《羊城晚报》，在红色娘子军报道中不断出现"物质"和"精神"字样，不止一次地展开阐述，如第一篇中"物质之丰富，并不等同于精神之富强"，如第二篇中"物质的丰富，绝不是为了带来精神的匮乏。时代的繁荣，绝不是为了湮没信念的光芒"。这启示广大读者特别是年轻人：如今我们被红色娘子军精神激励与鼓舞，在"向前进"的征程中该如何正确处理两者之间的关系。

白天是政府部门的会议室，晚上是外来工人的纳凉地。昨夜，已经和丈夫在这里"住"了四个晚上的环卫工董彩凤，在电话里兴奋地跟远在河南老家的儿子说——

儿子，今晚我和你爸睡在政府会议室

钟宏娇

今天上午 8：30，绍兴市政府机关会议中心又开始了忙碌。这一天，将有 3 场会议在这里举行。而就在两个半小时前，会议中心送走了一批特殊的客人，他们是市政府请来纳凉的外来工。

热疯了。40℃，41℃，42℃，这个夏天，绍兴的高温纪录不断被刷新。8 月 6 日，下辖的新昌县更是以 43℃的高温创下全国之最。绍兴市急救中心出车量也创下历史之最，救护车一次次呼啸着拉回病人，其中最多的是暑症患者。为应对异常高温天气给市民生活带来的影响，自 7 月 31 日起，市政府机关会议中心免费向公众开放。党委政府议大事的地方，晚上成了外来工的纳凉点。

"儿子，你猜我在哪儿"

昨晚 8：30，外面热浪滚滚，昔日热闹的市区城市广场上人流稀少了很多。而一路之隔的市政府机关会议中心内，欢声笑语，四五十人席地而坐，拉起了家常。"哎呀，简直像回到了以前乡下老家纳凉的时候。"环卫工董彩凤是带着老公和4名同事一起来的。

正说着，远在河南老家的儿子打来了电话，董彩凤兴奋起来，对着手机大声喊："儿子，你猜我现在在哪儿？市政府会议室。这里有空调，住着可带劲儿了，我跟你爸都住了4个晚上了。""对，对，不回去了。"挂掉电话，董彩凤说起了缘由："我们租的房子没空调，屋里温度起码50℃，我已经中暑进过一次医院了。我想，再这样下去要热死人了，我要回去了。""听说我住在市政府会议室，儿子吓了一跳，哈哈。他说，'这么好，那你就在绍兴待着吧'。"性格开朗的董彩凤越说越兴奋，索性手舞足蹈唱起了豫剧《花木兰》曲段，"刘大哥讲话理太偏……"她还现场编词，"绍兴是个好地方……在这里一辈子我也住不烦嘞"。"啪啪啪"，有人给她鼓掌。

会议室内凉风习习，7只空调同时运转，温度在26℃以下。热水就在墙角，一次性纸杯、瓶装矿泉水、消暑药一应俱全。不断有身着黄背心的环卫工、拖着行李袋的建筑工人进来，值班人员递上早已备好的凉席。有人铺好凉席就开始和老乡拉家常，睡觉；有人找到室内的厕所，就着水龙头简单给自己擦个澡。

"终于可以睡个好觉了"

"我一个扫地的，以前哪敢进来！"感叹着会议室内的凉快，来自江西的环卫工郑金荣说起了自己"热得像烧砖窑一样"的住处，"空气都是烫的，一晚上睡不到两个小时，可我凌晨4：00就要出门扫地的呀。"

是环卫班长告诉他这里可以睡觉的。"他一说我就信了。为啥？绍兴这地方是好。以前我在绍兴城西种过蔬菜，台风来了，村干部要我到村委办公室去睡，说万一大棚倒下来会把我压死的。我说我不去，大棚里的东西被人偷了咋办？村干部说，你大棚里的东西，我们有人巡逻。你在这里办了暂住证，就是我们的人，我们要对你负责。"

旁边的建筑工赵峰接过话说，一开始他是不信的，"市政府开会的地方哪会给我们睡觉？"直到老乡带他过来他才信了。昨晚是他第二次来，这次他带了3个老乡来过夜。"终于可以睡个好觉了。"他打算在这里住上一段时间。"我们在外打工不容易，政府为我们做了一件实事。"

市政府机关会议中心建于2006年，是市级机关唯一的会议中心。机关服务中心副主任华海龙介绍，这里几乎每天都有会议召开，以前晚上也有，但为了腾出来给市民纳凉，7月31日以后晚上就不再安排会议了。会议中心对公众开放的时间是晚上8：00到次日早上6：00。

已经接近晚上11：00了，50来张凉席在地上有序铺开，除了两位是绍兴本地居民，客人们主要是来绍务工的环卫工、建筑工和三轮车夫等。伴着空调送来的阵阵凉风，劳累了一天的他们酣然入梦。

"更多的公共场所，会免费向公众开放"

凌晨4：00不到，有人起身出门。5：40，安静的会议室热闹起来，人们纷纷起身，卷起地上的凉席，出门开始新一天的劳作。地上少见垃圾。工作人员开始拖地，用温开水洗刷凉席，等待晚上新一轮的客人。

目前，绍兴市一线外来务工人员达130万人。每年夏天，绍兴都会开放防空洞供市民纳凉，但开放市政府机关会议中心，这还是第一次。

据悉，目前全市已有200多个避暑点。"更多的公共场所，会免费向公众开放。"市机关事务管理局局长胡周祥介绍，机关会议中心开放只是起一个带头作用，根据市委、市政府统一要求，接下来各单位安装空调的公共场所，包括办事大厅、体育馆、会议室、学校礼堂等，在不影响正常办公的前提下开放。

（原载《绍兴晚报》2013年8月9日）

细节，细节，还是细节

钟宏娇

2013 年，是我在采编一线做记者的第 13 年。这年夏天，我采写的通讯《儿子，今晚我和你爸睡在政府会议室》获得中国新闻奖二等奖。下面，是我对采写过程的回顾和体会。

政府开放会议室供外来务工者纳凉睡觉，这是一件发生在绍兴的小事。关于这样一件小事的报道，为什么能走上中国新闻奖的舞台？我的理解是，因为这个故事是绍兴的，也是中国的，而我所做的，是尽一个记者的本分，讲好这个绍兴好故事，使它具有更加鲜明的标本意义。

想想，想想，再想想

2013 年夏天，有一件事很多人记忆犹新，那就是席卷全国的极端高温天气。这年 8 月初，我刚从湖北老家回到绍兴，翻看近几天的报道，一条政府开放会议室、防空洞等多处公共设施作为纳凉点的消息跳入我的眼帘，我心里咯噔一下，凭一个老记者的直觉，我感到这个新闻有"料"。我想起了刚刚结束的故乡之行，在素有火炉之称的武汉，到处都是政府把社区活动室拿出来给市民纳凉的消息，而绍兴显然走得更远——把市级机关唯一的会议中心拿出来给老百姓睡觉，相当于把"庙堂"拿出来与底层百姓共享了。

但这么好的题材同行已经做了，我还能做什么呢？就在我深感遗憾的时候，没想到第二天，领导把我叫到办公室，让我把会议室纳凉这一点单独拎出来，再去好好打造一篇通讯。我一听顿感豁然开朗，也非常兴奋。

新闻人常说一句话，没有背景便没有价值，如今回头去看这篇稿件的时候，我深深领悟到了这一点。从自然背景来看，绍兴热得全国出了名，8月6日这天，江南小城绍兴下辖的新昌县更是以43℃的高温创下当日全国之最，还上了中央电视台的新闻联播。而这一年，也是中央群众路线教育的起始年，发生在绍兴的这件小事显然是对群众路线的最好诠释。

精准的选题是我们稿件成功的第一步，至此，要讲什么故事已经确定，但怎么讲才能打动人，才能讲得动听？为此，我三赴会议中心采访。

细节，细节，再细节

三次采访，我都是带着问题去的。

第一个问题，政府是否在作秀？

第一次去是8月7日晚上，我比开放时间提前了半个小时，晚上8：00就蹲守在市政府机关会议中心门口，然后就看到有环卫工推着三轮车，车上装着扫把、被子等，从马路上收工后，灰扑扑地直接过来了。我认真地观察门卫的反应，只见他没有阻拦，做了身份登记后就放行了。

说实话，我当时很受震撼，这个我曾多次来采访过会议的高大上的地方，现在真的拿出来供底层百姓晚上睡觉了。

我跟着这名环卫工走进会议中心，直到晚上11：00才离开。那天晚上一共来了四五十名住夜纳凉者，我基本上都聊了一遍，听他们讲各自的经历，他们的出租房的酷热、纳凉的感受。

因为第二天要交稿，当晚写稿到12：30才回家。

稿子至此似乎已经完成，但第二个问题又浮现出来，纳凉之后怎么办？因为白天，这里可是要开会的。

所以，第二天一大早，我再次赶到会议中心，了解到纳凉者早上6：00离场后，工作人员就开始清洁地面，用温开水洗刷凉席。现场还备有开水、避暑药等。这些细节表明，这些以环卫工、建筑工为主的纳凉者，在这里得到的不是嗟来之食，而是有尊严的服务。

我还了解到，这一天，会议中心有3场会议要开。白天的庄重严肃与夜晚的亲切热闹形成强烈对比，这种反差显然对主题有深化作用，也让文章的结构更具张力。

当天第二稿写就，但领导看过后总觉得少了一点亮点，政府此举是否做到了群众的心坎儿上？这是整篇文章的落脚点，我们必须找到最有表现力的那个细节。尽管说不出那个点是什么，但总觉得与想象有距离。印象很深的是，领导当时问了我一句话："目前的稿子刊发也可以，还要不要再去采访？你自己定。"我说："我再去。"

带着这第三个问题，当天晚上，我和摄影记者再次来到会议中心，正是这天晚上的蹲守，让我捕捉到了一个点睛的细节——当市府办一位领导来现场察看时，性格外向的河南籍环卫工董彩凤现场编词，用豫剧唱起了"绍兴是个好地方"。在和儿子的通话中，董彩凤兴奋地喊道："儿子，你猜我现在在哪儿？市政府会议室。"我激动地将这一细节实录了下来。

尽管直觉这一细节已能满足我们的预期，但当晚，我还是蹲守到了近11：00，因为心里总想着，或许还有更好的细节呢？碰到好题材像打了鸡血般地兴奋，我想这种情绪很多同行都体会过。

平实，平实，再平实

经过三赴会议中心采访，采集到的素材已经足够，接下来，如何组织整篇故事？

当晚回到家已是深夜 11：30，一夜无眠，众多的细节在脑子里跳舞，比如奶奶带着两个可爱的小孙子在会议室纳凉的天伦之乐，比如夫妻环卫工以会议室为家的温馨，他们每一个人都有一本关于热的苦经，每一个人说到会议室纳凉时都会发出由衷的笑容。对一篇普通的通讯来说，这些细节都能放进去。但对打造一篇精品来说，只能抓住最亮的那个点，瞬间抓住读者的眼球。

我选择了董彩凤在电话里对儿子喊"儿子，你猜我现在在哪儿？市政府会议室"这个点，编辑也把它拎到了标题上，使文章瞬间活了起来。

形式为内容服务，至此，选择白描作为主要的表达方式也就顺理成章了。写稿时，我充分运用白描手法，通过原汁原味的群众语言，让细节自己说话，从而真实展现了一幅生动的纳凉图。正如时任中国记协书记处书记顾勇华点评时所说，绍兴晚报的这篇通讯"巧"，巧在稿子里没有一个字讲的是"执政为民"，但通篇体现的都是"执政为民"；稿子里没有一个字讲"公平正义"，却通篇都在讲"公平正义"。

报道见报后，会议中心成为纳凉点的新闻，引起了省内外众多媒体的广泛关注，特别是央视新闻 1+1 的现场直播，将报道的影响进一步放大。节目中，主持人白岩松特别点评绍兴市政府机关会议中心的纳凉举措，认为此举在全国很有新闻性和示范意义。

这意味着，绍兴的故事有了全国性影响。

随后，编辑部又策划了系列活动及报道，使全社会都来关注普通百姓在酷暑中的生存状况。在报道的推动下，这一年，绍兴市政府也首次出台了高温应急预案，将应对极端高温天气的临时安排作为一项制度固定下来，这也算是我们报道的一个成果。

不求细致　但求传神

唐绪军

一般认为，通讯是通过详细、生动的描述呈现新闻事实的一种报道体裁，是文字报道的当家利器。但通讯怎么写才能详细、生动，呈现出新闻事实的原汁原味来？对此，业内人士的认识并不统一。有人认为要追求细致，精雕细刻；有人认为要辞藻华丽，浓墨重彩；当然，也有人认为要务求朴实，重在写意。这些说法各有其道理，无所谓对错。关键在于表现手法要服务于表达内容，两者契合才是硬道理，才是优秀通讯作品产生的前提条件。由斯观之，第二十四届中国新闻奖文字通讯二等奖获奖作品《儿子，今晚我和你爸睡在政府会议室》正是具备了这个前提条件。

这篇通讯写的是 2013 年夏天，高温酷暑期间，绍兴市政府开放了安装有空调的政府机关会议中心，供那些居住条件差的居民晚上能来这儿睡个好觉。这样的事情在那年并不罕见。那一年 6 月，党中央确定的以为民务实清廉为主要内容的党的群众路线教育实践活动在全国展开。8 月，当滚滚热浪席卷全国之际，多地党政部门都开放了防空洞、体育馆、大会堂等公共设施作为人民群众纳凉避暑之地。因此，作为新闻来说，绍兴市政府开放会议中心的做法并没有什么特别值得报道的。那么，这篇通讯凭什么就能获得中国新闻奖呢？凭的是不一般的写作角度和写作手法。

从写作角度来说，这篇通讯没有从党和政府的角度入手，写当地领导在党的群众路线教育实践活动中受到多大教育，积极把活动成果落实在具体的实际工作中去，想群众之所想，急群众之所难，真抓实干，克服了种种困难腾出了市政府唯一的会议中心，为酷热难耐的群众提供了一个清凉度夏的避暑天堂；而是从受惠群众的角度入手，写他们起初不敢相信会有这等好事，政府会跟百姓们分享"衙门"的清凉，以及来了后舒适惬意的感受和轻松愉快的体验。满篇对党的群众路线教育实践活动不着一字，却尽显这一教育实践活动取得的实效。作者的高明之处就在这里。

从写作手法来看，这篇通讯用了极其朴素的白描手法，没有华丽辞藻的堆砌，没有过多的形容和比喻，只是如实地描摹事发现场，忠实地记录人物对话，平静地叙述采访过程，却让读者在阅读过程中感受到了生活的质朴与温馨。这就是有质感、有温度的新闻报道。比如，这篇通讯中描写环卫工董彩凤的那一段，可谓栩栩如生。董彩凤一出场，作者就引用了她的原话："哎呀，简直像回到了以前乡下老家纳凉的时候。"人物性格一下子便跃然纸上。然后就是记录她跟老家儿子的手机通话，以及回答记者的提问。董彩凤所说的话，作者没有作文字的修饰，只是如实记录。像"再这样下去要热死人了""儿子吓了一跳，哈哈"这样的大白话，读起来一点都不费劲，却又那么地传神。

白描手法来源于中国画的技法，讲究的是只用墨色线条勾勒形象，而不对形象作细节的修饰与背景的渲染，所谓天然去雕饰，挥毫戒繁华。这一技法运用到写作上就成为一种质朴的表现手法，追求的是用最简练的文字，描写出最鲜明生动的形象，所谓不求细致，但求传神。这篇通讯反映的是普通群众享受清凉后的感受，用白描手法来写，形式与内容相得益彰。

做点能改变现状的事

昔日上海知青徐桔桔重返第二故乡黑龙江带领百姓致富的故事

潘高峰

一个人的生命可以燃烧几次？在这个喧嚣浮躁的时代，又有多少人可以静下心来，全心全意去做一件事，为的却是他人的利益与幸福？

有着 35 年党龄的上海人徐桔桔正在这样做着。为了 40 多年前插队落户的乡村百姓可以过上富足生活，年届六旬的她放弃高薪返聘的外企工作，告别九旬高龄的双亲和出生不到百日的孙女，远赴黑龙江黑河市山河村当起村支书，带领村民搞新型种植合作社走现代农业致富路。

乡亲说：能不能找上海知青来当村官，带大家过好日子

辗转经过近 3 个小时的飞机、10 多个小时的火车和近 2 小时的汽车，记者终于踏上了徐桔桔所在的边陲小镇——逊克。这是黑龙江省黑河市下属的一个小县城，紧邻中俄边境，从它身边流过的就是黑龙江界河。

徐桔桔看上去比记者想象的年轻，气质娴静。与她一同来见记者的北京知青贾爱春，虽白发苍苍，却风风火火，干劲十足。两个性格迥异的人，却是一生的朋友，徐桔桔之所以来逊克，最初也与贾爱春有关。

2009 年 9 月，60 岁的贾爱春回到魂牵梦萦的第二故乡逊克县奇克镇山

河村。让她感到难过的是，40多年过去了，乡亲们过得并不好，原来的村成了屯，并入了另一个村子。乡亲们收入微薄，村民活动室也被征用，连个活动的地方都没有。

贾爱春决定给乡亲们盖一间活动室。在她的努力和县、镇两级政府的帮助下，去年，一座白墙红瓦的两层小楼在山河村建了起来，贾爱春取名"知青会馆"。许多曾在此插队的知青闻讯赶来见证。他们中大多是上海知青。就是那一次，老乡郭齐生偷偷找到贾爱春，提了一个让人意想不到的要求："我们致富缺个带头人，能不能找一个上海知青来当村官，带大家过好日子？"

贾爱春明白"上海知青"这4个字在老乡们心目中的分量。当年，仅在逊克县插队的上海知青就有数千人，他们给这个边疆小镇带来清新之风，甚至改变了一辈人的生活习惯和思维方式，让他们了解到，还可以有这样的生活，还可以有这样的精神文化追求。

贾爱春想到了徐桔桔——这个当年插队同住一屋，多年来一直保持联系的好朋友。她打电话，徐桔桔一听，笑了："怎么可能啊，简直是天方夜谭。"徐桔桔的反应，贾爱春并不意外，最初她也觉得这事有些天马行空。但她相信徐桔桔肯定会答应。"知青对第二故乡的感情，只有知青才能理解。这个地方牵着我们的魂。"

从那天开始，徐桔桔和贾爱春的电话频繁起来，每晚几乎都是雷打不动的两个多小时，聊着聊着，徐桔桔动心了。其实从最开始，徐桔桔听到山河村的现状，就开始思考能为老乡做些什么。她找了很多资料，包括国外搞大规模农业生产的做法。

儿子说：母亲你既然已经决定了，就去做自己喜欢的事

徐桔桔是上影集团退休职工，老党员。35年前，她就是在山河村插队时入的党。回上海后，她一直做财务管理，退休后被一家韩国公司聘用，

负责电影投资方面的工作，月薪过万元。对她来说，放弃这份收入不难，但还有很多东西难以割舍——年逾九旬的父母住在敬老院，一去数千里，怎能不牵挂？小孙女出生不过百日，需要人照顾，怎么和儿子开口？

贾爱春同样有很多困难。她的老伴因为脑溢血半身不遂，在建"知青会馆"的日子里，她只能把老伴带在身边，在县城里租一间房子，白天下乡，晚上回县城照顾他。冬天气温太低，老伴有病无法适应，她才不得不把老伴送回北京，让儿子照料。

尽管很难，徐桔桔和贾爱春最终还是下定决心：回到山河村，带村民们搞土地入股的种植合作社，通过大面积机械化耕作提高产量、增加收入。要做到这一点，有两个前提，一是山河要能重新独立成村，二是徐桔桔要能当上村里的带头人。

去年一年，徐桔桔在上海和逊克县之间跑了5个来回，贾爱春更是在上海、北京、黑河之间跑了12趟。除了考察当地情况，了解农情之外，为了弄清山河村百姓的想法，贾爱春还制作了100多张调查问卷，无记名调查大家是否支持知青到村里当支书。没想到的是，100多户村民，每一户都在问卷上选择了"支持"。

一切准备妥当，去年国庆，徐桔桔瞒着家人，偷偷将自己的组织关系转到了逊克县，被县里委任为山河村党支部书记。回到上海，她惴惴不安地和儿子摊牌。没想到儿子听了母亲的选择，沉默了一会儿后说：你既然已经决定了，就去吧，去做你喜欢的事。

在当地政府的支持下，今年2月，山河村重新恢复村建制，并成立种植合作社，贾爱春担任合作社的法人代表和董事长。村里的百姓在零下数十摄氏度的寒风里扭着秧歌庆祝，老人们热泪滚滚："几十年没看到这么热闹的景象了。"

村民说：土地是我们的命，现在我们把命给你们了

走进山河村，记者不禁眼前一亮：干净的水泥路足足有六七米宽，安装着簇新塑钢窗的房屋显得格外亮堂，每户人家由蓝白相间的铁栅栏隔开，整齐而美观，村子被一望无边的黄豆和玉米田包围在中间。

路过的村民见了徐桔桔和贾爱春，都是满面笑容，热情地打着招呼。"这一年可是翻天覆地的变化。"村民史先福告诉记者，徐书记来之前，村里连条像样的水泥路都没有，一下雨就泥泞不堪。家家户户的房子都是土垒的，冬天风呼呼地往里灌。"她们为我们跑断了腿，才争取来这笔新农村建设的钱。"史先福说的没有任何夸张。初到山河村，除了忙着合作社的筹备工作，徐桔桔和贾爱春最操心的就是改变山河村的面貌，提升村民们的精气神。

光是为了给村民房子安装塑钢窗，徐桔桔和贾爱春就跑了不知多少趟。按照规定，这笔钱下发到村一级的行政单位，当初山河村不受重视，没有享受到，现在恢复建制，要在本就十分困难的逊克县财政中拿到这笔钱，非常困难。她们先是"堵"建设局长的门，两人带着水和饼干，早上5点多就起床往县城赶。局长说在开会，两人就在会场外等，一等就是一天。最多的时候，她们两小时内找了局长6回，搞得局长一推门看到两人，"哎呀妈呀，你们怎么还在"。

争取到项目开工后，按惯例钱由村民垫付。能不能把这笔钱拿回来，又是一个难题。徐桔桔和贾爱春又开始"堵"财政局长，一次次闭门羹，一回回围追堵截，最终打动了局长，他说："两位知青对第二故乡的反哺，都做到这个地步了，我们心里实在过意不去。"拿到钱的那天，整个村子轰动了。"从来没有见过这么高的效率，以前这种钱，没有一两年绝对拿不到手。"

这是徐桔桔和贾爱春到山河村后办的第一件实事。贾爱春告诉记者：

"这里人很实在，干什么事情都是看实际行动，你说得再好听，做不到，老百姓不会服你。"

搞种植合作社，最大的难题是村里的机动田。山河村有农田420多公顷，其中40多公顷是属于集体所有的机动田。当年村里为了还外债，用极低的价钱把这些田包给了一些村民，一包就是20年。现在要搞合作社，如果这些田不能收回，将影响土地连片，无法开展大规模机械化耕种。虽然村里95%的农民都愿意以土地入股的形式参加合作社，但恰是几户没有参加合作社的村民手里有不少机动田。这些田如何收归集体，成了摆在徐桔桔和贾爱春面前的最大难题。

"当时这些村民是因为有疑虑没有入社，要说服他们，真是难上加难。"最无奈的时候，贾爱春会爬上知青会馆号啕大哭，她对前来找她的奇克镇党委书记陈越说："书记，我不行了，我要回家，回北京。"陈越也不搭话，事后他说，他比两位知青还有信心。果然，哭完了，陈越说，大姐，走吧。就像什么都没发生过一样，两人又继续回去想办法。

最终，徐桔桔和贾爱春决定还是用老办法——搞民意调查。一份份调查表发下去，收回来时，徐桔桔和贾爱春的鼻子发酸：98%的村民不但签名支持回收土地，还按上了密密麻麻的红手印。不少村民还主动帮忙做工作，说服自己的亲戚、子女、朋友率先交田。种植合作社终于办起来的那天，一位村民感慨，这件事谁来也没辙，只有你们能办成，因为你们没有私心。他郑重地握着两位知青的手说："不瞒你们说，想着要把土地交给你们，我两三天没睡好觉。土地就是我们的命，现在我们把命给你们了！"

讨钱、收田、干旱……一个个难关被闯过。徐桔桔告诉记者，山河村的经历让她们明白，要踏实地干好一件事，靠激情，也靠理智，靠冲动，更靠坚持。

她说：我们还要成立蔬菜合作社、大型养猪场，还要挖河种荷花，还要继续探索村民致富的途径

尽管刚播种没多久就遇到 60 年未遇的大旱，但因为大面积机械化耕作的优势，参加合作社的村民们还是尝到了甜头。

"旱成这样，黄豆地不减产，玉米地更丰收在望，每垧（公顷）至少能收 7500 公斤。"听说每公顷土地可能增收 3000 到 5000 元，村民们都乐呵呵的，最早提出邀请知青回来当村官的郭齐生老人告诉记者："这一步是走对了！现在我们对她俩的要求是最少干两届，只要她们不说'走'，她们指哪，我们打哪。"74 岁的村民李奎友逢人就说："这么一弄真有奔头，看来我还要多活几年。"

马上到来的国庆假期回不回家？徐桔桔和贾爱春异口同声——根本没想过。"现在正是秋收，秋收结束了还要卖粮，分配，这些都是最重要的工作，关系着村民的利益和他们的信心。"与此同时，徐桔桔已在为来年筹划：除了继续把种植合作社办好之外，村里还准备建立一个蔬菜合作社，对白菜进行统一采购，统一销售，打出品牌；与之相配套的，是一个千头以上规模的养猪场正在打桩建设。

"养猪产生的粪便，将是最好的农家肥，专门生产无污染的绿色蔬菜。"徐桔桔告诉记者，村后的那条河也将开挖，大面积种植荷花，成为一个美丽的景点，也是村民收入的一个增长点。一切，都是因为种植合作社成立后，大面积机械化的耕种，使 80% 的劳动力被解放出来，大家不但可以出门打工，更可以兴办其他产业，村民们致富的途径更多了。

想为百姓做点事

采访徐桔桔和贾爱春，最想问的一句是，为什么？为什么能够放下一切，到穷乡僻壤种地？

两位老知青的回答很实在：除了对第二故乡的感情之外，也想为老百姓做点事。"现在，很多人都在埋怨这、埋怨那，与其埋怨，不如静下心来，去为改变现状多做一些。我们虽然都是老人了，但是我们爱这个国家，爱这片土地。"徐桔桔告诉记者，改变山河村，是她和贾爱春力所能及的一点事，她也希望能影响更多的人。

（原载《新民晚报》2012 年 8 月 25 日）

用细微笔墨紧扣时代脉搏

潘高峰

屈指算来，采写《做点能改变现状的事》一文，已是 11 年前。时光如流水，却未冲淡那段记忆。直到今天，依然记得当初采访时的一路艰辛，也仍会感叹老知青心灵的质朴纯净。

这篇报道获得中国新闻奖，我其实是有些意外的。仔细想来，如果说文章有其成功之处的话，主要是两个方面：一是走转改式的采访；二是立意与写作。

就从这两方面谈一谈我的体会。

万里赴边陲

文章主人公徐桔桔这一典型，线索来自原上海市社联党组书记沈国明。起初我是有些犹豫的：从内容和题材来看挺好，但因为接触过太多典型宣传，反而有些保留。不是说典型不好，而是很多典型都有刻意性，有人为拔高。两位主人公所处的地方很远，逊克县奇克镇山河村，紧邻中俄边境线，去一趟并不容易，有没有必要花那么多时间精力？

弄到徐桔桔的电话后，我给她打了过去。就是这个电话，改变了我的想法，坚定了我走一趟的决心。电话中是一个十分爽朗的女声，说着上海普通话，讲的却是带着泥土气的语句。我自我介绍说要去采访，她第一反应是拒绝，说"你不要来，最近我们很忙"。问她近期或者国庆回不回上海，她更惊讶了：怎么可能，我们马上就秋收了，今年玉米和黄豆都增产了，老乡们积极性很高，收完庄稼还要分配好，事情很多，短时间内不会回去。那种感觉，就像一下子被拉进了一个热火朝天的生产场景，从她的语气里能感到她风风火火的样子，朴实而生动。我被打动了，觉得这是一个有故事的人。一定要走一趟。

万里赴边陲，飞机换火车换汽车换拖拉机，一到就采访，一直没有怎么休息，人真的很累。但我感觉来得值得——通过近距离的观察和采访，不仅亲身感受两位主人公的性格品行，聊出了许多具体生动的细节，也亲眼看到了小山村因为她们的到来所发生的变化，与老乡的交流，更是获得了许多个性化的语言和生动事例。这些都是典型站得住脚的基础。

这也让我深刻体会到"走转改"的重要。事后想，如果采访在上海进行，就算同样采访当事人，谈得肯定不会这么细，也会少了两位当事人相互交流中吐露的一些生动细节，更加得不到当地百姓的反应。这正是走转改的意义所在：到现场去，到人物的身边去，收获的是心灵的感动，这种感动是写作的灵魂。

立意与写作

采访后一直在思考，两位老知青所做的一切，究竟有什么样的现实意义？写这两位老知青，目的是什么，希望向读者传递什么？典型背后究竟想要寄托什么？

我个人理解，一篇成功的人物通讯，要通过细微的笔墨呈现人在时代大背景下的角色扮演。以人物典型见长的老记者郭梅尼也曾经说过，一篇好的典型报道，要扣准时代的脉搏，记者也要有一双时代的慧眼。

新时代的洪流下，还去讲知青情结，是难以引起共鸣的。而且在当地插过队的人很多，回去重温旧梦的也有不少，真正能坚持、能实干的凤毛麟角。所以我认为，实干才是徐桔桔、贾爱春最了不起的地方。她们没有止步于想象，她们走的每一步，都留下了实实在在的脚印。没有经历过那种艰难，无法体会这种实干精神的可贵。就像她们说的那样，做点改变现状的事情。这其实正是我们这个喧嚣浮躁的时代所缺少的，是她们身上最具有现实意义的东西，也是这篇文章的新闻价值所在。

写典型人物，是记者的基本功，但写好并不容易。写人要像人，像人的关键除了采访深入、个性化写作，最重要的是要把握分寸感。不要不及，也不能过。

徐桔桔、贾爱春的特点是朴实、真实，一个情感充沛却不轻易流露，一个风风火火、不拘小节，这是属于她们的独特气质。但两位主人公的所作所为，与以往那种可歌可泣的人物相比，还是有不同的，她们并非不食人间烟火，也没有付出巨大的、难以挽回的牺牲。她们也有自己的困惑，也有过畏难情绪。恰恰是这一切让她们更真实、更可爱，也更让人信服。

真实是最有力量的。写作过程中，我时刻告诫自己要收着写，尽量克制，通过客观的描述和群众的语言去表达，尽量不带入自己的评价和感情过于充沛的话语。

文章见报后反响热烈。许多读者来电来信或者发来邮件，他们中大多数是有那一段人生经历的人，还有知青的家人、子女们，来电来信的语气都很激动，或为重温自己曾经奉献的青春年华而激动，或为同辈人的所作所为而自豪，也有的想向两位老知青提供帮助，想出钱、出力、出技术的都有。

这些人中，有成功的企业家，有上海的政协副主席，有曾经的上海市副市长。最让我意外的是，时任上海市委书记的俞正声同志也在这篇文章上批示，他说，文章的主人公让他既敬佩又感动，也让他增添了信心与力量，并专门向作者表示感谢。

一些并没有知青经历的年轻人，也感动于两位主人公的奉献与实干精神。一位青年社区民警给我写了一封邮件说，平时天天与琐碎的事打交道，经常在怨气中生存，感觉自己也充满了怨气。现在看到两位老人在踏踏实实做这样一件事，很惭愧也很有启发。他说，光靠埋怨是没用的，只有认真做事，才有可能改变自己和他人的命运。

这些读者的反响，让我感到振奋。我想，这就是人物典型的意义之所在。

专家评说

"意外"的获奖来源于贴近生活

朱国顺

潘高峰比较谦虚，说起长篇特稿《做点能改变现状的事》获中国新闻奖二等奖，感到"有些意外"。但这个"意外"的获奖，根本是来源于贴近生活的采访方式，来源于坚持不懈的"走转改"努力。

《做点能改变现状的事》是一篇"三贴近"、践行"走转改"的好作品。这是一个有关两位老知青在当年黑土地上继续奋斗的故事。这样一个"好人好事"的时代意义，很难把握。潘高峰自己也说，如果是在上海面对面谈话采访，肯定没有现在写出来的好。

转折在于一个电话，带来的贴近生活的采访。潘高峰联系主人公徐桔桔时，电话中爽朗的女声说着上海普通话，讲的却是泥土气语句。她一口回绝了采访要求，说马上秋收了，玉米黄豆都增产了根本忙不过来，短时间也不会回上海。活生生的生产场景打动了潘高峰，他决定到生活中贴近采访这个场景。

飞机换火车换汽车换拖拉机，来到了主人公所在的黑龙江逊克县奇克镇山河村——紧邻中俄边境的边陲小村。近距离观察和采访，亲身感受主人公的性格品行，聊出了许多具体生动的细节，亲眼看到小山村因为她们而发生的变化。这些生动鲜活的素材，让潘高峰深深感受到"走转改"的重要性：到现场去，收获新闻最好的原料。

在贴近生活的采访中，作者也获得了更深的感悟和理解。徐桔桔、贾爱春两位老知青所做的一切，只讲知青情结，那只是怀旧与难忘而已。在新时代的洪流下，在理想与情怀的引领下，实干才是她们最了不起的地方。她们没有止步于想象，而是走的每一步都留下了实实在在的脚印。经历过山村的艰难，更能感受这种实干的可贵，也是我们这个时代最需要的，是文章应有的新闻价值所在。

正是贴近生活现场的亲历和感受，帮助作者找到了生动的细节，提炼出了有意义的主题，为整篇报道奠定了成功的基础。

在这篇报道写作中，我们可以看到，作者尽量把笔墨与感受到的人物特征结合起来。因为贴近生活，作者写出了主人公的朴实、真实，情感充沛却不轻易流露，风风火火而不拘小节，这是只属于她们的独特气质。她们并非不食人间烟火，也有自己的困惑、畏难，恰恰是这一切让她们更真实，更可爱，也更让人信服。

这些贴近生活提炼出的感受，使得《做点能改变现状的事》立意深远、文笔朴实、扣动心弦，引发了读者的热烈反响。

许多读者来电来信表达自己的激动与为同辈人的自豪，这些人中有成功的企业家，有上海的政协副主席，有曾经的上海市副市长。时任上海市委书记的俞正声同志也在这篇文章上批示说，文章的主人公让他既敬佩又感动，也让他增添了信心与力量，并专门向作者表示感谢。

一篇好的人物典型报道，可以感动受众、感动社会、感动时代，它的根源在于对生活的真实映照、对时代的意义升华。正是因为贴近到生活的最真实处采访，《做点能改变现状的事》获得了情理之中的"意外"多的好评。

（作者系中国晚报工作者协会执行会长、学术委员会主任，新民晚报社原党委书记、社长、总编辑）

晚来悦读

一时新

晚报上的
中国新闻奖

三等奖

"民法典实施第一案"广东诞生

35 楼扔下矿泉水瓶　被判赔偿 9 万多元

羊城晚报讯　记者董柳报道：今天是民法典实施后的首个工作日。"民法典实施第一案"今天上午在广东省广州市越秀区人民法院诞生。这是一宗高空抛物引发的侵权责任案件，法院当庭作出了判决。

今天上午 8 时 30 分，广州市越秀区人民法院开庭审理了这宗案件：2019 年 5 月 26 日下午，69 岁的庾某某在她所在的广州市越秀区杨箕村小区花园内散步。突然，一瓶矿泉水从天而降，庾某某受到惊吓摔倒受伤。随后，庾某某报警，并被送入医院治疗。

小区监控录像显示，矿泉水瓶是住在 35 楼的黄某某家小孩从阳台扔下的。庾某某亲属与黄某某于事发后次日一起查看小区物业管理公司的监控，双方确认矿泉水瓶是黄某某家小孩从阳台扔下的，水瓶突然掉落到庾某某身旁，庾某某受到惊吓摔倒受伤，双方就以上侵权事实签订了一份确认书。确认书签订后，黄某某向庾某某支付了 10000 元，此后未再支付其他赔偿款。

医院诊断显示：庾某某的右侧股骨转子间粉碎性骨折、高血压病Ⅲ级（极高危组）、右侧眼眶骨折。庾某某住院治疗 22 天后出院，后因伤未痊愈，又两次住院治疗累计超过 60 天，住院费用花费数万元。经中山大学法医鉴定中心鉴定，庾某某的伤情构成十级伤残，与 2019 年 5 月 26 日受伤存在直接因果关系。

其后，因沟通未果，庾某某以黄某某为被告，向法院提起诉讼，要求被告黄某某赔偿医疗费、护理费、残疾赔偿金、交通费、鉴定费、住院伙食补助费、精神损害抚慰金等共100344.12元（不含被告此前已支付的10000元）。

法庭上，黄某某方面表示，本案小孩扔瓶子的行为并未砸中庾某某本人，小孩的行为与摔倒结果的发生有无必然关系有待法院审理确定。黄某某方面还对医疗费、护理费、误工费等赔偿项目提出了异议。

经过约一个小时的审理，法院依据民法典第一千一百七十九条、第一千一百八十三条、第一千一百八十八条、第一千二百五十四条第一款以及最高法有关司法解释规定，对侵权事实予以确认，判决：被告赔偿原告医疗费、护理费、交通费、住院伙食补助费、残疾赔偿金、鉴定费共82512.29元（不含先前已支付的10000元）及精神损害抚慰金10000元。

今年元旦起，新中国首部以"法典"命名的法律——《中华人民共和国民法典》开始实施，它体现了时代特色，回应了最新的时代问题。例如，就备受社会关注的高空抛物、坠物问题，民法典第一千二百五十四条在原侵权责任法的基础上，增加了物业服务企业等建筑物管理人的安全保障义务，明确了"公安等机关应当依法及时调查，查清责任人"，从而强化了对受害人的保护。

（原载《羊城晚报》2021年1月4日）

运用"脑力"确定"第一案"

董　柳

作为报道"民法典实施第一案"的作品《35楼扔下矿泉水瓶　被判赔偿9万多元》最终获得第三十二届中国新闻奖三等奖这件事，我还没有写过具体的采写过程和获奖感受这类文章。中国晚报工作者协会是这篇作品的"伯乐"（该作品系中国晚报工作者协会推荐报送参评中国新闻奖）。当接到中国晚报工作者协会的通知要求写点采访过程和感想时，我欣然提笔，往事也历历在目——

将细节做到极致不留瑕疵

机遇垂青有准备之人。这种准备涉及多个方面，首先是记者要能意识到某个题材可能是"机遇"。

从一开始，我就将这条稿件视为有可能获奖的报道予以认真对待，对此，文中的两处细节可以佐证：

第一，导语段中写道："'民法典实施第一案'今天上午在广东省广州市越秀区人民法院诞生。"如果是一般性的稿件，大可不必加上"广东省"三个字，而加上了"广东省"三个字，就是考虑到这篇报道今后可能走上全国舞台被"打量"。第二，文中倒数第二段中写道："法院依据民法典第一千一百七十九条、第一千一百八十三条、第一千一百八十八条、第一千二百五十四条第一款以及最高法有关司法解释规定"。如果是一般性稿件，具体的法律条款用阿拉伯数字表述即可，既简洁明了又节省字数。我之所以在该报道中用汉字详细写明条款，是想力求避免在后续公示评议阶段阿拉伯数字的表述给人"不规范""不严谨"的口实。

编纂民法典是党的十八届四中全会提出的重大立法任务。其实，关于民法典的报道，羊城晚报在立法前、立法过程中以及法律通过后都有一系列的独家或独家策划的报道。立法前，广东曾召开过相关学术研讨会，我报道了民法典编纂分"两步走"的消息；立法过程中，我分别在 2017 年 3 月及 2020 年 5 月的全国两会期间，两次专访中国法学会副会长、参与民法典起草的王利明教授（时任中国人民大学常务副校长）解读草案亮点；法律通过后，我们开设了《我们身边的民法典》系列普法报道。

另外，在这次获奖前，我还有三篇关于民法典的报道获得广东人大新闻奖（属省级奖项）——《民法典与"明仔"这一生》《1260 条民法典草案沉淀着大量广东实践》分别获第二十九届广东人大新闻奖一等奖、三等奖，《全国人大代表吴青：民法典的"催产士"》获第二十六届广东人大新闻奖二等奖。

从这个角度看，关于"民法典实施第一案"的这篇报道能够获中国新闻奖也是对记者长期在一个领域辛勤耕耘的褒奖。

运用"脑力"确定"第一案"

广州市越秀区人民法院 2021 年 1 月 4 日开庭审理的那宗高空抛物案，看似普通，但是，如何从普通中看出不普通，考验一个记者的判断。

当时，参与报道这宗案件的，有来自中央、省、市的众多媒体。从随后发布的报道看，不少媒体将该案定性为"民法典实施广东第一案"，有的媒体将其定性为"民法典实施广州第一案"，诚然，这些表述肯定都没有错，因为"广东第一案"这一定性从广东省高级人民法院就可以问到。

问题是，这宗案件开庭的时间很早、开庭与宣判的间隔很短，它仅仅是广东范围内的第一案吗？它可不可能是全国范围内的第一案？

采访写稿时，我有这些疑问。但随着四个方面信息的逐渐汇聚，我有了主意：

第一，我从法院方面得到的消息是，最高人民法院新闻局曾有将该案拿出来组织公开宣传的打算，但在临近开庭前夕不知何故取消了。第二，央视"亲自"参与直播这个案件，凸显了案件的"不一般"。第三，有法院内部人士告诉我，这个案件是全国第一案，但这种内部消息仅仅作为一种参考。第四，这是在民法典实施后的首个工作日上午8时30分开庭且当庭宣判的案件，从开庭到宣判间隔时间很短——大约一个小时，因此，将其定性为全国第一案，在时间上是符合逻辑的（从开庭到宣判的时间间隔越长，"全国第一案"的不确定性就越大）。

就这样，我在交稿前的几分钟里，把这个案件定性为"民法典实施第一案"。

稿件发在《羊城晚报》头版，发出后我还有点忐忑。但六天后的1月10日，最高人民法院官方微信和人民法院报均在发布的文章中认定，广州市越秀区人民法院审理的这宗案件标志着"民法典实施第一案"诞生。随后的2021年1月25日，广东省十三届人大四次会议上公布的《广东省高级人民法院2020年工作报告》中也称该案是"民法典实施第一案"。

这就妥了。至于随后的报奖、评奖，就交给运气吧。

功夫在诗外

唐绪军

南宋大诗人陆游在其一首题为《示子遹》的诗中告诫儿子："汝果欲学诗，功夫在诗外。"意思是说，如果你真想要学习写诗的话，不能就诗论诗，而必须在诗歌之外下功夫。写新闻报道也一样，单单知道消息怎么写，通讯怎么写，并不能保证你写出好的新闻作品来。要想创作出优秀的新闻作品，需要在新闻写作之外下很大的功夫。第三十二届中国新闻奖文字消息三等奖获奖作品《35 楼扔下矿泉水瓶　被判赔偿 9 万多元》很好地诠释了这个道理。

这篇消息报道的是一桩民事纠纷案件的审判。事由并不复杂，有位老人因楼上黄家小孩扔下的一个矿泉水瓶摔倒受伤。报警后，双方确认了侵权事实，黄家支付了一笔赔偿款。但是，老人此后又两次住院，花费数万元。法医鉴定中心鉴定老人的后两次住院与上一次受伤存在直接的因果关系，而黄家却不愿意支付老人的住院费用，遂引发诉讼。此类高空抛物伤人的民事纠纷案，这些年来司空见惯，没有什么新鲜的。作为新闻来报道，也仅具有警示的意义。

然而，这篇消息的作者却给所报道的这一案件赋予了不同寻常的特殊意义：民法典实施第一案。于是，消息的新闻价值也就因此大大提高。新闻记者梦寐以求的就是"首次"和"第一"，见人所未见，报人所未报。但"首次"和"第一"并不会凭空落到谁手上。要想获得"首次"和"第一"就必须有所准备，所谓机遇永远垂青有准备的人。准备什么？新闻写作以外的知识。

据介绍，这篇消息的作者是一位资深的法治记者，从业10多年旁听过无数案件的审理，积累了丰富的法治新闻报道经验。2014年10月，党的十八届四中全会确定编纂我国首部民法典后，作者参加了多次相关学术研讨会，也就此专访了中国法学会副会长、民法典起草参与者、中国人民大学副校长王利明教授，多次报道了民法典编纂的进程，因而对民法典的立法过程、立法重点和立法亮点多有了解。2020年5月28日，十三届全国人大三次会议审议通过了民法典草案，决定该法典自2021年1月1日起施行。

当2021年1月4日广州市越秀区人民法院开庭审理那桩高空抛物伤害案时，消息作者敏锐地意识到，这很有可能是民法典实施后依照该法典条款作出判决的第一案。因为单单从时间上来判断就存在这种可能性。2021年1月1日是元旦，法定节假日，法院不开庭。紧接着的2日、3日是周六和周日，法定公休日，法院也不会开庭。4日是民法典依法实施后的第一个工作日，这一天在全国各地法院审理的民法纠纷案都有可能成为"民法典实施第一案"。而广州市越秀区法院审理的这桩高空抛物伤害案，当天上午8点半开庭，当庭就作出了宣判，从开庭到宣判仅用时1小时，成为"民法典实施第一案"的可能性更大。

在作者写作这篇消息稿时，各方信息纷至沓来。经过对这些信息综合分析与判断后，作者在交稿前几分钟，果断地将所报道的这起民事纠纷案确定为"民法典实施第一案"。这就像商品一样，同样的产地、同样的材料、同样的质量，贴不贴上名牌商标，售价天壤之别。这一起普通的民事纠纷案，因为贴上了"民法典实施第一案"的标签，顿时就不同一般了。而报道这桩案件的消息也就因此成为了一个历史事件的记录，身价倍增。

由此可见，报道一件事情并不难，难的是掂量这件事情所含新闻价值到底有多大，从而给这件事情准确定个性。定性要准确，"功夫在诗外"。

《杭州百家小店生存报告》系列报道

12路记者走进百家小店
来自杭州小店的故事

在一碗面、一块蛋糕、一片叉烧、一个面包背后，是一个小店或者一个人的努力，也是一个家庭甚至几个家庭的生活依靠。近段时间，钱报12路记者深入杭州多个城区，寻找了100个小店，听100个店主说说他们这些年在杭州的故事。

记者在调查中发现，所有小店的生意多多少少都受到了疫情影响。零售、服装、水果店普遍反映受电商冲击较大。小店最大的成本压力来自房租，店主最担心的是老家的父母或者孩子突然生病……

虽然压力不小，但在目前，努力过好每一天，为美好的将来打拼，是他们共同的坚守。

初衷——为尝试　为喜爱　为梦想

他们是90后，有的喝过洋墨水，有的来自农村，有的喜欢宠物，有的爱好鲜花……他们的眼神清澈而坚定。他们的日常以梦为马。

杭州拱墅区建国北路上，一家咖啡馆的主人是三个从墨尔本回来的海归。两个姑娘负责管理，另一个男生负责投资。

店铺大小100平方米，租金一年近20万。今年3月底，小店试营业，4月2日正式开业，先期投入40万元。白天咖啡馆，晚上酒吧，还会定期举办不同主题的沙龙。

"暂时还没赚钱。"两个姑娘，一个 1992 年生；一个更年轻，1996 年出生，"之前我们去未来科技城、黄龙一带都找过店铺，比来比去，还是建国北路这里性价比最高，客流量也还可以。"

店铺装修成工业风，目标是打造成网红店。小店每天 11 时 30 分营业，一直持续到 22 时 30 分，现在还都是她们两个轮班看店。"招不到合适的店员。也没有预算去请全职的店员，先这么撑下去再看。"姑娘们说，这一个多月做得很辛苦，但经营状态已经超过了三人的预期，所以还蛮有信心可以长久把店开下去。

为什么墨尔本海归要开店？他们有学教育学的，有学心理学的，但三人都有一个开小店的梦想——现在的就业方向早就多元化了，尝试一下总是可以的吧。"后期我们还会根据实际情况，结合艺术、文化，做多元化发展。"他们对未来充满了信心。

在下沙学源街开花店的绍兴小伙子阿攀也有同感。这个 1991 年的小伙子有女朋友，在杭州买了房。阿攀大学毕业后去了一家公司上班，但最终选择自己创业。花店在大学城边开了快 5 年。店铺不大，一直开在一家甜品店的楼下。因为开在大学城里，而且又有甜品店的虹吸效应，花店的生意一直算不错。比如毕业季、母亲节等节日，包花得包通宵。

2019 年，阿攀计划把花店开得更大一些，就在甜品店边租了 10 多平方米的店面，一年租金 7 万多。没想到，店铺刚租来没多久，就遇上疫情，2021 年初，阿攀的花店又搬回原址。然而，折腾属于自己的小花店，就是等于拥有一片自己说了算的小小天空。这份欢喜，再加上女友的支持，是阿攀坚定走下去的动力。

以梦为马，在滨江区开女装店 5 年的一对姐妹花，从安徽农村来到杭州打拼。1993 年的姐姐和 1996 年的妹妹合伙开，两人既当老板也当店员。

她们从 2016 年开始开店，店面起初 10 多平方米，租金 10 万元。如今，姐妹花的服装店迁址滨盛路，40 平方米，年租金 13 万。除了租金，还有水电费，每个月铺货成本 5 万元。小店收入占了所有收入的百分之八九十，另有一部分收入来自代购。

"做服装这一行不轻松。"妹妹说，"进货，守店，服务，微信上回答问题，最难的就是守店，别人放假也不能出去，除了春节回老家休息几天，其他时间天天开，得守着。"

疫情期间，妹妹在老家一段时间出不来，姐姐刚好生孩子，内心着急。当疫情影响慢慢过去后，面临重新找店面，也担心顾客流失。幸亏，新店和老店隔得不远，现在慢慢稳定，老客都回来了。

想过回老家吗？

没有！

"喜欢杭州，是大城市。"

破局——创特色　做兼职　抗风险

开店面临最大的问题是生存，先活下来，然后考虑怎么活得更好。也因此，如何打开局面，要不要换种思路，这些林林总总的问题，成了我们调查的这 100 家店主共同要面对的现实。

杭州体育场路"女人缘"的店主是 50 岁的杭州大姐。大姐卖中老年女装，以前在单位做会计，这家小店开了 7 年半。"每天营业额在千元左右，不过总比到外面打工强。去年疫情也没有亏钱，我已经很满足了。"大姐说，到她这个年纪，不想太折腾，对于小店的未来，她说会积极谋划："新货到了，我就在朋友圈里发图，然后顾客喜欢的话到店里直接购买。做了这么多年服装，也积累了不少老客了。"大姐的孩子读大四，老公也还在上班，"压力暂时还是能接受的。退一万步说，我还有会计证，到外面给别人做做账，也能挣些钱的。"

不仅卖中老年服装的大姐有会计证，像小超市老板小陈，在长辈管店的时候，偶尔也会去跑跑网约车。兼职是他们心中的安全阀。

王晓轩的"东北饺子王"开在江城路。过去店里的营业额平均一天都在2000元以上，现在为了增加收入，他们夫妻接了一些别的活来干。"将丝巾进行归类和包装，赚点手工钱，每包装一包丝巾，可以赚7毛钱，平均每天可以包装200包，能够赚140—150元。"王晓轩说。

在教工路卖杂粮煎饼的夫妻在杭州开店16年。他家的店10平方米左右，还隔成了两个空间，边上5平方米正在招租。除了这一家，他们在沈塘桥也有一家店，基本没有休息天。只有老家来人的时候才会去西湖边走走。说实在话，煎饼店小归小，但在杭州收入尚算不错。所以夫妻两人不打算回老家。

调查中，也有小店通过寻找合伙人的方式来破局。

建国北路的"大锅羊肉汤"10来平方米，年租金9万，店主和三个亲戚合伙开的。4个合伙人都来自河南，80后，原先在老家也开过烩面店，竞争激烈钱难赚，转而来杭州开店："这边竞争小一些，开了一年多，感觉经济效益还不错的，想继续开下去。"店主说比起老家，在杭州机会更多，几个亲戚一起合伙挺好，一起奋斗也更有干劲，能分担风险也可以分享喜悦。

做面包蛋糕的"熹小姐"是同一个小区的两个业主合伙的。两位妈妈都喜欢烘焙，又做过环保工作，对原料非常讲究，就开了一家让妈妈们安心的面包店。疫情期间，小店得到了业主群里妈妈们的支持。有了大家的支持，小店支撑了下来。不过今年以来，黄油、奶油等原料成本上涨，算下来基本没有产生盈利。"最近在装修一家新店，想发展成业主妈妈们一个温暖的活动场所。"

记者调查的100家小店中，也有经营得很不错的。

余杭人潘明华在余杭街道凤凰山路开"明华面"快20年了。30多平方米的小店一共6张桌子。家庭式经营，小店收入占家庭收入的60%，每年的营业额大约是50万元。"整个杭城的面馆，拌川不泡汤，不加鸡蛋，唯有我明华面。只要你喜欢，而我又有的，都可以任意组合，组合的才是我的特色，新鲜的好的食材才是我的特色。"他对自己家的面很有自信。潘明华说，疫情对小店影响不大，毕竟是快20年的老店，除了疫情期间关店一个月没有收入之外，其余时间生意都不错的：对于潘明华来说，接下来就是"守住本心"，"不扩大，守住明华面三个字就行"。

在下沙学林街一带开小超市的安徽人小陈一家，努力地想留在杭州。

小夫妻带着一对老人和两个小孩开了一家小超市。"客户群体是周边几所大学的大学生。上午，两个老人看店，小陈夫妻去进货，跟经销商谈合作等等。下午和晚上，换小夫妻看店。"这两年学生很多喜欢通过代买的形式，直接在外卖平台下单。小超市最近也在微信朋友圈上线了外送服务。

坚守——攒积分　为孩子　拼未来

"希望我们的下一代能够成为新杭州人。"大部分小店店主早已成家、有了孩子，他们为家庭拼搏，也在为孩子的未来打算。

在滨江开小饭馆的沈阳老板娘"范范"在微信里称自己是"乘风破浪的大漂亮"。这个40岁的女人带着三个帮工在小区楼下开了一家牛肉馆，自己熬牛肉酱，也做锅仔和米饭。

她的"潘大牛"开在钱塘江的小区边，厨师、配菜员一共用了3个，厨师月薪7000元，配菜员等5000元。包吃住，每个月给厨师们的房租要付1900元。40多平方米的店面年租金18万。店是两年前开的，当时转让费5万，加上租金等成本投入共48万。

小店是范范和女儿的全部收入。店开到现在，一句话概括："比打工强一点。"

范范来杭10多年，老家辽宁沈阳。来杭州做过不少事，攒下了一些钱。女儿是范范的骄傲，小姑娘保送进了杭州十四中。

因为店一开始就用的是会员制，疫情期间推出了高性价比的单身套餐，所以疫情对范范店的影响不怎么大。

现在范范最担心的还是女儿。她说，经营小店和很多会员都处成了朋友，能维持现状就会做下去。就是担心要高考的女儿，希望她顺顺利利。

为孩子的教育问题操心是很多来杭开小店的店主的共性。

在西湖区萍水西街卖早餐的安徽夫妻说不担心生意，他们的店在小区门口开了11年，起早贪黑，生意还行，好的年份能有20万元的营收。现在的问题是大女儿已经在老家读书，他们不想错过小儿子的成长，所以想接儿子到杭州读书。"政策我都打听清楚了，读小学要办居住证，我们只有我老婆交了社保，我打算按政策的要求一步一步去做，为儿子在杭州上学好好干。"

在联创街35号开"巴比馒头"的黄河志是湖北人，和老婆一起经营馒头店，两个孩子一个17岁在老家，一个7岁正是要上学的年纪，现在带在身边。20平方米的店面，年租金要20万元，还有加盟费。2014年，黄河志来杭州打工，2019年5月份开了馒头店，每天凌晨2时起床做馒头，一直要经营到晚上8时才关门，目前馒头店每天的营业额是2500多元，毛利润40%。"因为老家是湖北的，疫情期间回老家封城了4个月回来，虽然店铺租金有减免，但还是亏了不少，不过现在好一些了。"黄河志已经补缴了杭州社保，为孩子上学尽量多攒积分。

（作者：温浩杰、葛晓娟、胡大可、张宇灿、杨茜、边程壹、方力、施雯、詹程开、谢春晖、盛锐、章然、王家屏、陈蕾）

（原载《钱江晚报》2021年5月7日）

8个月，我们和这160家杭州小店一起经历了什么

边程壹

3月7日到11月10日，8个月零3天。

57个版面、230篇稿件、超1400万的专题阅读量，是过去8个月零3天里，钱江晚报小时新闻和杭州160多家小店之间的故事。

从"社区小店生存启示录"到"小时记者当店长"，从"10个小时直播点授牌"到"百家小店生存调研报告"，从第一次线下分享到"重走舟山东路"，从"各路大咖把脉小店经济"到"小时小店一起送凉茶"……

8个月里，我们记录了这些小店的成长与转型、互助与希望、坚守与传承，也记录下他们在这段时间里的真实、努力、善良和坚韧。

原先在舟山东路上开甜品店的芋圆大叔，从凭《钱江晚报》4月7日报纸就可免费领甜品开始，到最近因为群里小店店主推荐的免费杂志植入招徕生意，他和他的芋圆店一直在不停成长的路上。

因杭州不少警察推荐而加入小店群的鹅老龚烧鹅店，曾因为小时新闻的报道卖断过货，还有大伯心疼烧鹅西施小敏太忙送去过中饭，如今他们新找的大厨房即将投入使用。

关掉开在杭州十五奎巷的临安土特产小店，转型直播的48岁程姐，戏称自己是阿姨主播，她背起了不熟悉的直播词，在"双十一"的直播间里兢兢业业，正在试着寻找另一种可能性。

凤凰南苑被高空坠物砸伤的洗衣店老板娘周大姐，入院后小店和整个家都陷入困境，同行给她送去了一封鼓励的信，还建议周边的人如果有衣服送到周大姐店里去洗。这份温情，让周大姐一家一直心存感恩。

因筹不到 1 岁半白血病儿子首期治疗费而一筹莫展的小店店主孔军兵，同样在包括小时小店店主的热心人的帮助下，很快筹措到了治疗费，一解燃眉之急……

70 岁的刘增德在三墩庙前街开着一家修鞋铺，兼配钥匙，从 1975 年开到现在，已经坚持了 46 年。他说守着小店，做做活，聊聊天，挣一点钞票，一天天过得很高兴。

他和前不久刚加入小时小店群的方爷爷方奶奶蜜藕店一样，让我们体会到的是一份手艺的美好。

从方爷爷方奶奶到他们的儿子方晨，两代人，守着一个店铺，25 年间勤勤恳恳地做着那一份软糯香甜的蜜藕，让杭州人对于蜜藕的味道有了具象的概念。

制作蜜藕对于他们来说，是为了谋生，更是为了传承。

我们还一起在群里帮被骗租金的香姐出过主意，帮两个小店牵线达成过合作，分享看到的、听到的、遇到的各种事。

有店主说，8 个月，这个群让我们像朋友一样紧紧联系在一起，让我们在每一次遇到事情的时候都多了一份面对的底气。

成长、转型、互助、希望、坚守、传承，这六个词贯穿了小时小店的过去 8 个月。

这些小店，就像是一片坚韧的小草，就算生活压力重重，却仍保留着绿油油的生命力和坚固的幸福感。

有时候我们觉得，他们就是我们，是在杭州这座现代都市里努力生活的每一个人。

每一份努力，都值得尊敬。

而他们与我们的故事，仍未完待续。

100 个小店拼尽全力的坚持是 100 种努力生活的样子

葛晓娟

做记者 22 年，我有很多次的冲动想记录我遇到的、我拍过的、我写过的人们。

是他们，让我对这一行始终保持热爱。

疫情三年，更是如此。

人人都在寻找一种自我疗愈。

什么是难忘的，什么又是治愈的。

我想起了这两年我们和杭州 300 多家小店的故事。

《小店生存状态调查》选题
来自日常中的一次偶然

疫情没来之前，我从未对这些身边的小店有过过多关注，小吃店、洗衣店、小菜店、面包店……它们就像我吃的一日三餐一样普通，平凡得引不起我过多的关注和兴趣。

然而疫情之下，好多日常都变了。

家门口的小店开开关关，浮浮沉沉。

2021 年 3 月，我走进小区楼下常去解决晚饭的小吃店，发现老板忙着出餐，而 4 岁的小女儿一个人在角落里边吃饭边看手机上的动画片，不停打瞌睡，头都要埋进碗里。

我走过去，把那个女孩抱起来，顺便提醒了她母亲。年轻的母亲眼神既无奈又复杂。那时已经是夜晚 9 点。她跟我说，没办法，生意不好做，有生意来的时候，哪里顾得了孩子？她还告诉我，为了减轻压力，让照顾孩子的婆婆回老家去了，少一个人在杭州，就少一笔支出，也意味着可以让小店多撑一天。

这是我第一次那么认真地听一个小店讲述，也是第一次认真审视小店背后的人们。

疫情之下他们对现实的纠结和挣扎，他们想让小店活下来的努力和汗水，他们对老家对孩子的舍弃和期待，都浓缩在这一个个小小的店面里。

生活的万般滋味，城市的万家灯火，小店和小店背后的人们，第一次走进了我们的关注视野。

2021 年 3 月 7 日开始，钱江晚报先推出了一组亲历式的"社区小店生存启示录"，我们跟着店主去店里目睹他们的辛劳和努力，并以店主第一人称讲述的方式陆续在客户端和版面刊发。

而后，又根据小店店主的建议，先后成立了 3 个小店微信群。后来陆续推出了"记者当店长"的亲历式报道，"10 个小时直播点授牌""小店直播生活"等直播以及来自直播点 UGC 内容的生产。同时，钱江晚报 12 路记者还耗时半个月，深入杭州多城区，采访 100 名小店店主，听他们开店的故事，形成了一份 5 万字的小店生存调查报告。

钱江晚报对小店的关注，就这么持续下来。

至 2023 年，我们关于小店生存报告的调查进入了第三季，关于小店的系列报道已见报超 100 个版，客户端发稿更是达到数百篇，专题阅读量超 2000 万，先后采访过的小店超过 300 家。

100 个小店拼尽全力的坚持
是 100 种努力生活的样子

2022 年的跨年夜，我和我的同事们过得很难忘。

我们去跟访了几路普通人，其中就有小店店主。

48 岁的蒋自力和 47 岁的卢见雨是一对夫妻，他们在杭州九堡和乔司开蔬菜批发店。

14 年前，两人从河南农村来杭州谋生活。

两口子的店一开始开在九堡埠，后来又盘下了乔司永西村的铺面。

妻子卢见雨留在宣家埠，丈夫蒋自力去了乔司，平时在两个店各忙各的。不舍得花钱请帮手，所有的事情都是夫妻俩亲力亲为。他们有两个儿子，小儿子还在读研究生。夫妻俩觉得还应该多赚点钱。

卖菜没有节假日，每天起早贪黑，被冷风吹得通红开裂的脸颊，指甲缝里黑黑的泥土和身上绿叶菜混合着的气息，是卢大姐和丈夫的常态。

2022 年 1 月 1 日凌晨 1 点半，我们跟着卢大姐去新九乔农副产品批发市场进货。

此时的气温已降至 3℃，寒意刺骨。

批发市场里已经熙熙攘攘。

从凌晨 2 点到 4 点，卢大姐将市场转了个遍，除了讨价还价、走路，就是不停扫码。最终她下了 20 多单，花费 2500 多元，采购了五六百斤的农副产品。

我们帮着她一起整理所有货品，一一摆上电瓶车。

为了感谢我们，大姐请吃了一顿市场里的早饭。

4 个韭菜盒子和一碗豆浆，是我们近年来吃得最热乎最难忘的一顿早饭。

2022 年的第一个天亮，这个快 50 岁的女人，和过去的每一个日夜一样奋斗在摊位上。

类似卢大姐这样的店主，过去这三年中我们记录了不少。

他们身上有着普通人在大时代大生活中的真实状态。疫情下，也遭遇了很多困境。

除了报道，我们还能帮他们做什么？

"帮帮小店"行动就这么来了。

我们把关注小店这件事从内容转到了活动上——

找到美团，让专业外卖管家给小店们支招，如何才能线上线下结合，扩大客源。

找来设计师，针对部分小店装修老旧，吸引不了客户的现状，免费出设计方案，让小店面貌焕然一新。

主动对接政府部门，争取给更多符合要求的小店减免房租。

我们也拿出了版面资源，连续两次拿出整版，为当时在疫情二级响应状态下的小店做分类广告，一共40家小店登上了我们的版面、微信、客户端。公益广告设计新颖，很快在朋友圈刷屏，效果很好。有小店意外接到来自北京的订单，有的沉寂的客户微信群又热闹起来，有的多了外卖订单……

关注小店就是关注民生
它们和钱江晚报的故事未完待续

钱江晚报关于小店的报道在浙江日报、钱江晚报以及新闻客户端同步推出后，因为足够扎实和真实，社会反响强烈。

很多人点赞，称报道记录了小店百态，让人"看见了人世间的平凡和坚韧"。

有读者评论：记者有心了，关注疫情背景下的小店、小人物的小生活。人世间本是平凡小人物、小生活汇聚而成，并非总是高大上为主角。过好平凡的生活，让平凡的你我，在平凡中透露坚持的不平凡！

有店主说："以前我一直在自己的小世界里面，天天守着店，哪里都不出去，2021年参加钱江晚报小时新闻线下分享会，成为首批十家钱江晚报授牌直播点后，看到了外面更大的世界。开小店本就不是一件容易的事情，如今疫情影响三年了，身边的店开开关关，浮浮沉沉。有的人撑不下去，遗憾关店，有的人经营不错，值得学习，我想给所有的店主加加油，不管怎么样，疫情终会过去，我们努力做好自己，阳光总在风雨后。"

也有店主说，这组报道给了他勇气，他觉得在坚持这条路上自己并不孤独，有很多和他一样的小店在奋力向上："感谢钱报，说出了我们的心声，也让更多人看到普普通通的小店，让我们生长出力量。"

这一组策划和采访，同样是我22年记者生涯中最为难忘的一次。

我多了很多小店店主朋友。他们时常给我和我的同事发来感谢，有时会悄悄寄来新品让我们提意见和建议。

我感动于疫情下他们的坚韧，感动于他们对生活的执着和热爱，就算压力重重，他们依然保留着顽强的生命力和对美好生活最朴素的向往。

他们让我明白每一份努力都值得尊敬。

他们让我明白，疫情三年，无论前路多艰，每个人都要努力寻找各种让生活和自己变好的可能性。

他们同样让我明白，一个记者的荣光和肯定可以来自很多方面，不一定很高大。可以是小店店主请吃的四个韭菜盒子，可以是他们递过来的两块饼干，也可以是一次次来自微信群的感谢。

关注小店就是关注民生，钱江晚报和小店的故事未完待续。

百姓生计最关情

殷陆君

新闻应该反映什么，党之大计、国之大者、人之大爱。"爱"从何生，有"情"自然感天动地。"者"从何来，有"人"自然顶天立地。"计"从何处，有"事"自然开天辟地。

百姓生计是生活的真实，是家庭的真情，是国家面貌的真相。人间烟火气，人家往来事，是我们的关注点，也是新闻的原点。

晚报不晚报。晚报新闻与别的新闻有共同点：真实记录真相，真情传播真理，精心报道事实，精彩传播故事。但也有媒介的差异点：短些更短些，软些更软些，这就需要离百姓近些更近些，快些更快些。

钱江晚报反映疫情中的生活，从百家小店切入，从就业从业切入，挺小挺好的。新闻平实，文风朴实，内容切实，实在不错的。

生活虽艰，坚持就是走向胜利的一步。就业虽难，开始就是走向未来的一步。

新闻的力量就是这样，在人们哀伤至绝的时候扶人起来给人一点信心，在社会疯狂欲乱的时候泼一瓢凉水让人理智。

新闻关注他们，疫情期间举步维艰的人们，疫情之后充满阳光的人们：小店拼尽全力的坚持，小人物拼搏努力的坚韧，小事情持续到底的坚定。

这是钱江晚报给予人们的星星火光，也给我们无限力量。

小店和小店背后的人们，第一次走进了视野。从 2021 年 3 月 7 日钱江晚报推出的"社区小店生存启示录"，以店主第一人称讲述的方式在客户端和版面刊发到陆续推出了"记者当店长"的亲历式报道，"10 个小时直播点授牌""小店直播生活"等直播，到 2023 年，他们关于小店的系列报道已见报超 100 个版，客户端发稿更是达到数百篇，专题阅读量超 2000 万，先后采访过的小店超过 300 家。

"90后"们，喜欢宠物，喜欢鲜花，他们甘愿"累成狗"，眼神依然清澈而坚定：为尝试，为喜爱，为梦想……从安徽来的姐妹花，因为喜欢杭州而开店，兼职、做手工、开网约车、定制服务……摊薄成本各显神通，小店活下来真的不容易，兼职做手工、偷空开网约车，凡事亲力亲为压缩成本。就是失败了还要再试一次：做特色，拓市场，抗风险。半夜进货熬牛肉酱，凌晨两点多起床做馒头，希望女儿高考顺利，想让下一代成为杭州人：盼积分，祈高考，扛房租。

小店里的梦想，万一实现了呢？"后期我们还会根据实际情况，结合艺术、文化，做多元化发展。"他们对未来充满了信心。发现凡人微光，激活底层力量，晚报有担当。

生活的万般滋味，让受众共同品尝，小店主的命运，让大家牵肠挂肚；城市的万家灯火，让受众感受温暖，小人物的努力，让大家鼓劲加油。

新闻的力量在于改变，让人间充满善意，让社会充满爱意，让治理充满柔性，让未来充满期待。

新闻报道推动"帮帮小店"行动，促进社会关注小店开展活动：美团专业外卖管家给小店们支招，如何才能线上线下结合，扩大客源；设计师针对部分小店吸引不了客户的现状，免费出设计方案，让老旧店堂焕然一新；政府部门给更多符合要求的小店减免房租。40 家小店公益广告登上了晚报的版面、微信、客户端。有小店意外接到来自北京的订单，有的多了外卖订单……

关注小店就是关注民生，报道记录了小店百态，让人"看见了人世间的平凡和坚韧"。报道记录了百姓民生，让世界充满互相热爱和自我激励。

评委给予这组报道鼓励，就是告诉我们，新闻的力量来自人民，晚报的力量来自生活。

全国网围养殖第一湖被"记"下"三笔账"后

沈向阳　赵鹤茂

绿水青山就是金山银山的"就是",怎样才能真正实现?江苏长荡湖沧桑巨变给人启示。——题记

江苏长荡湖,是全国网围养殖第一湖。

然而,正是为救这个"第一湖",到今年8月底基本结束的庞大的"救湖工程",投入已超过78.5亿元!

"全国至少有百来个湖,跟在这个湖后面,先尝到甜头,然后栽了大跟头。"中国渔业协会河蟹分会终身名誉会长李国平说。

上　篇

30多年一段"湖史"结束,"三笔账"笔笔惊心动魄
教训,成为绿水青山就是金山银山的"就是"佐证

长荡湖是长江中下游地区一个较大的湖泊,水域面积有13万多亩,92%在常州市金坛区境内,8%在溧阳市境内。该湖在历史上很有名,在郦道元的《水经注》中被列为"五湖"之一。它的最大特色是水清岸美、风

光秀丽、生物种类特别多。

为了渔业增产多赚钱，1983 年该湖管理部门联合渔民在湖里圈定一片水域，在全国率先进行网围养殖试验并取得成功。这项发明，获评国家"八五"科技攻关重大科技成果。

洞庭湖、太湖、洪湖、巢湖、洪泽湖等全国各地湖泊的管理部门纷纷组团，前来学习取经。各地随即效仿，也进行湖泊网围养殖。其中，洪湖网围养殖户很快就发展到数千户。

9 月 8 日，长荡湖管委会主任徐俊说，多年里，长荡湖网围养殖面积不断扩大，高峰时将近 7 万亩，超过湖面一半。坐船下湖，就像进入八卦阵。一圈圈网围内，还固定着一艘艘"楼船"，养鱼养蟹人的吃喝拉撒都在"楼船"上。

渔业增产了，新的问题也来了。由于养殖户长年向湖里投饲料，甚至直接向湖里排放生活污水，长荡湖水质逐渐恶化。淤泥堵住网眼，使活水成为死水。加上湖周边地区一些小企业、小作坊违规排污，湖水被进一步污染。

一湖 II 类水，恶化成了 V 类水！

由此，长荡湖被"记"下"三笔账"。徐俊向记者介绍了有关情况。记者从常州市金坛区税务局、生态环境局等部门和湖周边地区也了解到相关事实。"三笔账"，笔笔惊心动魄。

第一笔，是产出和投入账。30 多年里网围养殖和有关小企业、小作坊纯收入约为 10 亿元，政府收取税费约为 0.3 亿元，而"救湖工程"总投入超过 78.5 亿元！

拯救长荡湖，不仅成为该湖所在市、区的大事，而且成为江苏省的大事，成为我国太湖流域水环境综合治理的大事。国家有关部门和各级地方政府痛下决心，在最近 10 多年里对该湖网围相继展开三轮大拆除。李国平说，在全国，长荡湖"养"是第一湖，动手"拆"也是第一湖。这个大转折，在我国水域保护利用进程中具有标志性意义。

拆围任务主要由常州市金坛区承担。周建立长期担任网围整治办公室主任。他说，拆围过程中，政府既依法办事，也帮上岸的渔民实现再就业。三轮下来，一共拆除了70%的网围。"剩下的，都是难啃的硬骨头。"他说，"最后，我们展开了攻坚战。"

"党的十九大后，攻坚战终于告捷。"周建立说，"我们拆除的最后一圈网围，水面有37.5亩，是用于人工养殖甲鱼的。在那里，被拆除的尼龙线网和毛竹桩，整整装了7船。"

老渔民赵爱英说："我上岸后，住进镇上的安置房，还拿到40多万元补偿款，每月领取养老金。我熟悉的年轻渔民，上岸后都有了新工作。"

全国许多湖泊的管理者再次来这里学习取经，这次是来学习怎样推进网围拆除工作。

与这一攻坚战同步，"救湖工程"的其他项目也全面实施。这些项目，包括湖底清淤、来水治理、退圩还湖、大堤修筑以及更多方面的生态修复项目。其中，仅湖底清淤一项，就要分5期实施。

第二笔账，是少数人和全社会的账。多年里，获得金山银山的是少数人，而失去绿水青山的是全社会。由于长荡湖水质恶化，坐落在湖边的自来水厂2006年起不得不停止取用湖水，而专门铺设几十公里管道，从常州市的自来水厂购买自来水，再转供给用户。几千户网围养殖户和小企业、小作坊挣钱，偌大一个美丽的湖却被糟蹋了，全区50多万城乡居民的吃水成为问题。

自来水厂，居然要外购自来水！

第三笔账涉及范围更广，是"域内"和"域外"账。长荡湖位于太湖西边，是太湖的"来水湖"。长荡湖每年出水5亿多立方米，这些水都注入太湖。多年里长荡湖有170多亿立方米受污染水注入太湖，注入水量超过4个太湖的蓄水量。2007年，也就是长荡湖自来水厂被迫停产的第二年，太湖蓝藻暴发，震惊全国。

9月1日，记者在湖东岸儒林镇段看到，村民们正在湖里种植水草。长荡湖应急管理和生态环境局局长陈辉说："湖里水草种植总面积已超过 2 万亩。我们还要继续种植。"

记者在湖周边地区采访发现，一些基层干部和村民对绿水青山与金山银山关系的认识，经历了一个变化过程：早先是要金山银山，不顾绿水青山；后来是既要金山银山，也要绿水青山；现在，已真切感受到绿水青山就是金山银山。

儒林镇柚山村原来有不少网围养殖户，几轮大拆除下来，全村所有养殖户的网围都被拆除了。该村党委书记蒋赤卫说："要说天目湖绿水青山就是金山银山，个个都理解。我们这个湖怎么也是呢？一些人原来想不明白。现在，'三笔账'一算，就'醒'了！"

蒋赤卫说的天目湖，是溧阳市的另一个湖，湖边的连绵青山属于天目山余脉。当地依靠绿水青山发展旅游产业，年均接待游客超过 2000 万人次，并使江苏天目湖旅游股份有限公司成为上市公司。上市公司带动了几十个村的村民发展与旅游相关的产业。

蒋赤卫说："长荡湖没那样的条件，不可能像天目湖那样挣钱。但是，算算'亏'掉的，也是金山银山了！"

下篇

湖"里"转型，湖"外"也转型
"生产湖"变成"生态湖"后，还要让绿水青山能为当地"变现"

"救湖工程"的实施，给长荡湖带来沧桑巨变。

目前，已有两个国家级生态项目在长荡湖及部分环湖地带建成，一个是国家湿地公园，一个是国家级水产种质资源保护区。这两个大项目由中国水产科学研究院淡水渔业研究中心等 3 家科研机构参与实施。

中国水产科学研究院淡水渔业研究中心主任徐跑说："据我们跟踪调查，

现在，在长荡湖国家湿地公园范围内的物种，已经从几年前的440种增加到765种！"

9月8日，记者驱车驶上湖畔大道，看到湖面碧波荡漾，远处水天一色。辽阔的草滩上长着一丛丛芦苇、灌木，大大小小的鸟儿在空中飞来飞去。同行的长荡湖水产管理处副主任于志强说："几个月前还飞来不少天鹅呢，一群一群的！"

他指指湖里和岸边的两种植物，告诉记者，一种叫狐尾藻，一种叫龙须草，都是引种的。

途中，记者看到右前方一大圈围墙里有几排银白色的新厂房。阳光下，那些厂房显得很漂亮。"那是重建的自来水厂。在中断从湖中取水十几年后，自来水厂终于恢复取用湖水。"于志强说，"目前长荡湖水质已达到Ⅲ类水标准！"

饱受污染的"生产湖"，终于变成美丽的"生态湖"。生态价值实现了，经济价值如何实现呢？

记者连续几天采访发现，"长荡湖人"以保护生态系统为前提，大力实施产业转型，因地制宜走出了几种生态产业的发展新路。

一种是生态渔业。

现在，湖里大量的鱼、虾、蟹都是自然生长的。长荡湖管委会主任徐俊说，"人放天养"几种鱼、螺，既完善了食物链，又改善了水质。

不仅如此，常州市金坛区还利用湖西边的滨湖圩区，建起大型智能化渔场——江苏金坛智能化渔场，发展生态养殖。该渔场成为全国渔业现代化项目建设典范。去年11月4日，农业农村部召集各地农业农村厅有关负责人，在该渔场举行现场会，向全国推广有关做法。

目前，该渔场总面积达到1100亩，又长又宽又深的养殖池塘多达130个。放眼望去，这些养殖池塘连成一大片，如同蓝天下的大棋盘，远处的村庄仿佛坐落在棋盘上。

在养殖池塘里，蟹在池塘底"横行霸道"，鱼在水草间缓缓游动。渔场引进智能化水质管理和尾水处理系统，严格按照生态养殖要求，养殖螃蟹、甲鱼、鳜鱼等。渔场还发展了水产品加工业务。国家虾蟹产业技术体系岗位科学家成永旭说，这个智能化渔场的建设标准是全国最高的。

记者了解到，该渔场养殖的螃蟹已通过有关认证，成为带着绿色食品标志上市的水产品。

司马明生原来从事网围养殖，现在成为渔场职工。他抓来一只蟹，让记者看干净不干净，并感受蟹螯力量大不大。记者看到，螯上绒毛和甲壳都很干净。一根小树枝被蟹螯紧紧夹住，记者很难拽出。

渔场场长周威说："我们销出去的螃蟹都是精品，价格比人家的高 70%。渔场去年投产，今年销售额就可达到 1500 万元。我们总规划面积是 6500 亩，到时候年销售额将达 1.2 亿元。目前，二期工程建设已经启动。"

记者同时了解到，湖周边各镇还有 20 多家渔场也已实施生态养殖。去年，这些镇生态渔业产值超过 16 亿元。

另一种生态产业，是生态农业。

在湖周边地区，指前镇是拥有湖岸线最长的镇。该镇早年叫指前标乡。这里的土壤适合种植水稻。1915 年指前标米荣获巴拿马万国博览会金奖，成为中国的骄傲。由此，指前标米声名远播。1952 年，这里的庄阳农业合作社水稻亩产比上年增长 60%，村民们联名写信向毛泽东主席报喜。一个多月后，村民们收到毛主席复信，得到嘉许。指前标米的名气更大了。

最近几十年，由于大量施用化肥、农药，湖周边地区生态环境遭到破坏，生产的稻米品质下降，村民种粮收益受到影响。"迫切需要解决土壤变'死'、农药残留、米质退化等问题。"指前镇党委副书记张金彪说，"这几年，我们采取多种措施解决这些问题，收效明显。"据他介绍，这些措施包括：用有机肥替代化肥、实行休耕轮作、施用缓释肥，让地变"活"；用生物农药替代化学农药、推广生物和物理防治法，防治水稻病虫害。

目前，这些做法在湖周边地区已被广泛采用。江南春米业有限公司在指前镇等地流转 2400 多亩地种植优质水稻，所产大米不但在本地市场俏销，而且被北京、上海、杭州等地市场订购。该公司种植一季水稻的亩均纯收入，由原来不足 300 元提高到现在近 1300 元。

既糯又香的指前标米又回来了！"金奖效应"不但再次显现，而且被放大，带动了湖周边其他镇的稻米产销。从事网围养殖的渔民俞云龙上岸后，流转土地种植水稻，现在已成为种粮能手。他说："像现在这样种粮，还是蛮有前途的。"

今年元旦前夕，最新一批国家农业科技园区名单公布。长荡湖周边地区成为江苏常州国家农业科技园区核心区，太湖流域多个市、县成为该核心区水稻产业技术创新辐射区。

由于生态环境好了，湖周边地区还兴起了生态畜牧业，不仅建成奶牛场，而且构成长长的产业链。

今年投产的鸣源奶牛场，坐落在湖北边的金城镇。在"靠湖吃湖"的那些年里，湖北边有不少荒滩和低洼地基本不派用场。现在，这些地经整理和土壤改良后，种上了大麦和玉米。大麦和玉米轮种，一年三茬，收割后被制成青贮饲料。

奶牛场用这些饲料喂养奶牛，生产牛奶。与奶牛场同时新建的乳制品厂，用牛奶生产各种各样的乳制品。乳制品已销到多个省、市。奶牛场还上马了一个新项目，生产有机肥。

这条产业链，不但让村民们感到十分新奇，而且让许多村民的生活发生了巨大变化。奶牛场以土地流转、就业安排和联合控制污染等方式，与 1200 多户村民合作，共同建设生态奶牛场。

目前，已有近 560 名村民成为"奶业职工"。村民谢国民原来在长荡湖帮亲戚从事网围养殖，现在在奶牛场从事饲料生产。他十分感慨，说："做梦也想不到，我们这里能产牛奶和奶制品！"

记者看到，奶牛场内有生产区、饲料加工存放区、管理区等多个区。每座牛舍的跨度都很大，牛舍占地总面积超过 60 亩。在单独建造的智能化挤奶大厅，10 分钟可完成为 60 头奶牛挤奶。记者通过奶牛场总控室的监控设备看到，牛舍里，一排排奶牛正在吃着饲料。场长吴卫国说："奶牛场今年引进两批奶牛，共 1100 多头。再过 1 年多，存栏奶牛将达到 3000 头，可年产生鲜乳 18000 吨，乳制品厂和奶牛场年产值将超过 15 亿元。到时候，奶牛场的种植用地将达到 4000 亩。"

记者还就奶牛场的有机肥生产进行了采访。所有奶牛排出的粪便和奶牛场产生的其他垃圾，都被转化为有机肥。这些有机肥，成为奶牛场和湖周边地区农户的种植用肥。

如今，在湖周边地区，就连过期的牛奶也被派上好用场。当地专家和上海专家合作研发，把过期牛奶掺入一种有机肥，让它们发酵成奶基液体肥料。村民们用这种液体肥料种出一种又香又甜、口感独特的奶基西瓜。与种普通西瓜相比，种奶基西瓜亩均纯收入高出 30%。

据了解，目前湖周边各镇共建成了 10 多个规模较大的生态畜禽养殖场，直接和间接带动约 2 万人增加收入。

通过多日采访，记者发现，"长荡湖人"正在"记"下一本新的"账"。

（原载《常州晚报》2021 年 10 月 7 日）

调查报告，如何体现报道深度

赵鹤茂

在当今全媒融合加快发展的关键时期，调查性报道以其深度见长而受到读者欢迎，也更能彰显党报的公信力和竞争力。常州日报社一直重视深度报道产品的生产，先后开设"本报观察员""常州微型调查报告"等新闻栏目，进一步强化"我的发现"，鼓励一线记者到基层去、到一线去、到现场去，抓"活鱼"、抓"大鱼"。沈向阳与笔者合作采写聚焦环长荡湖生态农业发展的深度报道《全国网围养殖第一湖被"记"下"三笔账"后》获得第三十二届中国新闻奖通讯三等奖，就是多年坚持不懈的结果。

发　现

报道重大题材，从重大题材中发现更具时代感的新闻价值，是我们新闻人的追求和使命。"绿水青山就是金山银山"的"两山"理念，引领我们对生态建设与经济发展辩证关系的认识不断深化，《全国网围养殖第一湖被"记"下"三笔账"后》一文很好地契合了这一题材。全文围绕"绿水青山就是金山银山的'就是'，怎样才能真正实现"这一题记直接点明重大主题，剖析样本意义，揭示江苏长荡湖沧桑巨变带给人们的启示。

新闻前辈、新华社原总编南振中认为："发现"是一种力量，记者的生命力其实就是发现力。7年前，笔者从金坛区长荡湖网围整治部署会上了解到，为响应太湖流域水环境治理要求，长荡湖所有网围将在第二年3月底彻底拆除。笔者敏锐感觉，这一行动释放出的信号有着极高的新闻价值，作为全国网围养殖发源地的金坛长荡湖区域率先拆除全部网围，将给全国湖泊网围养殖走势带来举足轻重的示范效应。为此，笔者与时任总编辑胡国华及时沟通并持续跟进记录长荡湖巨变。当初，也有许多媒体一拥而上，但后来随着时间推移渐渐失去耐心，常州日报社采编团队始终没有放弃。

直　面

新闻价值是新闻的灵魂。长荡湖是金坛人民的"母亲湖"，曾以其物产富足一方百姓，也因各种人为因素引起许多困扰。作为全国湖泊网围养殖发源地，它被"记"下"三笔账"以及此后的沧桑变化，怎样才能被深刻地挖掘并表现出来呢？对此，记者心情并不轻松。

"全国至少有百来个湖，跟在这个湖后面，先尝到甜头，然后栽了大跟头。"30多年间，为了解决水产品供需的社会矛盾和一部分人要挣钱致富的现实问题，长荡湖发明了湖泊网围养殖，并获评国家"八五"科技攻关重大科技成果。然而，多年来这种以"生产"换"生态"的做法却造成严重的环境污染。

新闻实践表明，只有先期的采访细致和扎实，报道才能体现深度和厚度。为此，笔者先后总共用20多天，在湖"里"湖"外"、本地外地，采访多个部门、单位、乡镇和村庄，采访对象超过60人，仅在报道中出现的有名有姓的人就达15个，出现的部门、单位、乡镇和村庄数量则更多。在这个过程中，采访也是逐渐深入的。例如，为了了解当年长荡湖网围拆除过程中的情况，笔者找到已调至城区街道工作的原长荡湖网围整治办公室主任周建立，再通过他联系上中国渔业协会河蟹分会终身名誉会长李国平，了解到全国的相关情况，增加了权威性。

记者的采访没有停留在揭示问题的层面，而是不断与编辑部互动，共同提炼出"绿水青山就是金山银山的'就是'，怎样才能真正实现"这一重大主题，并进行更深层次的采访。进一步采访时，挖掘出湖"里"转型，湖"外"也转型，"生产湖"变成"生态湖"后，还要让绿水青山能为当地"变现"的"生态生金"创新做法，在全面推进乡村振兴的新阶段，给全社会带来更广泛、更深刻的启示。这样，也就更能体现深度报道的深邃性，以深邃的目光，看到绿水青山"变现"金山银山的全过程，多侧面、多角度、全方位展示"变现"的时间、空间、宏观和微观，既回顾过往，又剖析现在，也展望未来。

呈　现

为了体现报道的深度，全文分上篇和下篇行文。上篇，主要揭示令人震惊的"三笔账"：一是"产出"和"投入"账，30多年里网围养殖和有关小企业、小作坊纯收入约为10亿元，政府收取的税费约为0.3亿元，而"救湖工程"总投入超过78.5亿元；二是"少数人"和"全社会"账，几千户网围养殖户和小企业、小作坊挣钱，偌大一个美丽的湖泊却被糟蹋了，全区50多万城乡居民的吃水成为大问题；三是"域内"和"域外"账，长荡湖地处上游自身的污染，也直接影响了太湖及其流域。下篇，突出"救湖工程"给长荡湖带来的沧桑巨变，深入介绍近几年环湖兴起的三种生态产业：因为生态环境好了，建起大型智能化渔场发展生态渔业；因为生态环境的改善，建起生态农业产业链；因为生态环境的变化，环湖地区兴起生态牧业。如此，全文实现了两个目的：一是让产业更绿，让生态文明的内涵思想约束和引导产业发展的方向，守住绿水青山的"底线"；二是用符合产业发展规律的思维推动生态建设，将生态优势变为产业优势，实现"金山银山"的美好愿景。

深度报道用事实说话，才能取得更好的传播效果。而讲究表达艺术，提高可读性，则至关重要。写作过程中，笔者尝试情节化描述，取得了较好的阅读效果。例如，下篇中的发展生态农业部分，开头讲述指前标米的情节这样展开：从 1915 年荣获巴拿马万国博览会金奖，成为中国骄傲；到 1952 年水稻亩产增产后，写信向毛泽东主席报告；此后几十年由于环湖地区生态环境遭到破坏，发生米质退化等问题；直到这几年采取多种措施，使指前标米"金奖效应"再次呈现并放大，带动指前镇 2400 多亩地种植优质水稻，销往北京、上海、杭州等市场。整段情节起落有致，内容深刻。

深度报道产生较好影响。绿水青山就是金山银山的"就是"，怎样才能真正实现？报道所述三条途径，条条都得到广泛赞赏。其中，转型发展生态渔业的智能化渔场，几乎天天都有人前来参观调研，少则十几人，多则上百人。从报道见报后的 3 个多月内，来自全国各地的参观团队超过 100 个。当年元旦前夕，上海海洋大学与常州方面签订战略合作协议，在长荡湖畔建设智慧渔业研究院，并开展良种选育和多项新技术攻关，为全国渔业现代化探索新路。

"三笔账"里看"三性"

张　政

这篇深度报道，敏锐捕捉在当地发生但对全国具有一定新闻价值的事件，是记者从业几十年来采写的篇幅最长、分量最重的一篇报道。其采写特色，概括起来说，就是体现出了"三性"。

一是体现鲜明的独特性。它不是通常的环保生态从被破坏损害到被保护修复的故事讲述，而是通过一个全国典型的蜕变，从当年国家重大科技成果到后来结出苦果，再从"生产湖"到"生态湖"，进行了深度透视，显示出其蜕变的意义非同一般。

二是体现深刻的反思性。这篇报道的最大价值之一是对教训的揭示，"三笔账"笔笔惊心动魄，"算算'亏'掉的，也是金山银山了"，教训成为绿水青山就是金山银山的"就是"佐证。表达这些内容时，要有敢于担当和直面问题的勇气，也要有深入的思考和严谨的表述。

三是体现强烈的针对性。这篇报道紧扣"绿水青山就是金山银山的'就是'怎样才能真正实现"这个重大而又迫切需要回答的全国性问题，进行深层次挖掘。我们原先见过的大量报道，在表现绿水青山就是金山银山时，都是说带动旅游业发展。其实，这只是实现"就是"的途径之一，并不是每个地方都能发展旅游业。该报道突出表现的湖"里"转型、湖"外"也转型，因地制宜走出三条生态产业发展新路，更具普遍意义。

无论是"三贴近"，还是"走转改"，都要求新闻工作者深入一线、行走基层。同时，又要站在一定高度看方向、想问题，做透、做足、做深受众喜爱的新闻，提供更有价值的深度报道。

（作者系常州日报、常州晚报总编辑，高级编辑）

《店招用了"青花椒"竟成被告》系列报道

上海万翠堂董事长独家回应借青花椒"碰瓷诉讼"：
诉讼系第三方发起　深感抱歉、全部撤诉

李　庆　朱　宁

因为店招中含"青花椒"字样，四川多家餐馆老板成了被告！原告上海万翠堂餐饮管理有限公司（简称上海万翠堂）认为，这些餐馆涉嫌侵害其商标权。该事件经华西都市报、封面新闻报道后，原告上海万翠堂被质疑涉嫌"碰瓷诉讼"、恶意诉讼。

12月25日下午，记者采访了上海万翠堂董事长左正飞。他就此回应称，所有诉讼均系第三方——正尚律和（北京）知识产权服务有限公司（简称正尚律和）发起，并非上海万翠堂本意。维权过程中，正尚律和已完全歪曲公司正当维权、保护品牌的初心。

"我们已责令正尚律和撤回全部诉讼，并停止与其合作，以及保留追究其责任的权利。"左正飞说，"我想通过华西都市报、封面新闻向四川父老乡亲诚挚道歉，青花椒本来就是川渝地区的东西，'青花椒'三个字大家都可以用。也希望和大家一起，把这道菜继续做好！"

万翠堂是家什么公司？
上海有两家鱼店厨师全来自四川

连日来，四川成都、遂宁、眉山等地多家餐饮企业因店名含"青花椒"，老板成了被告。原告上海万翠堂认为，这些餐馆因店招含"青花椒"字样侵害其商标权。

12月24日晚7点，记者来到位于上海市徐汇区乐业创意园的万翠堂总部，看到其荣誉陈列处有多块奖牌与四川有关。其中，成都新东方烹饪学校在2018年3月授予其年度校企合作先进单位，四川新东方烹饪学院在2018年7月授予其毕业季暨校园人才双选会金牌合作单位。万翠堂总部一名员工告诉记者，已关注到网上有关信息，但作为普通员工不便发声，将把信息转达给董事长。

12月25日，记者又来到位于上海市徐汇区光启城的"青花椒秘制烤鱼"店，大堂经理介绍，该店与"青花椒砂锅鱼"是同一公司经营，"我们的厨师全是四川来的，都是新东方毕业的"。

此前，有报道称，万翠堂董事长左正飞在经营两年烤鱼店后，开始琢磨创新产品。2015年，他到川菜发源地开启寻味之旅。在四川，他惊叹川菜的博大精深，看到了酸菜鱼、水煮鱼、花椒鱼等丰富的做法。回到上海，左正飞就上新了水煮鱼、花椒鱼等产品，并决定用砂锅做鱼。

谁发起了这波诉讼？
四川十多起诉讼均系第三方所为

左正飞说，自己也是从四川朋友那儿知道，公司因为"青花椒"维权闹得沸沸扬扬。"我们的员工，90%都是四川人。青花椒鱼也是跟四川大厨一起合作研发的，我本人每年也要去四川好几次。我对四川和川菜都很喜欢，完全没想到会遇到这样一个事。"

左正飞说，发起对四川 10 多家"青花椒"餐馆诉讼的，实际上是正尚律和（北京）知识产权服务有限公司。"过去我们也维过权，但主要是针对那些恶意模仿我们店名、装修甚至骗取加盟费的商家提起诉讼。"左正飞表示，在维权过程中，公司感到身心疲惫，维权索赔的费用甚至还不够律师费。去年，正尚律和找到他，提出免费帮忙维权，维权所得归该公司所有。"当时我觉得很好啊，不用公司去费时费力整这个事了。没想到今年却出了这样的问题。"

左正飞提供的一份合同显示，上海万翠堂与正尚律和签署了《知识产权维权服务框架合同》，乙方（正尚律和）接受甲方（上海万翠堂）委托，以全风险代理的方式，代理甲方有关侵犯其"青花椒"等注册商标、专利、著作权等知识产权诉讼及非诉讼维权业务。

左正飞说，在实际维权中，自己并没有参与，也不知道告了这么多四川餐馆。后经了解，正尚律和找到"青花椒"诉讼对象后，会出一个委托证明，交万翠堂员工盖章确认，诉讼全程万翠堂本身并不参与。"经过查证，目前已收到 2 笔维权赔偿，共计 35000 元，我们一分都没有得，全部给正尚律和了。"

左正飞提供的银行回单显示，2021 年 4 月 4 日和 4 月 9 日，其公司收到两笔个人汇款，一笔 15000 元，一笔 20000 元。4 月 23 日，上海万翠堂向正尚律和支付了两笔费用，一笔 15000 元，一笔 20000 元。交易附言为：代收代付律师费。

为何维权"青花椒"？
初衷是打击恶意模仿和骗加盟费

左正飞告诉记者，自己原来是做翡翠生意的，因为喜欢吃辣、喜欢川菜，在 2013 年开始做餐饮。"最开始是做烤鱼，在注册商标过程中，发现很多名字都被注册了，注册困难。当时就想了 20 多个名字，看哪个注册上了就用哪个。"左正飞介绍，旗下的可奈实业公司成功注册了"青花椒"品牌，所以就用这个品牌做烤鱼，"我们开的第一家店，在徐汇光启城，就叫青花椒烤鱼"。

左正飞说，由于市场竞争激烈，公司改换赛道，开始做青花椒砂锅鱼，并注册了相关品牌，每年投入 300 多万元进行品牌推广，"目前公司在江浙沪地区有数十家店，全部直营"。

"随着企业越做越大，前来学习参观的人越来越多，模仿的也越来越多。"左正飞说，"江浙一带开始冒出很多青花椒鱼，店招、装修、砂锅完全模仿我们。甚至网上开始出现招商加盟，留的名字和地址全是我们的，但电话不是我们的，这些让我们深感痛恶。"左正飞说，基于此，万翠堂开始维权，本意是打击那些恶意模仿甚至骗取加盟费的不良商家。而起诉四川这些青花椒鱼餐馆，绝非万翠堂的本意。

是否存在碰瓷诉讼？
承认管理有漏洞向四川老乡道歉

"我想通过华西都市报、封面新闻，向四川的父老乡亲致以诚挚的歉意！因为我们公司的管理漏洞，给大家造成了这么多不必要的麻烦，作为董事长，非常抱歉！"左正飞说，虽然诉讼是由第三方提起，但在办理委托手续中，万翠堂公司员工没有做好审核，这确实是公司管理的漏洞。

"昨天我已经要求相关人员与正尚律和联系，一是终止合作，二是要求他们全部撤诉，三是进一步沟通，是否存在过度维权，保留追究正尚律和法律责任的权利。"左正飞说，"万翠堂没有拿过维权的一分钱。我本人也可以发誓，绝没有通过恶意诉讼或者利用商标来赚钱的想法。"

"青花椒本身就来自川渝，是一个品类和食材，大家都可以用。"左正飞表示，自己今后只希望继续把青花椒这个品类做好，把青花椒鱼做好。

（原载《华西都市报》2021 年 12 月）

小青花椒写出大动静

推动最高法明确"碰瓷式维权"不受保护

李 庆

2021 年 12 月,四川数十家餐馆,因店招中含有"青花椒"被诉侵权。原告上海万翠堂公司主张拥有"青花椒"商标权,要求餐馆在招牌中撤下"青花椒",并提出索赔。此举让众多小餐馆老板大呼不解:一家上海公司,凭什么不让四川餐馆用"青花椒"?

2021 年 12 月,在接到多个店家的云求助后,华西都市报、封面新闻第一时间派出多路记者,前往成都、重庆、眉山、遂宁、广安等地,实地寻访核实。一些商家告诉我们,打官司让他们很累,甚至不想开店了。一些商家,无奈取下招牌,抹去代表四川特色的"青花椒"三个字。12 月 23 日,封面新闻搭建专题,对频发的诉讼案集中式报道,"青花椒"成为全网热词之一。

由于在电话中,原告万翠堂多次拒绝回应,12 月 24 日,编委会决定派出记者赶赴上海。时值周末,我和同事朱宁三次走到公司门口。对方从防备到拒绝,从拒绝到敷衍,我们始终本着解决问题的目的真诚沟通。我们告诉工作人员:"我们查过,青花椒是在上海经营近十年,有数十家连锁店的企业,不像是一个靠碰瓷挣钱的企业。我们也了解到,已经有不少网友开始通过网络、电话和上门的方式,向你们讨要说法。"或许是这样的交流方式打动了对方,工作人员同意我们留下联系方式。

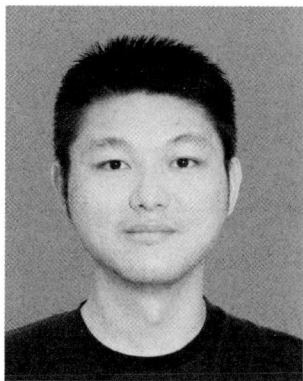

第二天，我们正在徐汇区一家青花椒店吃鱼，寻求更多线索时，接到了电话。第四次，我们终于走进了万翠堂公司的大门，坐进了会议室。也成为青花椒事件以来，全国第一家、四川唯一一家采访到万翠堂董事长的媒体，当晚推出"深感抱歉、全部撤诉"的独家回应。

此后的一个多月，我们多路小伙伴，又先后采访法院、行业协会、主管部门等当事各方，推出原创报道 50 余篇、视频 10 余条、直播 3 场，客户端阅读量超过 1000 万，全网阅读量超过 2 亿，新华社、央视、人民网等媒体同步跟进，让该事件的影响力更久、传播范围更广。

2022 年 1 月 13 日，四川省高院二审改判，既肯定了万翠堂拥有注册商标的合法性，又明确了青花椒属调味料的客观描述，并非商标性使用，不构成侵权。该案作为典型案例，先后写入省高院、最高法工作报告。2022年 3 月，全国两会上，最高人民法院院长周强在报告中指出：维护市场公平竞争，明确"青花椒"等"碰瓷式维权"不受保护。

2022 年，中国新闻奖首次设立舆论监督报道奖。华西都市报、封面新闻的青花椒系列报道，最终获得了这一奖项。在"逍遥镇胡辣汤""潼关肉夹馍"等"碰瓷式维权"案频发的那一年，为什么一颗小小青花椒偏偏可以搞出大动静，成为全国商标侵权类纠纷的重要"风向标"？

我想可能有三个原因。

一是坚持不懈走好网上群众路线。早在 2015 年 10 月 28 日，四川日报报业集团打造、华西都市报融合转型的新型主流媒体——封面传媒正式成立，开启"互联网＋媒体"新征程，封面传媒的核心产品是封面新闻客户端，该产品于 2016 年 5 月 4 日正式上线。

传承华西都市报"内容为王"的传统，封面新闻始终坚持用户为本。在过去华西都市报以"96111"热线为用户搭建桥梁的基础上，2020 年初，为切实走好网上群众路线，封面新闻研发了云求助平台。它是依托自身云技术搭建的网上求助平台，集用户求助、投诉及辟谣于一体。多年来已成为四川本地群众咨询政策、寻求帮助、厘清谣言、反映诉求的重要渠道，各部门了解民情、解疑释惑、排忧解难的新型平台，实现了党性和人民性的有机统一。

二是本着解决问题的目的去报道，以"辛"换"心"。舆论监督报道，不仅要听监督者的 A 面，还要听被监督者的 B 面。

坚持第一时间到达现场，第一时间与当事人对话，是华西都市报报道传统。虽然在网络时代，可以通过电话、微信的方式，轻松在办公室完成采访，拿到第一手文图视频资料。但采访受阻时，依然要践行最传统的方式，以脚力、眼力、脑力，落实到笔力。

通过当面有效沟通，记者最终与原告方面对面，进一步推动了事件走向。这也再次印证，抵达现场，对话核心当事人，依然具有不可替代的作用。尤其是当面沟通所带来的情感价值，是技术无法替代的。新闻在哪里，记者就要在哪里，必须做到以"辛"换"心"。

三是深度追踪以个案推动法治进程。碰瓷式维权屡见不鲜，如何才能从根本上解决这一问题？在原告撤诉、被告陆续收到退款后，封面小伙伴们并没有停下脚步，继续"一追到底"。

封面新闻编委会多次召集前线记者、后方编辑、律师团队和相关人员进行研讨：虽然原告撤诉并退款，但该系列报道还未结束，甚至刚刚开始"爬坡"。在"逍遥镇胡辣汤"和"潼关肉夹馍"的基础上，应该继续追问商标代理维权初衷、商标维权合法合理性，引导更多人，利用更多的智慧，参与这一不断触碰大众神经的公共事件。

经过持续跟进报道，"青花椒"案用建设性舆论监督，助推了事态朝积极方向发展。涉诉商家给华西都市报送去"仗义护真理，为民论是非"锦旗；时任四川省委主要领导点赞华西都市报"办了一件好事"。

正如中国新闻奖评语所写：本组报道以小见大，多角度展示法理和情理，引发了全社会对商标合理使用的广泛关注，推动了相关法律法规的不断完善，彰显了媒体舆论监督的重要价值，成为法治宣传的"活教材"和全国商标侵权类纠纷的重要"风向标"。

舆论监督为人民

殷陆君

记者是社会的瞭望哨，做新闻工作的一个功能就是记录时代风云、开展舆论监督。新闻评论没有锋芒，就不会有锐度。社会新闻没有一点辣味，就少一些丰富味道。

我们一直欢迎舆论监督，把它作为国家社会治理和党的自我革命的重要工具。

舆论监督有技术，事实必须准确，了解必须全面，调查必须深入，也就是说客观、公正、不偏不倚是基石，科学、民主、合情合理是原则。

舆论监督有艺术，时机恰当，表达得当，效果总体良好。这有一个度，从过程来看，需要把握及时介入、呈现发展、报告结果，不是为问题而问题，不是图口舌之快、记者之名，而是推动问题解决、事情合理发展。从具体实践来看，需要把握从哪里切入，提出问题，提出什么样的问题，引人关注而非一时之轰动；使问题触及社会面适当地展开，引人重视而非只是揭露；促进大家的共同思考，助力社会的共同关注，推动生活的共同完善，也就是把点、线、面结合好。

点就是切入点，报道从哪里入手？点就是着力点，最容易切入、切入有准星，下力能使得上劲，锋芒所向，势如破竹。

点是选题，什么样的选题是好的？领导关注的工作重点、百姓关注的社会热点、长期关注的民生难点，三点聚焦的选题就是我们最好的切入点、着力点。

攻其一点，不及其余，容易进入、巧妙融入、适时介入，最终吃力又讨好，全盘皆活，效果不错。这个点是全局中的重点、热点、难点。三点合一，就会得到党和政府的重视、广大群众的参与、集体智慧的协同。

晚报的舆论监督需要体现新闻的共性、晚报的特性，展示舆论的柔性和监督的刚性。

从老百姓街谈巷议中找选题，从老百姓现实生活中找选题。华西都市报、封面新闻的青花椒系列报道，关注的就是烟火中的特色味道，大家都吃的东西，怎么成了唯一的品牌？老百姓遇到官司，诉状怎么从天而降？

从依法治国的重点工作中找选题，从商标法和民法的具体案例找选题。从民事权利维权中，找到典型性案例。一刀一刀往下切，一环扣着一环揭，抽丝剥茧，深入揭示分析，在"逍遥镇胡辣汤""潼关肉夹馍"等"碰瓷式维权"案频发的那一年，是什么让一颗小小青花椒散发辣味，让一个小小商标案例成为全国商标侵权类纠纷的重要"风向标"？

新闻的锐度不但体现在切题的准确，而且体现在追踪的深入。新闻的弱点是简洁但薄弱，长期报道就能避其短扬其长。经过持续跟进报道，"青花椒"案用建设性舆论监督，助推了事态朝积极方向发展，以个案推动法治进程。

碰瓷式维权屡见不鲜，如何才能从根本上解决这一问题？发现事实，揭露事实，让事物的本来面目逐步呈现；在原告撤诉、被告陆续收到退款后不停步，继续"一追到底"。追问商标代理维权初衷、商标维权合法合理性，引导更多人，利用更多的智慧，参与大众关注的公共事件。

新闻以小见大，单兵突进，邀请多方陈述事实，引发了全社会对商标合理使用的广泛关注，推动了相关法律法规的不断完善，彰显媒体舆论监督的重要价值，成为法治宣传的"活教材"。涉诉商家送来"仗义护真理，为民论是非"锦旗；省委负责同志点赞华西都市报"办了一件好事"，最高人民法院的工作报告收入这个案例"以案说法"。

舆论从热到冷再到温暖人心，全面梳理，如实揭露真相，从事理出发，多角度展示法理和情理，让人们激发了参与社会治理的热情，让社会充满公平正义的气息。

从提出问题到发现问题再到解决问题，从帮助群众解难到推动社会共同研究破难，从推动个案解决到揭示类型案例的特点，舆论监督报道以"辛"换"心"，彰显了新闻的锐度，展示了新闻的力量。

晚报的报道把党和人民的利益紧密地结合在一起，以人民心为心，将心比心，点燃生活的热情，点亮思想的理性。

这就是晚报舆论监督的锐度和亮度，用晚报温暖夜晚，用新闻启航明天。

《昼夜奋战　抢救生命》组图

张九强　摄影

（原载《泉州晚报》
2020 年 3 月 8 日）

"多一点"

张九强

我们崇尚"危难之处显身手",虽然我们也怀着世无危难、岁月静好的朴素愿望。而不得不面对危难之际,作为摄影记者,我能做的就是将平时历练的"多一点",转化成关键时刻的"好一点",担当好传播者、记录者、推动者、守望者的使命角色。

2020 年 3 月 7 日 19 点 15 分,福建泉州市鲤城区常泰街道南环路欣佳快捷酒店发生坍塌事故。经过 112 小时的救援,现场搜救出受困人员 71 人,死亡 29 人。我第一时间赶赴现场,拍摄的《昼夜奋战 抢救生命》组图获得第三十一届中国新闻奖新闻摄影三等奖。

自我加压"多一点"

"强哥,有突发!"接到电话,我即刻调头、加速,犹如枕戈待旦的战士,直奔现场。

车后厢里是两台整装待发的无人机。正是平时自律到几近苛求的"多一点",让我关键时刻有"戈"可用,让我每次都能第一时间直奔新闻现场。

欣佳酒店事故发生那天,是农历正月十四。从正月初三到那天,我已经在定点医院等阻击疫情的第一线连续拍摄了 11 天。当晚我原打算回家看看孩子，车开到半路，得知了欣佳酒店坍塌的消息。

"天下武功，唯快不破。"时效对新闻的意义不言而喻，而新闻摄影更是如此。因此，从业以来，我始终保持着相机不离身的习惯，哪怕如今智能手机的拍照功能已经非常强大，但我依旧要求自己"多一点"。自从有了无人机航拍技术后，我更是长期在车后厢中备着两台航拍无人机。

2008 年到报社前，我是一名武警战士，可以说是新闻门外汉。怎样才能从"菜鸟"变成"熟练工"呢？我相信"勤能补拙"，决定对自己要求"多一点"——比别人多想一点，多学一点，多干一点。秉持这个理念，我长年在一线采访，积累了丰富的实践经验，通过追台风、抢险救灾、舆论监督报道，培养了对突发事件较强的现场把控能力，也创造了报社多个"第一"，成了人们口中的"强哥"——第一个摄影记者开设以个人命名的影像专栏《强哥看家园》；第一个获得民航总局颁发的无人机超视距驾驶证；第一个获得国家人社部核发的无人机摄影高级工证。

身临其境"多一点"

赶往现场途中，我的脑子也像飞速的车轮一样旋转：拍什么？怎么拍？

事故现场让我既震撼又感动：消防战士、医护人员、专业救援队、民间志愿者、热心群众，八方大爱在这里汇聚；灯火通明、机器轰鸣、火星迸射，生死救援在与时间赛跑！面对还有几十条生命被困在残垣断壁下，一切都紧紧围绕一个中心任务——救人！我脑海里浮现出习近平总书记在抗击疫情工作中明确指出的"人民至上、生命至上"，果断地把镜头专注于每一个最前沿的救援场景上。所以在《昼夜奋战 抢救生命》的组图中，我没有时间去更多地观照那些暖心感人的场景，而全部都是展现分秒必争的救援瞬间。

至于怎么拍，让我陷入了两难。"如果你拍得不够好，是因为你离得不够近。"20世纪最伟大的战地摄影师罗伯特·卡帕的名言，一直被奉为行业圭臬。经验也告诉我，受众需要通过摄影记者的镜头，给他们带来身临其境的近距离感受。这就要求摄影作品除了空间、时间上的"近"，还要有一定的动态营造感。但是，毕竟坍塌的楼体不同于一般的场地，我决不能光顾着"抢画面"而一味求"近"，因为任何一步盲目前行，都存在造成局部二次坍塌的可能性。

这时，随时待命的无人机派上了用场。我除了严格按照现场指挥规定，穿着全套防护服，佩戴相应的安全防护器具，在确保自身安全和不影响救援的前提下，尽可能地抵近拍摄，又用无人机低空航拍，获得了许多俯视角度的"近景照"。不管哪一种方式的拍摄，我都告诫自己，要注意营造"身临其境"的感觉。因为一般市民不能进入救援区域，但是大家都迫切想知道救援进度。为此，我有意突出夜间搜索救援的灯光、切割机迸射出的火星、救援人员手把手将受困人员抬出来等一些动态感较强的画面，以期给受众带来身临其境的视觉冲击，起到"一图胜千言"的效果。

采编沟通"多一点"

定时—及时—实时—全时，网络新闻时间观对新闻时效性要求越来越高。如何解决它给新闻真实性、准确性带来的挑战，我的感悟还是"老生常谈"——采编沟通"多一点"。

从事新闻工作以来，我与新闻为伴，以报社为家，经常是白天跑新闻，到深夜还在报社。我得以从新闻新兵迅速成长，很大程度上得益于密切的采编沟通。选题、场景、角度，这些经常是我与夜班编辑沟通的话题，因此，我的作品"命中率"越来越高，经常有图片在头版刊发，被同行戏称"张一版"。有一天的《泉州晚报》，各版面配发我拍的照片达36张。

进入全媒时代，我越发注重采编沟通"多一点"。欣佳酒店事故发生后，我们泉州晚报社除了通过纸媒版面进行报道，更是在第一时间就通过包括新闻客户端、微信微博以及各平台视频号在内的融媒矩阵进行滚动直播式的全面报道。《昼夜奋战 抢救生命》这组照片，就是通过我们的泉州通新闻客户端刊发的。为了能够更加全景式、全时段地展现救援现场，我及时与后方新媒体中心编辑沟通，并形成制作一组覆盖白天黑夜，全场景多角度组照的采编构想。于是，我一边抓紧拍摄，一边将大量照片回传，并根据后方编辑的商议提示，及时找补一些更多角度、更有冲击力的画面，最终形成了这组由八幅照片构成的组图。

专家评说

时刻保持战斗状态

杨 杰

2020年3月7日19时许，福建泉州一隔离酒店发生坍塌事故，人员受困。当时正是疫情期间，用于人员隔离的场所发生坍塌，事件格外敏感。抢在第一时间，将救援过程、人员伤亡情况，及时、准确、权威地传达出来，是主流媒体的责任担当所在。

因为疫情，2020年的春节，张九强又没能回山西交城老家。他从正月初三出门到泉州定点医院阻击疫情第一线采访拍摄，到3月7日那天，已经离家11天，按要求完成自我隔离后第一次回市区的家。路上接到线索，说有个集中隔离医学观察定点酒店发生坍塌。他即刻掉转车头，直奔现场。也正是赶得快，他和几个媒体同行进入事故现场不久，现场就拉起警戒线和护栏，只让救援人员进入。

来不及平复恐惧的心情，一到现场，张九强就投入拍摄，并及时将现场画面传回报社。亏得他平时准备充分，车后厢随时放着无人机和各种摄影设备。正在疫情期间，他服从现场指挥要求，穿着全套防护服，佩戴相应的安全防护器具，尽可能抵近拍摄。为了防止遇上楼体二次坍塌，又用无人机低空航拍的方式，收获了许多俯视角度的"近景照"。

疫情防控时期，隔离酒店发现坍塌事故，具有新闻的显著性、敏感性，能否做好这类突发事件的报道，最能反映媒体的能力作为。笔者大学毕业后就到泉州晚报社工作，二十几年来，见证了纸媒发展的辉煌期，面对网络、新媒体的彷徨期，近年来，又参与了传统媒体的融合发展摸索过程，一个深切的感受是，媒体的发展，虽然受行业起伏的大环境影响，但媒体从业人员的精气神，也直接关系到媒体的未来发展走向。在欣佳酒店坍塌事故的报道中，泉州晚报社摄影记者张九强连续战斗三天两夜，拍摄下各个关键救援时间段的近千幅照片，结合救援进展，及时传给媒体刊播，向外界传导地方政府积极应对突发事件，充分信任主流媒体，彰显了开明务实的社会治理能力。

事故发生后，不少媒体闻讯赶到，从呈现出来的现场采访照片看，张九强的这组照片无疑是其中的佼佼者，它直观地反映了事发当晚到次日白天的救援现场。作品能从海量的报道中脱颖而出，印证了中国新闻奖作为中国新闻界最高奖项，评奖流程公平、专业，专家评委慧眼识珠。

站在媒体编辑的角度，我想，这组照片的"好"，就在于它直观、冷静地反映了灾难救援现场，全场景多角度营造了让受众"身临其境"的感觉，具有强烈的视觉冲击力，例如突出夜间搜索救援的灯光、切割机迸射出的火星、救援人员手把手将受困人员抬出来等动态感较强的画面，让静态的照片彰显出呼之欲出的动态感觉。

张九强是从武警部队退役后加入新闻队伍的。年少时的成长痕迹，多少会在职业生涯中刻上印记，到新闻单位后，他保持了雷厉风行的工作作风。2008 年入行以来，他长年在一线采访，积累了丰富的实践经验，跑战疫、追台风、抢险救灾、舆论监督报道……培养出了对突发事件较强的现场把控能力。他的作品多次获评新闻奖、报社年度好稿奖，收获了各种奖项荣誉。此前，他就是泉州本地媒体唯一一个进入重症隔离病房的记者，并在《泉州晚报》上刊发《隔离病房里的坚守》影像专版。新闻组照《昼夜奋战　抢救生命》能摘取中国新闻界的最高奖，是他的厚积薄发之作，这与他始终保持对新闻现场的"战斗"状态是分不开的。

（作者系泉州晚报社总编室主任，高级编辑）

天下白头

彭瑞高

有人也许不知道，闵行区在浦东还有一大块地域，面积超 100 平方公里。老镇鲁汇就在那里。17 年前，盐城青年马开阳，来鲁汇开了一家小理发店，从此，这小店、小马，就给这老镇、老人，带来许多故事。

寿　碗

那天，万阿姨推着轮椅，载着她的白头老母来理发。小马见了，赶紧出门把老人扶进店，让她坐舒服，轻轻围上围布。

"剃个头难啊。"万阿姨在一边擦着汗说，"老娘亲八十多，手脚不便，我硬是要把她从床上弄起来，再从楼上一步步背下来，轮椅推到此地，我自己也瘫倒了。"

小马看万阿姨气喘吁吁，估计她也过六十了，心里就一动。小店虽是新开，小马却是个老师傅。在老家，他 17 岁就拿剃刀，剃过的白头多去了，父母亲的白头也是他剃的。他手艺好，外村老人也指名要他剃，还特地让小辈用独轮车推着，走十里路来找他……

小马撩起一把白发剪下，手上第一感觉就是油腻腻的。万阿姨老母的头发，不知有多久没理了，气味也有些刺鼻。小马看着这头白发，不知怎的，就想起自己母亲。在老家那些年，他给母亲头发剪得特别勤。母亲喜欢小马给她弄头发，还把儿子剪发当成享受。现在打工出了远门，那么长时间没给母亲理发，老人的头发该长得像草一样了吧？也该有这种难闻气味了吧？这样想着，小马心里就酸酸的，眼前有些模糊。

老太太这一头白发，小马理了很长时间。理完了，他给老人照镜子。见老人头脸一清爽，他自己心里也一清爽，就像当年见母亲一清爽一样。娘俩出门时，小马拿出一张名片，对万阿姨说："这上面有我手机号，下回老妈妈要理发，就打这手机，我上你们家来理。"

天下没这个规矩，是小马给自己定的这规矩：上门给老人理发，一律免费。当年他在老家这样，到了上海，也这样。

他给万阿姨的白发老母，前后理了十多年发，一直到她百岁为止。

办完老太太后事，她女儿万阿姨专门到小店来，郑重其事地，把一只精美的小瓷碗递到小马手里。

小马不敢收，说："万阿姨，我不能收客人东西……"

万阿姨说："这是寿碗，你懂吗？人家要也要不到呢，快收下！"

小马后来才知道，鲁汇人很是看重这寿碗。尤其像老太太这样高寿过世的，在她百岁后能得到寿碗的，没有几个人。老镇方圆数里，有谁能想到，一个不起眼的剃头师傅，不开口却能得到这宝贵的寿碗。

适　意

推着老母上门来的万阿姨，现在也成了老太太。她列入小马又一茬服务对象中。不过，小马不是去她家，而是在居委为她剪头。

居委设立"理发点"，这事还是起源于万阿姨和老娘亲。那天，万阿姨来电说，老娘亲想理个发，小马一口答应道："我手里活做完就来。"

说话时，他正为一位居委大姐剪发。大姐问："谁来电话啊？一叫你就去，是亲戚吧？"小马笑着说了万阿姨老母亲的事，又说："像这样的老人，街上有不少吧？我不熟。你们居委能不能把长辈们集中起来，我给他们免费剃头。"大姐说："好事啊，我来帮你组织！"

于是每月 10 日，老人们就聚到居委来，等着"旧貌一剃了之，新颜从头开始"。小马则早早准备好全套"家生"（工具），等在这里。来剃头的老人数目不一定，少则二三十，多则四五十。有时来多了，小马就会把妻子小王请来帮忙。小王也是优秀理发师，跟小马在南京美发学校相识，两人相濡以沫已多年。若夫妻俩人手再不够，小马会把店里其他师傅一道叫来。只有这时，"马老板"才会拿出老板"架势"。他说，这天就是关了店门，也要保证每位老人都剃到头；对长者说的话，一定要算数。

这天小马是忙，但忙得很开心。因为他能在每位老人嘴里听到两个字——"适意"。这美滋滋的感觉，令他十分痴迷。

开始他不懂"适意"是啥意思。后来才知道，"适意"就是"舒服"，就是上海人对享受的最高评价。半天忙下来，看到这么多老人变得清清爽爽，听他们口口声声喊"适意"，小马觉得，这生活太享受了！

最让他感动的是，有位老人还把这两个字的"适意"，喊成了三个字。

那是一位患骨质疏松症的老奶奶，姓陆，常年躺在床上。得了这病，陆奶奶坐不得、立不得，还扶不得，因为旁人一碰，她就痛得不行。小马到她家，在她看来就是一件大事，坚持要起床，坐在椅子上迎接这次理发。可单单从床上挪到椅子上，陆奶奶和家人就折腾了半个多小时。

见了这场景，小马心里很不好受。他想好，自己一定要放轻手脚，不给陆奶奶增加一丝疼痛。

老人毕竟多年没剪头，白发早已起粘结团，气味难闻更不要去说。小马不愧是高级技师，竟能在小心翼翼中施展出"大刀阔斧"。只听他手中剪子"咔咔"作响，一绺绺白发便雪片似的落下。众人屏息围观，唯恐老太太喊痛，坚持不住。却没想到，此刻陆奶奶神情专注，小马剃刀过处，她头脸慢慢清晰起来；再一支烟工夫，老太太鬓发齐整，两眼竟有了光彩。兴许她自己也觉得头发气味不好闻，连声恳求小马："头不要洗了！"可小马哪肯半途而废。他放下剪子，调好热水，拿出洗头膏，手脚飞快，一连为陆奶奶洗了三遍头！擦干发脚后，他又给陆奶奶揩了两把热水脸，直把老太太舒服得举起枯手，摸着前额头皮，连声叫："适意来，适意来！"

小马从没见过，一个人剪头后，竟会舒服到这个程度。这要多少年没理发的人才会这样啊。这一刻，他明明是为陆奶奶高兴，可泪水却不争气地滚落下来……

头等大事

也有一些长者，人快不行了，才来请小马去剃头。

这是最紧张的时刻。小马往往立马丢下手里活，推上车就奔出去。这时他把自己当成一个抢救者。在他看来，能不能抢在老人还有一口气时给他净面理发，光景是不一样的。这是他的"头等大事"。

有位老人得了肝癌，自知行将不起，让孩子上镇来请理发师。可走了多家理发店，师傅都请不动，嫌晦气。

到小马店里，小马却一口答应。见孩子手里拿着手套口罩，小马问："你这是干什么？"孩子说："老爸怕脏了师傅手，给您备着的。"小马说："我自己有。"言罢就出发。到了病家，肝癌老爹躺在床上，早已面无人色，见小马进来，老爹第一件事不是干别的，却是主动把口罩戴上。小马看了，工具还没拿出来，泪先下来了……

类似的事年年发生。别的师傅不去，小马去，还不收钱。

有一位姓金的阿姨，小马给她剪了9年头。病好时，小马与全家老少一道替她高兴；病情恶化时，小马跟着一道心急如焚。无论病怎么反复，小马有请必到。他剪着她白发，眼看她一点点油尽灯枯，目含不舍地离开老伴，离开这个美好的世界。

鲁汇敬老院有位宋奶奶，家属推她出来剪头，几家理发店都回说不剪。到小马店门口，家属怯生生地问："老人的头剪不剪？"小马说："剪啊，请进！"宋奶奶坐下开始剪，家属就在一边絮絮叨叨发牢骚。这头剪完后，小马才知道，老人剃头难、剃头苦，连家属都遭人白眼。他心里很痛。

打烊后，他专程去敬老院找院长，说："我是街上理发店小马。我想到你们这里来，为老人免费剃头。"院长说："我们老人有近百位呢，你剃得了吗？"小马说："有多少老人，我全包下。您定个日子，我每月来。"

于是，每月20日就成了小马的"敬老日"。这是全店的"大日子"。因为老人集中排队，往往要全店出动才能完成任务。院长看不过去，说："你关了店门来为我们服务，我们多少应该付你一点钱。"小马说："您给老人加餐吧，我们一分钱也不要。"

现在，小马的店，加上其他理发店，把敬老院老人的理发包了。每月20日的下午，如果您去鲁汇敬老院，您就会看到：在一个"干垃圾箱"里，装满了一大桶花白的头发；而全院上上下下、男男女女，每一颗白头，都是清清爽爽、整整齐齐的。鲁汇老镇上的这一白头景观，您走遍全世界养老院，都是看不到的。

要补充的是，这近百位老人中，还有一位老太太是"植物人"。小马每次去敬老院，都要伏在床边给她剪头。她在敬老院躺了9年，小马伏床给她剪了9年。每次给她剪头，小马都忍不住心酸。老人过世后，小马无法忘记她的名字。她名里有个"瞎"字，叫"唐瞎妹"。她两眼真是瞎的。小马给她剪了9年头，每次都想跟她说说话，可始终没能说上一句；老太太也没能睁开眼，看一眼这位素不相识的理发师。

一眨眼，小马为敬老院老人剃头，已经16年了。老人走了不少。而那年出生的孩子，现在也已读高中，正准备考大学。

领头羊

小马好事做了一路，同行、同乡、同街，都很钦佩，有人就对小马说："我也来跟你一道做好吗？"

小马说："好啊，一个人做，就觉得没劲呢。"

小马人缘好，点子多，他出面组织了一支志愿者服务队，名叫"新浦江人"。因为鲁汇属于浦江镇。"新浦江人"队员来自五湖四海，行业也扩展了：除了小马来自江苏，还有一位理发师小刘来自湖南；而浙江人朱宏斌是做窗帘的，山东人任广青是做广告的，江苏人崔明军是修家电的，四川人刘刚是修电脑的，福建人张博成是修水电的，江西人魏武根是搞装潢的，山东人苑立国是修摩托的，江苏人薛广友是开照相馆的……

有了这个团队，老镇的老人和居民方便多了，不要说剃个头，就是家里水管漏了，电脑死机了，灯泡坏了，打个电话给"新浦江人"，立马就会有师傅上门来帮忙；还有照个相啊，修个车啊，刷个墙啊，一切都没问题。70岁以上老人服务免费，一般居民也只象征性地收一点。整个服务队，买配件费用不是个小数，这钱是小马自己掏的腰包。他把历年来得的奖金，都投在"新浦江人基金"里。他说自己是当队长的，应该多付出一点。

新冠病毒肆虐期间，理发店不让开。小马成天背着个工具箱，各处联系免费上门理发。医生、护士、民警、防疫人员、志愿者、社区工作者……他都不止一次服务过。那几个月，别人宅在家里，他却比平时更忙。全镇人都说，小马闲不住。

有人担心他的生活，问：小马你常常关了门去为老人服务，这生意怎么弄？这日子怎么过？小马说，我为老镇老人做好事，老镇的子孙都来照顾我生意，这些年，我业务真的还不错，要不，我店里最多时怎么会有11位师傅？开店开到这份上，我知足了。

只有一点，小马心里有点忧虑——

几十年白头剃下来，他自己也年过半百、也有白头发了。有时他就会想：等到自己也成了白头，那时的年轻人，会来给他剃头吗？

（原载《新民晚报》2020 年 8 月 2 日）

敬重小人物　抒写大情怀

彭瑞高

　　因为吃过苦，当过十几年农民和乡村教师，所以，我觉得自己特别适合写农民、写小人物。

　　记得多年前，我被派往洋山深水港挂职写作。那天去海边工地，总指挥指着一支正在浪涛中扎钢筋的队伍说：这是一支农民工队伍，你可以写写他们。

　　说农民工是世界上最苦最累的人，一点没错。那个冬天，滴水成冰，海风呼啸，浪花像碎玻璃一样割人。农民工在海上施工，吃喝在海边，连睡觉也在海边工棚里。这样的日子，他们已经过了20年。浦江两岸、长江沿线，凡是大型码头，都有他们流下的辛勤汗水。上海建设世界第一流深水港，农民工队伍也是一支主力军。

　　我进了农民工生活基地，就像鱼游进大河。领头人是一位出生在农村的复员军人，他带我走进项目区，我一看他们的宿舍就服了：一律蓝色蚊帐，三尺草席；被子四四方方，鞋子整整齐齐，连茶杯脸盆都按规定摆放。几百名农民工，全穿蓝色工作服；早晚开灯熄灯，都有统一时间；出工收工，集体乘车来往。我说：这不是部队吗？

　　这位复员军人血脉里，流淌着农民的血液。他奖励农民工读书，承诺考上证书就加工资；他给他们买电脑，办起岛上第一个农民工电脑班。农民工子女读书，他看得更重，专门定了四条"土政策"：农民工子女考得好

的，给奖；考取重点学校的，重奖；读上硕士博士的，大奖；子女辍学的，扣奖。他在大会上说："我们几百人在外流血流汗，不就是为了几百个家庭翻身致富吗？要是孩子辍学当文盲，我们打工还有什么奔头？"他自己也拼命学习，四十多岁还去复旦大学进修，成为中国农民工队伍里最早的高级工程师。最让我感动的是，那次台风正面袭击洋山岛，他包了七辆大客车，把几百名农民工送到上海市区宾馆住下，一面避风，一面学习……

深水港八年，我发表了不少作品，其中，我觉得写农民工和小人物的纪实文章，最是得心应手。我找到他们，也找到了自己；写他们，就是写我自己。

后来，我离开深水港，但我的笔再也没有离开底层。

前些年，我写纪实文学《小官孙国权》。主人公是一位居委党支部书记。有人说："这什么官啊，公务员都算不上！"没错，孙国权连起码的级别都没有，可在几千户居民心目中，他是"最叫得应"的父母官。这个老工房小区，老人特多，六十岁以上占了四成，他们有的是孤老或"空巢老人"，有的子女患精神病，有的自身有着各种怪癖，有的"白发人送黑发人"，也有的甚至过世后无人送葬……我用浓墨抒写了孙国权的悲悯情怀。出于这一情怀，他把自己的职守看得高于一切。他不顾自己遭受的委屈，包容老人们种种偏激和脾气，苦口婆心为他们解忧解难。我亲眼看到孙国权抽屉里那厚厚的一叠借条，数目竟有几千元之多。我问："你自己收入也很低，老人们借钱不还，你自己怎么弄？"孙国权说："他们求上门来，我总不能躲着不见吧？不管怎么说，我生活总比他们强些，你说呢？"自始至终，我没听到孙国权说过一句豪言壮语，但是，他在人们心中有着一种异乎寻常的权威。他用自己的坚守，诠释了一个"小官"与人民群众的血肉联系。

前些年上海郊区流传一个故事，说有位山区来的女教师，带着一批农民工孩子组成合唱团，登上全市学生合唱艺术顶峰，甚至把名声唱出了海外。当时我就想：这个传奇值得一写，也适合我写。我一直希望看到生活在艰难中的孩子，能在梦想实现时发出天堂般的笑声。采写《巫青和她的少年合唱团》时，我听到了这样的笑声。

《巫青和她的少年合唱团》在《新民晚报》发表后，想必这笑声也感染了其他人。歌唱家周小燕的后人看到文章后，委托新华社资深记者赵兰英联系我们，告诉我们一个好消息：一贯用来奖励艺术精英的"祥燕基金"，决定长期支持这支少年合唱团。这使我获得极大安慰。

在纪实文学《天下白头》中，我更写了一位毫不起眼的乡村理发师——马开阳。

年过八旬的万家老妈妈来理发店剪发，马开阳从她的头发黏结与刺鼻气味里，看到了老人的困顿。他主动提出以后定期上门为老人理发。一语既出，风雨十载，他为老妈妈理了十多年发，直到老人百岁去世。那一天，他收到了万家一件礼品——一只寿碗，这是当地风俗中最贵重的一项致礼。

小马给老人理发，一律免费。当年在老家是这样，到了上海郊区也这样。难能可贵的是，他还跟居委联系，每月10号，让有需要的老人聚到一起，免费为他们剃头。那天，少则二三十人，多则四五十人，实在忙不过来时，小马会把妻子小王请来帮忙；人手再不够，他就把店里师傅一道叫来。"这天就是关了店门，也要保证每位老人都剃到头。"

"现在，小马的店，加上其他理发店，把敬老院老人的理发都包了。每月20日的下午，如果您去鲁汇敬老院，您就会看到：在一个'干垃圾箱'里，装满了一大桶花白的头发；而全院上上下下、男男女女，每一颗白头，都是清清爽爽、整整齐齐的。鲁汇老镇上的这一白头景观，您走遍全世界养老院，都是看不到的。"

小马的善良感染了周围的人。他出面组织志愿者服务队，免费为镇上老人服务。志愿队成员来自五湖四海：小马本人来自江苏，另一位理发师来自湖南；志愿队里还有做窗帘的浙江人，做广告的山东人，修家电的江苏人，修电脑的四川人，修水电的福建人，搞装潢的江西人，修摩托的山东人，开照相馆的江苏人……看着这些行业，听着那些省名，你会觉得，这片土地有何其多情，这片天空是多么温暖！

采写小马的日子里，我数度热泪盈眶。我自己也是一个"业余理发师"，我为我的白头父辈们理了几十年发，含泪看着他们一个个干干净净离开这个世界。我深深理解小马的心怀。如今，我自己也成了白头，《天下白头》的结尾，是有所指的——

"只有一点，小马心里有点忧虑——

几十年白头剃下来，他自己也年过半百、也有白头发了。有时他就会想：等到自己也成了白头，那时的年轻人，会来给他剃头吗？"

其实，这也是我的忧虑。

没有英雄相的小马

杨晓晖

每个读者都喜欢，每个读者都感动的文章如今少见，彭瑞高刊登在《新民晚报》上的四千多字纪实作品《天下白头》却人人皆爱。高龄老人，乡镇的高龄老人、病弱无力困居一室的老人、住在养老院里的老人、离死亡最后一站的老人……他们触动我们心中最伤感最共情的那根神经。每个人都有高龄时光，这个时候能够承受的人间真情是最宝贵的。如果它们不是来自家人子女，而是来自陌不相识的人，那是你的福气。一个奉献型的人，他好像偶然出现，但他代表了这个社会最精彩的理想之光。

鲁汇镇的理发师小马偶然服务了艰难理发的高龄老人，之后，他将这种偶然自发地推送到"必然"。由陌生的老人想到家乡的母亲,这是一个多么善良、热情、慷慨的好人。《天下白头》的故事在自然精彩、充满画面感的开端之后,很快将小马替老人义务理发的地点转换到"居委会""敬老院"及"临终老人之家"。情节层层推进,群像各个有别,事件产生难度,而小马的形象、小马的精神愈益出彩。

彭瑞高把小说家的笔法娴熟地用于非虚构写作。那就是极端注重对细节与人物的心理刻画。一个寿碗,两把热水脸,洗了三遍头,病人不能动而需伏在床边工作的难,有异味而打结的头发,上百位白头老人剪下的雪花般的白发。病困老人因突然变"清爽"的震动,"适意来"的呢喃,小马为他们的欢喜而欢喜、不由自主流下眼泪……

作者的视线之别就是文章的境界之异。有的人对于笔下的人与事是俯视的,有的人则仰视。而彭瑞高是平视。就如同他在对自己地区的了解中,发现了令他感动的小人物,他的敏锐与激情一定会被触发。他的细腻会在栩栩如生的文字勾画中营造出爆炸般的化学效果,他的朴实则锻造了文学的高级感。做好事最动人的境界,是身不由己。书写一个好故事最理想的佳境,也是身不由己。只有自己是永怀初心又对人性秉持探究热望的作家,才会深挖到这样的细节:为什么小马在分文不赚的服务对象感到满意时会流下泪水。这个点,作者没有展开与评判,而读者在细思之后有深叹:老吾老以及人之老。小马是这样一个细腻而敏感的人,他才会对那些最弱势群体的老人心怀悲悯,继而慷慨奉献。时间,精力,感情。16 年。

彭瑞高擅写小人物的英雄主义。《天下白头》也是如此。《天下白头》的结尾当然是递升的,令人喜悦的。然而文章最感人的是主人公小马朴素的言行。他压根没有英雄相。不扮高尚,没有自夸,绝不自恋。他以反英雄的姿态在你心里扎下了根。

（作者系新民晚报原首席编辑,高级编辑）

酥油茶"越来越香了"

——冬季探访拉萨最后通水的牧区边远散户

涂 琼

走几步路，拧开门口的水龙头，看着家中百余头牲畜喝着干净的水，格桑旺杰目光柔和。

格桑旺杰家住尼木县霍德村色觉组，这个海拔 4900 米左右、冬季夜晚最低温度零下 20 多摄氏度的纯牧业村组，2020 年国庆节前通自来水了。通水后牧民的生活有什么变化？水管在冬天里有没有出现问题？带着这些疑问，记者从拉萨市区出发，沿着 318 国道，翻山涉河越草场，经过 4 个多小时的车程抵达格桑旺杰的家。

牧区人家相隔几公里是常事，平时很少有人到访，看到记者来了，格桑旺杰高兴地让大家进屋喝酥油茶。三个月前，格桑旺杰新买了一台打酥油茶机，水里没有杂质打茶更方便了，酥油茶的口感也更好了，叮嘱我们一定要尝尝。

伴着氤氲茶香，格桑旺杰说起自己和水的故事。

半个多世纪的"吃水难"记忆

自格桑旺杰有记忆起，吃水就一直是他家的难题。小时候，爸啦时常一个人扛着水桶去寻找水源，他总是会悄悄跟着爸啦，在坑坑洼洼的草甸低处跟跄探寻。

初冬，裸露在地表的水会封冻，每年近一半的时间，格桑旺杰家的饮水就只能靠凿冰化水。

开春，正是牲畜抵抗力最弱的时候。为了让家里上百头牲畜喝上水，格桑旺杰家里摆满了盛放冰块的容器，一桶一桶地解冻。

盛夏，水源地附近容易发生泥石流，附近的溪水混着牛羊粪从山上流下。爸啦打着满是各种杂质的水，等着水慢慢沉淀澄净。

入秋，草场开始枯黄，每当大风刮过，用来取水的洼塘就覆盖着一节一节的断草，既难寻找，又清理不净。

爸啦去世后，格桑旺杰成了一家之主，他接过那一个个老旧的水桶，扛起了一家6口的日常用水重任。

格桑旺杰不是没有尝试过解决这个问题，他在山顶找到一个洼塘，用铁丝将废旧管道固定住，串起了一条近一公里的水管。水滴答滴答，虽然接水慢，但也轻松许多。"那个时候道路还没硬化，挖掘机也开不进来，我想办法找了些水管接山顶的水，不过一年也只能用夏季两个月。有时水太浑浊了，我会在附近的沼泽取水，可家里人喝了后总是肚子疼。"格桑旺杰面露伤感地说。

百倍成本解决一户"吃水难"

脱贫攻坚战打响后，霍德村作为高海拔牧区，符合搬迁条件。可故土难离，在霍德生活了66年的格桑旺杰思忖良久都没有做好决定。那段时间，格桑旺杰和家人、邻居都讨论过，他总是反复问自己："我们生活得更好了，还要搬吗？"

"附近邻居有些搬到县城，有些搬到拉萨市里了，家里的牲畜吃草范围更大了。我知道迁是为了我们生活得更好，但是割舍不下家里这些牲畜。"

两相权衡下，格桑旺杰决定留下来。

搬迁遵循自愿原则，政府和扶贫干部们尊重了格桑旺杰一家的选择。让安土重迁的村民依然能稳步改善生活，这是全面建成小康社会的应有之义。"虽然格桑旺杰家不愿搬迁，但他家的'吃水难'问题，一定得解决。"尼木县水务局局长次仁罗布说。

霍德村和"吃水难"的斗争进行了许多年。牧区居住分散，设施投入大、维修难，"吃水难"的问题只能做好规划后分步解决。"住在村委会附近居民的'吃水'问题之前解决过一批。可我家距村委会30多公里，要解决我家的喝水问题，村里说，已经在'十三五'规划里安排了。"格桑旺杰回忆说。

格桑旺杰并不知道"十三五"规划是什么，但他知道，心心念念的干净水已经有希望了。

今年5月，尼木县水务局和村干部一起来到他家附近调研，决定采取自流引水的模式，铺设引水管，新建给水台和蓄水池，从山上引水下来，净化后通到格桑旺杰家中。

后来他才知道，这项工程叫"脱贫攻坚统筹整合资金农村饮水安全工程"，专门为了让他这样的牧区边远散户喝上放心水。仅他家一户，通水成本就达8万元，是村里集中供水通水成本的一百多倍。

汩汩放心水　润泽牧人心

今年6月，工程动工了。看到阵仗如此大的工程仅仅是为了解决他和邻居的饮水问题，格桑旺杰很感动。

由于霍德村气候条件恶劣，铺设管道需要挖开近2米的冻土层。"针对牧区普遍存在冻土层厚的问题，我们采取了'两头暖''中间深'的思路开展这项工作。"次仁罗布介绍说。

"两头暖""中间深"是尼木县今年针对牧区边远散户的饮水项目设定

的标准。"两头暖"意为蓄水池、给水台修建深度为 3 米，并用保暖布、牛羊粪以及棉被进行三重保暖；"中间深"意为从蓄水池到给水台这段 700 米左右的管道需要埋在地下近 2 米的土层里。经过试验，这样的保暖措施，只要注意保养，即使是零下 20 多摄氏度，牧民家的水龙头依然不会结冰。

6 月，虽是雪域高原最好的时节，可施工队还是遇到了很大的难题。由于冻土层太厚，工程队只能挖两天晒两天，把冻土晒化了之后再挖。次仁罗布告诉记者，这样的工程量，在内地只需要一两周就能完工，而格桑旺杰家里的饮水工程修了近 3 个月才完工。

通水那天，看着水龙头里汩汩流出清澈的自来水，格桑旺杰心情十分激动。他拿着准备了很久的哈达，献给了工作人员。除了感谢的话，他不知道该说些什么。格桑旺杰邀请施工队和水务局的工作人员，和他一起品尝干净水打出来的第一壶酥油茶。

通水 3 个月，格桑旺杰的生活习惯变了，最爱的酥油茶想喝就喝，买了一台新洗衣机衣服脏了就放进去，家中的牛羊也不会再因缺水而体质下降。

格桑旺杰一边回忆一边热情地说："现在的酥油茶越来越香了，再喝一点吧！"伴随着话音，他将记者面前还未饮尽的茶碗又添满了。多年"吃水难"的经历，早已让他懂得水的珍贵。现在的他总是带着笑容，吆喝着想要再多养几头牦牛，把日子过得更好。

"反正不会再缺水了，对吧！"

（原载《拉萨晚报》2020 年 12 月 14 日）

"以人为本"是新闻报道的出发点

涂 琼

回想《酥油茶"越来越香了"——冬季探访拉萨最后通水的牧区边远散户》一稿，深冬脚踩在枯黄草甸上的画面又浮现在我的脑海，大风凛冽地吹着，格桑旺杰家却很热闹。伴着氤氲茶香，格桑旺杰说起自己和水的故事。

这篇稿件，我觉得重点就是抓住了"以人为本"。不把采访对象放在千篇一律的脱贫模式中，让人成为人，成为有矛盾、有想法、有故事的人。

"在天安门上想问题，在田间地头寻答案"

在很多人看来，西藏是诗与远方。但是作为一名记者，平日更多思考的是如何突破"好的新闻线索难寻"瓶颈，在波澜不惊的日常生活中寻找好的新闻点。

国家大政方针层层部署落实，首先是在基层开花结果。只有迈开腿、俯下身，多下基层、多沾泥土，从火热的社会实践中挖掘素材，从群众的生产生活中寻找选题，才能采写出有温度、有深度的新闻作品。

这篇稿件的采写背景是全面建成小康社会之年，这是一个每位记者都应抓住的历史性节点。特别是对于地市级媒体来说，消息类选题稀缺，重大节点是一个抓手。

"两不愁、三保障"是脱贫攻坚的底线性任务，承载着厚重的民生期待。它也是一块"试金石"，检验着脱贫的质量和成色。首先是确定拉萨有什么选题可以在全国范围内脱颖而出。我经过思考，选定了"两不愁、三保障"中的牧区"饮水难"这一大致方向。

拉萨最后一户牧区边远散户——尼木县霍德村村民格桑旺杰家的"饮水难"问题在 2020 年 9 月得到解决，这也标志着拉萨所有人口告别"饮水难"。基于多年的下乡采访经验，我对于拉萨牧区的饮水情况有着基本了解：冬季是高原牧民饮水最难的时候，即使饮水设施通到家门口，也会因为过低的气温导致季节性缺水，夏天采访解决"饮水难"问题远没有冬天更能说明问题。于是在最冷的深冬，我和尼木县水利局干部一起，来到了海拔 4900 米、拉萨边远牧区最后一户通水的人家——尼木县霍德村格桑旺杰家中。

不搞一味歌颂　以人为本是出发点

12 月，格桑旺杰家门口的小溪几近封冻，草甸里残留的水管依稀还能看到过去挣扎喝水的场景。记者看到这一场景时，第一个念头就是：为什么不搬迁？

当听到一家 6 口在温暖的家中热火朝天讨论的是过段时间卖牛过新年的事情时，记者突然就懂了为什么不搬迁。搬迁无非是因为自然条件过于艰苦，党和政府希望能给百姓更好的生活条件。可格桑旺杰认为在如今的政策下，自己努点力，家里的生活已经越过越好，也一定会更加好，所以选择不搬迁。

易地扶贫搬迁不搞"一刀切"，这是很多稿件中所缺乏的。让安土重迁的村民依然能稳步改善生活，这是全面建成小康社会的应有之义，更是村民对党和政府的信任。许多记者采访只一味歌颂搬迁好，忘记了"以人为本"才能让脱贫成果成色十足。

采访前，我还有一个习惯——闭着眼睛想象，将自己代入采访对象，因为我一直认为感同身受就是最好的共情。如果是我，处在这样一个境况，我在日常生活中会遇到什么麻烦，我会怎么解决？我最大的苦恼是什么，我该怎么做？

我在笔记本上写上采访提纲。格桑旺杰祖祖辈辈是怎么喝水的？什么时候开展这项工程？如果是我，缺水最影响我什么呢？……

我突然想到，在西藏，一杯酥油茶是当地人民的待客之道，酥油茶的口感应该是感受最明显的指标。于是，我围绕着酥油茶设置了一系列问题。格桑旺杰告诉我，一通水，他家新买了一台打酥油茶机，水里没有杂质，酥油茶的口感也更好了，叮嘱我们一定要尝尝。这个细节，就是本文标题的来源，"水好了，酥油茶也香了"是串起整篇文章的线索。

让细节帮助我们讲好故事

有信息的细节，才能让故事好看。在本次采访中，两个细节让我印象深刻，在写稿时加重了笔墨。

第一个是，大家伙围坐在一起聊天，格桑旺杰突然消失了一会儿，我无意间瞥见他打水、喂家中牛羊的全过程。这个细节，我用在了开头，"走几步路，拧开门口的水龙头，看着家中百余头牲畜喝着干净的水，格桑旺杰目光柔和"。

另一个是，百倍成本解决一户"吃水难"。让格桑旺杰喝上水的工程叫"脱贫攻坚统筹整合资金农村饮水安全工程"，专门为了让他这样的牧区边远散户喝上放心水。仅他家一户，通水成本就达8万元，是村里集中供水通水成本的一百多倍。

扎实的采访是写好稿件的基础。我想赶在冬季尽快将稿件推出，回来后便投入到稿件撰写中。

这篇稿子很快就写完了，但是后期经历了多次修改。常看常新，每次都觉得稿件有新的不足之处，半个月后才将稿件修改完毕，这也是我的经验之一。没有特别的才华，只会用"笨办法"，一点一点地完善自己的稿件。

在拉萨的几年里，我去过村里最远的那一户，也去过海拔最高的那一家，我始终认为，选题是最重要的。我的经验是，脚力不只体现在更高海拔、更远距离的采访，更要在日常采访时，多去几个村委会，多和几个基层干部群众聊聊天，多问几个问题，长期积累下来，往往"众里寻他千百度"，蓦然回首，好的选题就在"灯火阑珊处"。

雪域高原是新闻富矿，这是毋庸置疑的。高海拔缺氧的环境对于记者来说是机遇，因为困难多，所以克服困难就需要付出更多努力，如果遇到典型人物或者好的选题，就有更大概率采写出好的作品。

专家评说

从中悟懂典型性

杨公允

以小见大，小切口表现大主题，一滴水见太阳……新闻教科书或形象或抽象的阐述，在读了《酥油茶"越来越香了"——冬季探访拉萨最后通水的牧区边远散户》一文后，变得更加清晰起来。

不寻常的水。对于脱贫攻坚成果，可以多方入手，但记者选择将"解决'饮水难'问题"作为报道对象，全因这是当地承载着最厚重的民生期待的任务之一。常识告诉我们，没电，可以用油；没路，可以步行；没水，则直接影响生存。而记者描写的藏族主人公格桑旺杰"半个多世纪的'吃水难'记忆"，更是触目惊心：从小跟着父亲"在坑坑洼洼的草甸低处踉跄探寻"，冬天，"凿冰化水"；开春，"家里摆满了盛放冰块的容器，一桶一桶地解冻"；盛夏，"附近的溪水混着牛羊粪从山上流下""等着水慢慢沉淀澄净"……千年"饮水难"都能得到彻底解决，还有什么民生问题解决不了呢？

不寻常的人。记者采写的格桑旺杰，曾为喝上干净水付出过艰辛，"他在山顶找到一个洼塘，用铁丝将废旧管道固定住，串起一条近一公里的水管""不过一年也只能用夏季两个月"。他住的村海拔 4900 米左右，他是拉萨最后一个牧区边远散户，他家通水标志着全市所有农牧民告别"饮水难"。这让人由点到面，看到藏族农牧民饮水条件的整体变化。

不寻常的事。本文没有止步于就水写水，还涉及西藏扶贫工程中一项重大政策，即尊重群众意愿，不搞"一刀切"。格桑旺杰所在村作为高海拔牧区，属可易地搬迁范围。可是，他"割舍不了家里这些牲畜""故土难离"。遵循自愿原则，政府和扶贫干部同意他的选择，结果"仅他家一户，通水成本就达 8 万元，是村里集中供水通水成本的一百多倍"。透过百倍费用解决一户"吃水难"，不难看到西藏实行的脱贫政策、民族政策的底色。

通过抓典型人物、典型事件、典型问题，提高新闻报道质量，无论过去还是现在，无论线上还是线下，新闻教科书传授的这一内容不会过时。

（作者系宁波日报记者）

"中国第一位个体工商户"精彩蝶变

以民营企业家章华妹命名的市场昨开业

王若江　方温力　王　亮

晚报讯　昨天，以"中国第一位个体工商户"、温州民营企业家章华妹命名的温州华妹服装面辅料市场开业，包括"华妹"在内的 11 个红色招牌大字，高高矗立在楼顶。这是中国第一家以民营企业家名字命名的国有和民营合资的专业市场。

章华妹面带微笑为这个商铺多达 407 间的大市场开业启幕，首批入驻商户很快迎来了一批批客户。章华妹任董事长的华妹服装辅料有限公司在这里拥有 200 多平方米的商铺，大面积的落地玻璃窗上贴着国际时尚辅料的海报，一步入商铺，首先扑入眼帘的就是匾额"诚信赢天下"。

华妹服装面辅料市场的四楼设有章华妹创业创新展示馆，章华妹指着一个老旧的小圆凳、一张颜色有些发黄的营业执照说："1979 年 11 月，我 18 岁了，就在家门口坐在这张凳子上，卖纽扣、花布头等，这张凳子就是我做生意的起点。当时不少人看不起做小买卖的，我也感觉头都抬不起来。到了 1980 年，温州市工商部门通知我去办证，介绍了政策，并说以后可以正大光明地做生意了。"

当年 12 月 11 日，章华妹就从工商所领到了一张编号为 10101 的中国第一张"个体工商户营业执照"。

到了 20 世纪 80 年代中期，章华妹靠着诚信经营成了"万元户"，温州很多人也开始学做生意，创业创新。章华妹说："这个馆展示的许多著名民营企业家也是这样起步。我忘不了，2018 年 11 月 1 日，习总书记在民营企业座谈会上的讲话——1980 年，温州的章华妹领到了第一张个体工商户营业执照。到 1987 年，全国城镇个体工商等各行业从业人员已经达 569 万人，一大批民营企业蓬勃兴起。"

章华妹离开展示馆时，仍回头望了望小圆凳。但她现在更习惯坐在老板椅上看电脑，开业第一天，她已做成 6 笔生意。尽管她打字的速度比较慢，但她已经和儿子一起通过互联网把生意做到了世界各地，并成了一家品牌纽扣的代理商。去年，她成立了以自己名字命名的公司，从个体工商户变为民营企业家。

章华妹还透露了以她名字命名的这个市场的由来：去年正月初八，市领导来慰问，她说温州还缺一个大型的辅料市场。结果，有关方面很快决定以她的名字建设一个专业市场。一位入驻商户感慨地说，民营企业家真的成了自己人。

"'华妹市场'二期还将建设全国第一个民营企业新闻发布厅、网红直播间、多媒体 T 台秀场等，市场形态会不断改变，但'华妹市场'诚信经营永远不变，我们要带头续写好新时代温州创新史。"章华妹说。

（原载《温州晚报》2020 年 5 月 19 日）

浅水见小虾　深处观蛟龙

王若江

《"中国第一位个体工商户"精彩蝶变　以民营企业家章华妹命名的市场昨开业》，经中国晚报工作者协会推荐参评，获得第三十一届中国新闻奖三等奖。这是一篇追踪"自己人"章华妹近两年，深入践行"四力"，厚积薄发，从开业消息中挖出的好新闻。

很感谢一些新闻研究机构、专家的厚爱和鼓励，将该作品列为中国新闻奖范文分析。长江韬奋奖获得者、中国晚报工作者协会学术委员会原主任朱铭佐教授等专家评价：该作品追求思想的光芒和泥土的芳香。以小切口深挖大主题，以小故事展示大时代。既通天线，又接地气。构思精巧，行文简洁凝练又准确地呈现了重大主题。

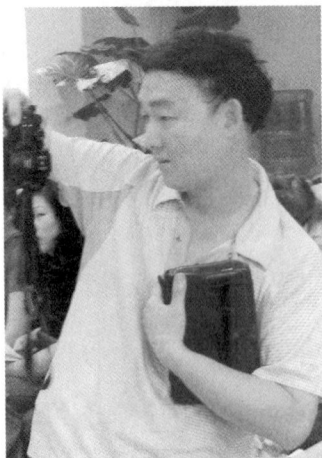

想得深：悟透总书记所说的"自己人"

2018 年 11 月 1 日，习近平总书记在京主持召开民营企业座谈会时强调："民营经济是我国经济制度的内在要素，民营企业和民营企业家是我们自己人。"

习近平总书记还指出："党的十一届三中全会以后，我们党破除所有制问题上的传统观念束缚，为非公有制经济发展打开了大门。1980 年，温州的章华妹领到了第一张个体工商户营业执照。"

我听到这一声"自己人"和"章华妹"后很振奋：当时，社会上有的人发表了一些否定、怀疑民营经济的言论，对民营经济发展造成了不小的负面影响。浙江是中国改革开放先行地、温州是"中国民营经济之都"，一声"自己人"将激起千层浪，可以预见将激励更多的"章华妹"增强信心、轻装上阵、大胆创新，产生更多新时代的好新闻。

我马上收集了习近平总书记有关民营经济的所有重要论述、《干在实处走在前列——推进浙江新发展的思考与实践》等著作，原原本本地学，细细领会习近平总书记重要讲话精神的重大意义、丰富内涵、实践要求。

我相信，增强新闻工作者的"四力"，根本在于提升脑力。脑力是新闻工作者的政治素质、理论修养、思维方式和知识积累等方面综合能力的体现。新闻工作者需要以党的创新理论、方针政策武装头脑，只有站在时代高度、大局高度，透过现象看本质，以敏锐、深邃的眼力，从常人眼里普普通通的开业消息中辨识出蕴藏的新闻价值，才能写出鲜活接地气又闪烁思想光芒的精品佳作。

当年 12 月 29 日，温州将每年 11 月 1 日设为"温州民营企业家节"。我意识到这将进一步激励"章华妹们"改革开放再出发，就立马撰写了评论《为"我们自己人"的节日叫好》，结果获得了 2018 年赵超构新闻奖特等奖，这对我是个鼓舞。

我一方面进一步学习中央权威部门研究党领导非公有制经济发展的历史经验与启示之类的理论文章，另一方面继续盯住"章华妹们"的新探索、新作为。

采得细：独访章华妹自豪的"展示馆"

差不多一年后，章华妹有了新动作。2019 年 10 月 21 日，温州市鹿城区召开华妹服装面辅料市场招商签约仪式，章华妹等签约入驻。两天后，鹿城区委宣传部等发布通告，为筹建的"章华妹创业创新展示馆"征集老照片、老物件和改革开放的奋斗故事。我预判这里面蕴藏的新闻价值重大，开始紧盯这个华妹市场和展示馆。

2020 年 5 月 17 日，华妹市场开业，广邀各大媒体采访。受邀记者王亮和我探讨如何采写，我马上谈了我的认识："这不是一个普通的市场开业新闻。改革开放以来特别是当前对非公经济的认识和定位，是中国共产党探索马克思主义中国化征程中的重大突破。明年，我们就要迎来党的百年华诞。中国第一位个体工商户章华妹冠名国有和民营合资的专业市场，意义重大，以此为切入口，会出精品。"

当天下午，记者交出新闻报道《温州华妹服装面辅料市场开业！将设中国工商个体户第一人博物馆》，介绍了华妹服装面辅料市场的基本信息、入驻情况、未来规划等，摘录了市场主办方代表、章华妹的讲话。记者自己对稿件不大满意，他认为各方观点虽清晰、有序，但似乎多了一些"客套话"，少了一点"真感情"，只能算是一个刚刚及格的消息稿。

我看了后说了声："这稿件还没真正找到精当的切入口和动人的故事，需要重新采访。"马上带着两位记者回到华妹市场。

在章华妹的商铺，采访了章华妹等商户后，我向管理方提出，一定要去尚在施工的华妹市场四楼，探访还在布展的章华妹创业创新展示馆。在按要求做好安全措施后，我们驱动脚力，走过满是泥灰、堆着装修垃圾的楼道、走廊，走进这个媒体首次涉足的展示馆，细细观察章华妹当年摆摊用的小圆凳、营业执照等老旧物品，感受她的蝶变之路。

展示馆里充满故事，章华妹很自豪。我们和她坐在一条木工凳上，请她敞开心扉讲述成长的故事和成为"自己人"的真情实感，独家采访、深挖新闻素材。晚上，又追随至章华妹家中，促膝长谈。

习近平总书记曾用典故"涉浅水者见虾，其颇深者观鱼鳖，其尤甚者观蛟龙"，勉励宣传思想干部不断增强脚力、眼力、脑力，沉到一线。是啊，浅水见小虾，深处观蛟龙。足迹达到的地方不同，看到的事物完全不同。只有俯下身、沉下心、动真情，和采访对象同走一条泥灰路、同坐一条木板凳，才能夯实新闻报道的"基础"，写出通天线、接地气的好新闻。

写得活：讲好老百姓爱听的"好故事"

新华社一位资深编辑曾言，搞新闻报道如同打仗一样，也有个战略战术的问题。具体说，在战略上要把握好"大主题"，在战术上则要选择"小切口"。

对温州晚报而言，更要扬晚报之长，以小切口深挖大主题，以小故事展示大时代，避免宏大叙事模式。晚上赶回报社已过21点，我立马执笔写稿，留给我成稿时间只有1个小时。毫不犹豫！开动笔力、焕发脑力，以"中国第一位个体工商户"章华妹冠名混合制专业市场这一新鲜故事为切入口，反映各级党委政府旗帜鲜明地支持"自己人"发展壮大的大主题、大时代。

随后，章华妹、华妹市场和展示馆一个个小画面、一个个小故事，立刻在我脑中闪现，在笔下呈现：老旧小圆凳、有些发黄的营业执照、"诚信赢天下"匾额、老板椅、国际时尚辅料海报……不敢抬头的小摊贩、有了执照的个体户、被总书记点名的个体户、敢用姓名作公司名的企业家、名字成了市场名的"自己人"……时间、空间从容转换，现实、历史交替穿插，力求用真实生动的故事、引人入胜的情节、丰富饱满的细节、细腻灵动的表达，展现一幅既有现场即视感，又有历史纵深感的新闻图景，讲好老百姓爱听的"好故事"。

同时，我们着力践行"一次采集、多种生成、全媒传播"，对"自己人"章华妹进行多形态、立体、全方位的报道。该作品经全媒体、多平台发布后，大量网友、知名民营企业家和海内外温商主动转发，形成刷屏之势，全网总阅读量突破2000万。

这表明，无论终端呈现方式如何千变万化，都离不开充满思想光芒又散发出泥土芬芳的新闻表达。深践"四力"，发出新时代强音的独家力作佳构和原创文本精品，始终是不可或缺的"定海神针"。

专家评说

真短快活强

殷陆君

消息是新闻基本体裁，写好消息是记者的基本功。

但是写好消息并不容易，记者没有双鹰眼、一双敏耳，难以发现平常中的不寻常、发现最新的时代末梢；记者没有个慧脑、一支健笔，难以简洁表达、巧妙表达。因此现代媒体的老总们经常对版面缺一篇有新闻性的消息发愁。晚报也不例外。

短时间内发现有新意的新闻，言简意赅地写出新闻的"新"，逻辑清晰地告诉人们新的信息，简洁明快地精彩报道"新"在何处，需要矫健的脚力、敏锐的眼力、深邃的脑力、恰当的笔力。

温州晚报的这篇消息体现了一位老记者的"四力"。

记者盯着这个题材久矣。华妹服装面料市场从签约到 2020 年 5 月 17 日开业，记者一直盯着。"章华妹创业创新展示馆"从 2019 年 10 月 23 日筹建征集老照片到建设新展馆，记者一直没忘。新闻就是在长期观察事件的细节变化中发现的。

记者思考这个题材深矣。记者预判这里面蕴藏的新闻价值重大，老记者跟年轻记者有不一样的认识："这不是一个普通的市场开业新闻。改革开放以来特别是当前对非公经济的认识和定位，是中国共产党探索马克思主义中国化征程中的重大突破。明年，我们就要迎来党的百年华诞。中国第一位个体工商户章华妹冠名国有和民营合资的专业市场，意义重大，以此为切入口，会出精品。"

真实的事实最动人，真实的细节最感人。记者在采访市场开业、商铺开张同时，继续深入采访正在布展的章华妹创业创新展示馆，细细端详当年摆摊用的老旧物品，深深感悟她的蝶变，俯下身、沉下心，与华妹同走一条泥灰路、同坐一条板凳上，同说一家话、听华妹说当年。

真情实感讲真话，真实记录写真章，此谓消息之首善。

短，900 多字，简洁明快，短小精悍，此乃消息之特征。

快，快写快发，抢占先机，此为消息之根本。作者执笔写稿只有 1 个小时。因为成竹在胸，因此倚马可待！

活，就必须扬消息之所长，以小见大，用小故事小人物，用好白描手法，把握新闻节奏。"章华妹、华妹市场和展示馆一个个小画面、一个个小故事，在笔下呈现：老旧小圆凳、有些发黄的营业执照、'诚信赢天下'匾额、老板椅、国际时尚辅料海报……不敢抬头的小摊贩、有了执照的个体户、被总书记点名的个体户、敢用姓名作公司名的企业家、名字成了市场名的'自己人'……时间、空间从容转换，现实、历史交替穿插，真实生动的故事、引人入胜的情节、丰富饱满的细节、细腻灵动的表达，展现一幅既有现场即视感，又有历史纵深感的新闻图景，讲好老百姓爱听的'好故事'。"

强，就必须扬消息之优。标题夺人眼球，选题引人注意，开题自然而然，文字行云流水。作者开动笔力、焕发脑力，既通天线，又接地气。以"中国第一位个体工商户"章华妹冠名混合制专业市场这一新鲜故事为切入口，简洁凝练又准确地反映党委政府旗帜鲜明地支持"自己人"发展壮大的大主题、大时代。

一篇好的消息能被总编慧眼相中，说明里面有真东西。一篇好的消息能被评委注意，说明题材有道道、报道有调调、记者有套套。这个道道就是消息的重大价值，大家有共识。这个调调就是媒体的特殊属性，大家有认同。这个套套就是作者的特色表达，大家有欣赏。

"迟到"的公示终还高中生清白

合肥一男生制止醉汉骚扰女乘客反成犯罪嫌疑人，多部门联合认定他见义勇为

徐琪琪　刘建昌

"感谢政府的肯定，现在我们一家人终于不用那么紧张了，孩子也可以安心学习了。"11月2日，肥东一中高三学生李皖合的母亲在得知儿子见义勇为的事迹在公示期内未收到异议，其行为已正式被认定为见义勇为时哽咽了起来。李皖合两年前曾在公交车上制止醉酒男子骚扰女乘客，没想到后来竟因此成为一起刑事案件的犯罪嫌疑人。直到今年10月中旬，一则"李皖合同志见义勇为先进事迹"在媒体上公示，两年前发生在公交车上的那一幕才慢慢揭开。

【公示】

事发两年，高中生成见义勇为拟表彰对象

李皖合见义勇为先进事迹被公众知晓，源于报纸上一则不起眼的公示。

10月19日，合肥一家媒体刊登了一则"关于对拟表彰见义勇为人员的公示"，落款单位为瑶海区委平安瑶海建设领导小组办公室。

公示称，2020年9月，根据《安徽省见义勇为人员奖励和保护条例》的规定，瑶海区委平安办会同区人大、区政协、区委政法委等12家部门、

单位，对李皖合同志见义勇为事迹进行了核实，并经区见义勇为促进会审核委员会审核通过。为弘扬正气，鼓励见义勇为，加强社会治安综合治理，拟对李皖合同志给予表彰和奖励，现予以公示……

公示的附件中还有一篇500多字的文字材料，简要陈述了李皖合见义勇为的先进事迹——

2018年10月14日下午，肥东一中高一学生李皖合乘坐39路公交车前往肥东一中上学。其间，一名中年醉酒男子上了车，但他并没有找空位坐下，而是四处张望。不一会儿，男子移步到两名女性的身边，开始肢体上骚扰两名女性。被大声呵止后，男子却变本加厉地骚扰两名女性。在后排座位上的李皖合在目睹事情经过后起身走过去，并呵止谴责男子的行为。然而，男子的行为却变得更加疯狂，试图肢体攻击周围站着的其他乘客。李皖合见状，立刻上前并尝试制止男子的暴行。一番拉扯后，男子被李皖合从身后控制住，无法继续施暴。乘客们建议立刻停车，公交司机并没有听从乘客的呼吁，依然驾驶车辆照常行驶直到到站后才停车。在经历长时间对男子的控制后，当时还是高一学生的李皖合明显感到体力不支，慢慢松开了对男子的控制。因为醉酒男子失去了自我保护意识，在车辆后门打开的一瞬间自己跌落了下去。李皖合发现后，立刻下车抱起该男子。与此同时，车上其他乘客报警。

事情明明发生在两年前，为何两年后才公示？公示发布当天，记者就拨通了瑶海区委平安办的电话，工作人员给出的解释是：今年9月才接到李皖合家长关于其见义勇为行为的申报，还因为此事涉及一起刑事案件。

【刑案】

醉酒男子重伤，高中生被列为犯罪嫌疑人

事发时李皖合只是一名17岁的高一学生，他怎么会牵涉到刑事案件

中？经多方打听，记者辗转找到了李皖合父亲的联系方式。

接电话的是李皖合的母亲，原来孩子父亲已在一个月前因突发急性心肌梗塞离开了人世。"如果不是为了这个事东奔西跑……"李皖合的母亲哽咽起来。

在母亲看来，两年前的 10 月 14 日，刚上高一的儿子就不应该"多管闲事"。自那天开始，一家人的生活开始发生变化。"儿子说，他在去上学的公交车上看到有个醉酒的人在车上欺负女性，就赶紧去阻止了，结果那个男的摔下去磕伤了。"

2019 年年底，李皖合的父亲接到合肥市公安局瑶海分局龙岗派出所民警的通知。民警称，醉酒男子陈明（化名）经鉴定为重伤二级，由于当时公交车上视频画面不清晰，公安机关以过失致人重伤进行刑事立案调查，李皖合被列为犯罪嫌疑人。

"得到这个消息，我们全家人都蒙了。"李皖合的姐姐胡静（化名）对警方刑事立案调查非常不理解，弟弟作为一个未成年高中学生，原本是在公交车上见义勇为的事情，怎么反而成了犯罪嫌疑人，甚至可能要负刑事责任？

原本在学校住校的李皖合，被当作犯罪嫌疑人先后多次被警方叫去问询。在胡静看来，弟弟从此以后心理和性格都变了。"他还是个未成年孩子，没经过这种事，听说要负刑事责任心里害怕得很。"胡静坦言，在得知醉酒男子被诊断为器质性智能障碍失去民事行为能力后，弟弟内心五味杂陈。"弟弟虽然是见义勇为，但知道那个人受这么重的伤后，他特别愧疚。"

在胡静记忆中，弟弟一直都是个阳光男孩，平时上学住校，一周回家一次，到家会把自己在学校里发生的事告诉家里人。如今，从学校回到家的弟弟基本不向家人主动说些什么，经常自己在房间一待就是半天。

明明是见义勇为，却因为对方受伤要负刑事责任？对方提出超百万元的民事赔偿，自己家庭怎么能承受住？层层重压之下，阳光开朗的李皖合变得孤僻起来。

多部门认定高中生属见义勇为，不负刑责

　　负责办理此案的龙岗派出所民警史沈俊介绍，2019 年 11 月，陈明家属提供的伤情鉴定报告显示，陈明脑挫裂伤、颅内出血伴随器质性智能障碍以及外伤性迟发性癫痫。11 月 15 日，经合肥市公安局刑事科学技术研究所对陈明进行伤情鉴定，鉴定意见为：损伤程度属重伤二级。同年 12 月 12 日，合肥市公安局瑶海分局予以刑事立案调查。

　　据了解，涉事的 39 路公交车前、中位置的监控视频看不清楚，只有车尾的监控录下了陈明摔下去的画面。而从尾部的监控视频来看，存在李皖合推陈明下车的可能。史沈俊说，为了确定陈明究竟是如何摔出门外的，合肥市公安局及瑶海分局的专家们对视频进行研究，通过视频内容一帧一帧数百次回放，对李皖合和陈明用力点和胳膊角度进行判断研究，最终断定为陈明是在挣脱过程中自己踩空而摔出门外。

　　2020 年 6 月 5 日，合肥市公安局瑶海分局下发了撤销案件的决定书。之后，陈明家属又到瑶海区人民检察院申请了立案监督。

　　今年 9 月，就在瑶海区人民检察院为更好地查明事件真相对案件进行监督时，李皖合的父亲也将儿子见义勇为的申报材料递交到瑶海区委平安瑶海建设领导小组。区委平安办会同区人大、区政协、区委政法委、区司法局、区法院、区检察院、龙岗开发区、龙岗派出所、瑶海公安分局法制大队、区见义勇为促进会、安泰达律师事务所相关负责同志对李皖合见义勇为事迹进行了核实，并经区见义勇为促进会审核委员会审核通过，明确李皖合的行为应属于见义勇为。

　　9 月下旬，瑶海区人民检察院对瑶海公安分局做出的撤销案件决定予以认可，并认同李皖合的行为系见义勇为的正当防卫，不追究他的刑事责任。

10 月 19 日，瑶海区委平安办通过媒体刊登拟表彰见义勇为人员的公示，并公布了李皖合同志见义勇为先进事迹。

10 月 30 日，瑶海区委平安办工作人员告诉记者，截止到 10 月 25 日公示期满未收到异议，现已正式认定李皖合同志的行为为见义勇为。

至此，压在李皖合及家人心里的石头终于落地。

（原载《新安晚报》2020 年 11 月 3 日）

锤炼"新闻敏感"，在增强"四力"中做好深度报道

徐琪琪

新闻敏感对记者来说是"新闻鼻""新闻眼"，也是记者对新闻价值、报道时机和报道效果做出及时有效的观察和判断的能力。记者要善于观察，勤于思考，练就从复杂事物中迅速准确地"拎出新闻"的功夫，具有这样的新闻敏感才会有独到的发现。

2020年11月3日，《新安晚报》以《高中生李皖合的两年》为题，用整整两个版面报道了李皖合从犯罪嫌疑人到见义勇为好青年的两年，引起读者的热议。而其中，《"迟到"的公示终还高中生清白》这篇深度报道有幸获得了中国新闻奖通讯作品三等奖。这则新闻线索来源于合肥一家媒体一则不起眼的拟表彰见义勇为人员事迹公示。

2020年10月下旬，记者在合肥一家报纸公示上看到一则见义勇为公示。让记者奇怪的是该公示显示的见义勇为事情明明发生在两年前，却在两年后才公示。多年的采访实践经验告诉记者，这里面一定有故事。于是，记者就此线索展开采访，在多方了解和求证后得知，这则见义勇为事件的主人公高中生李皖合涉及一起刑事案件。

"高中生""见义勇为""刑事案件"这些关键词无疑说明了这是一个极富有新闻价值的事件。记者下定决心要深入采访挖掘事件背后的故事。

通过辗转努力，记者拿到了李皖合父亲的电话号码。接电话的是李皖

合的母亲，原来前不久少年的父亲去世了。一定要找到这位少年当面聊一聊！可李皖合在学校住校，一周才能回来一次。记者便尝试跟少年的班主任联系，多次沟通联系，李皖合依旧很坚定地不愿意接受记者采访，也不愿意再提及此事。

这可怎么办？记者开始从李皖合家长那里找突破口。最终，李皖合姐姐向我讲述了事发时的情况。两年前，高中生李皖合去上学时，在公交车上看到有一位醉酒男子骚扰女性便上前阻止，结果在争执中，醉酒男子摔下公交车，头部磕在了路牙石上，经鉴定为重伤二级。由于当时公交车上视频画面不清晰，公安机关以过失致人重伤进行刑事立案调查，李皖合被列为犯罪嫌疑人。

打那开始，李皖合的心理和性格都变了。既因为帮助别人而被当成犯罪嫌疑人委屈，又害怕是不是要负刑事责任。加上因为醉酒男子受伤很重又感到特别愧疚。

后来，在记者多次沟通下，李皖合的姐姐同意可以在周日到家里采访。可就当记者准备动身，事情又有了变化，李皖合的姐姐称，经过多次沟通，李皖合还是不愿意接受采访。考虑到李皖合经历这么多事情，又处于高三关键时期，记者便没有再继续坚持，而是换了个思路，想通过警方了解下事情的经过。

记者辗转找到了负责案件的民警，原来，经过目击人证词，醉酒男子确实是自己脚踏空从公交后门台阶摔了出去，与李皖合无关。可最关键的证据是公交车上的监控视频，问题恰恰就出现在监控视频上。因为视频不够清楚，从单个视频看，确实存在李皖合推醉酒男子下车的嫌疑。

此后，警方组织专家对视频进行研究，通过对视频内容一帧一帧数百次回放，对两人用力点和胳膊角度进行研究，最终断定为醉酒男子是在挣脱过程中自己踩空而摔出门外。2020 年 6 月，这起案件被撤销，但醉酒男子家属申请了立案监督。检察机关介入后又多次召开研究会。

作为一篇深度报道，只有警察的调查，未免显得有些生硬。只有采访到更详细的内容，才能写出一篇"有血有肉"的报道。此后，记者用一个星期时间，多方找到了事发时公交车的多个目击人，通过他们的讲述、回忆，最大限度还原事发时的真相。

正义虽然可能迟到，但从未缺席。得知检察机关对警方做出的撤销立案决定予以认可后，李皖合一家人心中的石头终于放下。

记者根据采访到的材料，从民警办案的经过、李皖合承受的压力和心理变化等方面，侧面突出见义勇为公示这份迟到的"正义"终还高中生清白的巨大社会意义。这次作品的采写，也证明了细心观察才能从"没有新闻的角落"里"拎出新闻"。

最终报道发出后，在社会引起巨大反响，李皖合被正式授予"瑶海区见义勇为先进个人"荣誉称号。

专家评说

正义必须声张

唐绪军

"铁肩担道义，妙手著文章"是中国共产党创始人之一李大钊撰写的一副对联，后来它成为中国记者的职业理想和奋斗目标。尽管真正能接近这一目标的人寥寥无几，但有了目标就有了方向，朝这个方面努力的每一小步都是值得激赏和鼓励的。比如，获得第三十一届中国新闻奖文字通讯与深度报道三等奖的作品《"迟到"的公示终还高中生清白》就在此列。

这篇深度报道还有个副标题："合肥一男生制止醉汉骚扰女乘客反成犯

罪嫌疑人，多部门联合认定他见义勇为"。副标题基本概括了所报道的内容，即一位名叫李皖合的高中男生，两年前在公交车上挺身而出，制止了一名中年醉酒男子对两名女性的骚扰。但不幸的是，公交车车门打开的一瞬间，醉酒男子跌出了公交车摔成重伤。醉酒男子家人报警后，李皖合被警方列为过失致人重伤的刑事案件的犯罪嫌疑人。后经多部门联合查证，撤销了该刑事案件，李皖合被列入了拟表彰的见义勇为人员名单。

用现在的网络流行语来说，这就是一篇"反转"报道。反转报道的难度在于，它要推翻已有的认知，提供新的佐证。因此，需要事先做好以下几项工作：其一，要尽可能准确地还原事实真相，使正反双方无可辩驳；其二，要尽可能保护好当事人，避免任何一方遭受二次伤害或网络暴力；其三，要充分考虑到反转的社会效益，即这个事件的反转对社会有益还是无益，益是不是大于弊。

从社会效益来看，这篇反转报道无疑是应该做的。当搀扶跌倒老人反而成了被告，救助他人受伤而得不到关照，正当防卫被判定为互殴……这样的事情越来越多时，社会道德的滑坡不可无视，社会良知的守护势在必行。作为社会舆论的引导者，新闻媒体和新闻记者当然有责任有义务为冤屈平反，为正义声张。有道是："为众人抱薪者，不可使其冻毙于风雪；为自由开路者，不可使其困厄于荆棘。"

问题是，要反转的这个事件发生在两年前，还原事实真相的难度极大，并且双方直接当事人，一个因智能障碍不能接受采访，另一个因遭受心理创伤不愿意接受采访，怎么办？对于记者来说，值得做的事情就不能怕困难，因为肩上担负的是道义，眼前面对的是公众。于是，这篇深度报道的两位记者克服了各种困难，经过多方努力，采访到了当事人家属、警方办案人员、事发时公交车上的目击证人等，艰难地还原了事实真相。

这篇报道在写作上，也尽可能做到了客观公正，多用直接引语和第三方证词，让事实说话。事件中的敏感人物也都使用了化名，比如，那位醉酒的中年男子、李皖合的姐姐等。这些都是值得称道的。

作为优秀作品，如果严格要求的话，这篇深度报道的文字还有进一步凝练的空间。比如，第一段中的这一句："肥东一中高三学生李皖合的母亲在得知儿子见义勇为的事迹在公示期内未收到异议"，其中的两个"在"字完全可以去掉一个。再比如，第一个小标题下的第4段："公示的附件中还有一篇500多字的文字材料，简要陈述了李皖合见义勇为的先进事迹"，其中的"陈述"如果换成"介绍"更加适切。当然，瑕不掩瑜。在优秀的道路上，永无止境。

流浪大师，还是"流量大师"？

冯秋红

流浪大师，还是"流量大师"？这也太荒唐了吧！从网上流出的视频可以看到：人群汹涌，高举手机，围堵在"流浪大师"门口，等待"大师起床"。"大师"终于出现，人群越发亢奋，狂呼大叫声此起彼伏。"大师"有礼貌地与其中一二握手，劝大家散去……场面之疯狂，丝毫不亚于演唱会的追星现场。

各色奇葩人物粉墨登场。有各类网红妹子，围在"大师"身边直播合影的；有穿戴得奇形怪状来跟"大师"交流捡垃圾经验的；有打出旗号要嫁给"大师"并自称"师娘"的；还有人险些表演当众吃垃圾的……简直是群魔乱舞。每当沈巍从住所出来，都有上百位主播高举手机，大喊"大师出来了""大师给个镜头""大师说几句"，更有人吆喝着"大师你坐下讲讲国学吧，（大家）赶紧下跪啊"。这种近乎失控的大型作妖场面，简直要让人怀疑自己的眼睛：这是一个有着几千年文明的礼仪之邦吗？

沈巍是"大师"吗？应该不是。他本人也连连否认"大师"称号，称自己只是读了不少书，并不是什么大师。对于自己的人生，他也曾喟叹"原本以为像我这样的人，可以为社会做一番贡献，但怎么也没想到会沦落至此"。他的经历的确也让人无语：大上海一枚小公务员，爱上捡垃坂，遭投诉，被单位劝退，每月工资照发，从此，他走上捡垃圾的专业道路，没有结婚，不与家人来往……在这样的用上海话来讲"一乌尽糟"的人生中，爱读书的习惯一直陪伴他，也是唯一让他出尘的一道光。因为蓬头垢面的流浪汉形象，以及"腹有诗书"的"口吐莲花"，他迅速在各种短视频的传播中爆红，让有"扫地僧"情结的国人兴奋不已。然而，会"掉书袋"，不等于是大师；各地掌故、文学电影都能信手拈来、出口成章，也不等于就是大师。中国人讲究"学以致用"，讲究学问要"经世致用"。"学富五车"的沈巍也很懂得这一点，他的人生理想是像诸葛亮一样"出将入相"，最不济也可以像杜甫一样"忧国忧民"……然而目前来看，他所讲的道理并不高深，并且也做不到学问的融会贯通。尽管能口若悬河大谈稻盛和夫、房地产，终究也只是"纸上谈兵"。一个想积极入世的人，却被包装成"出世"的高士、"得道"的隐士，其间的讽刺意味，不言而喻。

沈巍也很清醒。他再三劝大家"不要看我，去看书"；他指出"我知道你们把我当猴儿耍"；他也苦恼于往日的平静不复，出门一趟变得非常艰难，他热爱的捡垃圾事业也被迫中断……然而，商业这一台巨大的机器运转起来，火花四溅，又岂会轻易停止。围追堵截"流浪大师"的闹剧，以疯狂的态势蔓延……沈巍疯了吗？这些丑态百出的粉丝疯了吗？"沈巍没疯，这些人也没疯。"旁观者冷静地点出狂热背后的真相："无利不起早"。只因为标签一贴，"流浪大师"瞬间就变身成"流量大师"。在某视频平台上，"大师在流浪"话题的合计播放量超过了2亿；自封的"师娘"一开账号，迅速吸引数十万关注；自媒体只要傍上"流浪大师"，关注度瞬间蹭蹭蹭上去了……这不由得让人感叹：在一个"流量为王"的时代，由于传播平台、传播手段的多样化，以及传播速度的迅猛，各种"封王"、被神化，都变得便捷了。然而，被神化的结果不过是被异化、被消费罢了。

围绕"流浪大师"的好戏貌似意犹未尽。虽然这两天"流浪大师"暂住的店铺已开始装修，沈巍已两天未露面，仍然有全国各地的网友络绎不绝慕名赶来。某些自媒体在编造"流浪大师"传奇身世之后，又设计包装出"私生子红衣哥""网红路人奶奶"……无下限的操作，使得这光怪陆离的都市景观，呈现出魔幻现实主义的斑斓色彩，荒诞之极，却也丑陋之至。

（原载《扬子晚报》2019 年 3 月 30 日）

在喧嚣的时代寻找理性的力量

冯秋红

这真是一个万马奔腾的时代。记者们需要十八般武艺在身：搞策划、忙活动、拍短视频、剪辑、出镜，用 AI、5G 等种种新技术手段武装自己……然而，当你重回文字的世界，写评论输出观点时，却需要从喧闹的时代里抽身出来，需要万般冷静、理性审视。

现在回过头来看看，谁还记得"流浪大师"沈巍呢？那些喧嚣奔腾的人群，正在涌向刀郎新歌。那么，以反权威的草根形象矗立潮头的刀郎又能火多久呢？随着新的热点出现，喧闹仍然会随之转移。互联网似乎没有记忆。《流浪大师还是"流量大师"》一文之所以能够斩获中国新闻奖，大概正是因为以理性的力量直击了互联网时代的商业属性，评论选取"流浪大师"还是"流量大师"这个题材，痛击了光怪陆离现象背后的商业本质——被神化、被异化、被消费。

理性的力量，需要严密细致的观察分析，需要透过表象看本质。当在短视频平台看到人群汹涌，围堵在"流浪大师"门口，高举手机，呼唤"大师"出现；"大师"终于出现，人群越发兴奋，狂呼大叫声此起彼伏……记者是震惊的。作为一名从业近 30 年的文化记者，目睹如此奇特的大众文化景观，不由得深深思索：为什么会出现这样的场景？什么时候，我们这个民族变得这么不理性呢？沈巍真的是大师吗？在网上翻阅了他的相关资料，了解到沈巍其人：大上海一枚小公务员，爱上捡垃圾，遭投诉，被单位劝退，每月工资照发，从此，他走上捡垃圾的专业道路，没有结婚，不与家人来往……在这样用上海话来讲"一乌尽糟"的人生中，爱读书的习惯一直陪伴他，也是唯一让他出尘的一道光。但他尽管饱读诗书，竟然不能学以致用，一直无法改善自己的生活……最后，记者得出结论：沈巍不是什么大师。

这就耐人寻味了。确立选题之后，进入抽丝剥茧的逻辑论证。分析这些人为什么这么疯狂，评论指出："沈巍没疯，这些人也没疯"，旁观者冷静地点出狂热背后的真相："无利不起早"。只因为标签一贴，"流浪大师"瞬间就变身成"流量大师"……从事件中观世相、察时风，由此，"流浪大师"其实是"流量大师"的立论产生。

于此，切入事物的本质：追逐"流浪大师"的背后，是对"流量"的无尽追逐。其实，对于"被消费"，沈巍心知肚明，自己也苦恼，他劝大家"不要看我，去看书"；他也喟叹"我知道大家是来看耍猴的，我就耍给大家看"……"流浪大师"并不是孤立的现象。评论由点及面，一针见血地指出："在一个'流量为王'的时代，由于传播平台、传播手段的多样化，以及传播速度的迅猛，各种'封王'、被神化，都变得便捷了。然而，被神化的结果不过是被异化、被消费罢了。"这也正是消费文化冰冷的商业属性：快速走红、快速消费、快速遗忘。商业江湖瞬息万变，流量密码多次迭代，海量的作品每年都在涌现，爆炸级的关注点在分散人们的注意力。正所谓"各领风骚两三天"，瞬间都变过眼云烟。

洞察事物的本质，生活才能回归理智化、可控化。理性的力量，也是独立人格的力量，是说真话说实话的担当。网络时代，信息如滔天巨浪，人们时刻都在被各种对的、错的或者迷惑人的鸡汤式的观点熏染着，信息的高度自由，使得泥沙俱下、善恶混杂，作为新闻记者，尤其要独立潮头、洞如观火，以敏锐的判断力，在纷繁的信息中寻找独特的思考角度，提供有附加值的真知灼见，用思想、用专业、用理智来跟公众对话、跟时代对话。

理性的光芒直指人心，也将照进现实。好的评论是一把锋利的刀，能够解剖病因，促进社会思考和讨论；好的评论，应该观点鲜明、见解独到，不能首鼠两端、不能含糊其词、不能面面俱到，有刀锋，这把刀才有力量，才能鞭辟入里、痛快淋漓。

理性的力量，其实也建立在"爱之深，关之切"的情感基础上。正因为对这土地爱得深沉，才有不得不说、秉笔直书的勇气。作为长期耕耘的文化栏目，《扬子晚报》"文化时评"先后出品了《"倒牛奶"追星被谁"带沟里"》《让病态"饭圈"彻底凉凉》《李云迪是如何毁掉的？》等上百篇稿件，及时发声抨击娱乐圈乱象，正本清源。我本人还撰写了专著《雾里看画》，积多年书画采访经验，披露了一派火热的艺术市场上种种造假行径。我觉得，对时代深入观察、对文化现象密切跟踪、对社会热点时时关心，是文化记者每日的功课。文化记者不能局限于文艺的百草园，而应该关切社会、关切现实、关切所有的当下热点，换言之，文化报道，包括文艺评论应该尽量具备一定的新闻性和社会交叉性。记者的视线应该伸向广袤的社会现实、触摸最炙热的当下，关联当代人的生存状态和现实问题。因为文化报道最后的落点，其实是生命和情怀，是人文关怀。

"这是一个最好的时代，这是一个最坏的时代；这是一个智慧的年代，这是一个愚蠢的年代；这是一个信任的时期，这是一个怀疑的时期。"英国作家狄更斯准确地概括了任何时代映射在人们心头的影子，关注时代的复杂性和矛盾性，勇于直面和解决现代社会的问题和挑战，在无所不在的噪声中冷静发声、理智提醒，是媒体人的责任。

思想的深度与文字的锐度

王文坚

由《扬子晚报》报送的评论《流浪大师，还是"流量大师"？》获第三十届中国新闻奖副刊作品三等奖，这也是江苏副刊 30 年以来零的突破，可喜可贺。我以为这篇文章体现了思想的深度和文字的锐度，也是它折服评委的关键之所在。

《流浪大师，还是"流量大师"？》一文，洞察现象、直击当下、棒喝流弊、警醒世人。在"流浪大师"沈巍遭遇各路围追堵截之际，提出冷静思考和质疑：到底是"流浪大师"还是"流量大师"？这个问题问得深，问得透，容易引起大众共鸣。文章从沈巍的失意人生和爱读书这两方面展开，抽丝剥茧，还原狂热背后的真相：沈巍不过是被神化、被异化、被消费而已。追逐"流浪大师"的背后，其实是对"流量"的无尽追逐。

当时，有无数的自媒体去蹭流量，去进行各种丑态百出的短视频直播。每当沈巍从住所出来，都有上百位主播高举手机，大喊"大师出来了""大师给个镜头""大师说几句"……而各个平台的推波助澜，更助长了这股妖孽之风。

在这个时候，《扬子晚报》作为都市主流媒体，针对热点"都市文化景观"，作为有深度有态度的报媒，及时、审慎发声，与其他媒体拉开了距离，也体现了文艺评论的力量。

思想的深度，说到底就是立意要高，当话题开始发酵的时候，能够见人之未见，敏锐捕捉到"人人心中有，个个口中无"的本质性的东西。这个时候，其实也是体现记者功力的时候，需要记者长期的新闻积累和文化积累、对社会文化现象独到的思考、对事件背后的本质的挖掘，更需要记者高度的社会责任感。好的文章，能够有益于世道人心的建设。

文字的锐度，其实也就是"像匕首、像投枪"一样的刀锋感，那些淬炼过的文字，直面现实，拨开层层迷雾，直抵事物的本质。"流浪大师"一文并不长，1400字，在报纸版面上的位置也并不醒目，但仍然不失为一篇有力量、有自己独到观察和思考的稿子。它之所以能压过几篇长篇巨制的报告文学，与高度凝练的文字也不无关系，用精到的语句，尖锐直言："在一个'流量为王'的时代，由于传播平台、传播手段的多样化，以及传播速度的迅猛，各种'封王'、被神化，都变得便捷了。然而，被神化的结果不过是被异化、被消费罢了。"

当下，新闻媒体的竞争已经从信息量的竞争转向了观点的竞争、独家评论的竞争，要想写出一篇立意深刻、视角独特、论述精深、言之成理、感染力强的评论，并非易事。我们一直在努力！

（作者系新华日报党委委员、扬子晚报总编辑）

我在拉萨挺好的

——记首批昌都"三岩"片区跨市易地扶贫搬迁群众入住拉萨一周年

涂 琼

"现在我们一家 5 口,有工作、有教育、有奔头,我们在拉萨生活得挺好的。"一年前,47 岁的洛松次仁带着家人,从 1300 公里外的昌都市芒康县搬迁至拉萨经开区德吉康萨小区,开启了宜居宜业的新生活。

搬迁一年了,搬迁群众生活得怎样?适应得如何?带着这些疑问,记者日前探访了德吉康萨小区。

生存·从根处阻断隔代贫困

"三岩"在藏语中是岩山环绕、土地贫瘠之意,下辖 45 个行政村,此前农村人口 2741 户 1.66 万余人,贫困发生率 60.88%,长期存在着"一方水土养不活一方人"等生存问题,是西藏自治区深度贫困地区最难啃的"硬骨头",牧民靠天、靠每年两个月的虫草季吃饭。只有搬出去,才能彻底挪出"穷窝"。

自脱贫攻坚战打响以来,洛松次仁就盼望着政策能落到头上。近天命之年安土重迁,然而,摆脱贫困的渴望和故土难离的情结一样浓烈。在昌都老家,洛松次仁全家住在土木结构的老房子里,靠着放牧和政策性补贴过日子，生活拮据。大女儿上学的地方离家八九十公里，很是不便。一想到两个孩子也要像他一样在那么穷困的地方生活一辈子，洛松次仁愧疚不已。

2017年10月，自治区党委领导来到"三岩"片区调研后，村里来了一拨又一拨人。他们宣讲精准扶贫精准脱贫的政策，描述着搬到拉萨后生活会有多美好。几个月后，昌都市各个乡组织包括村支书、村主任、普通群众在内的20多位代表，用了27天提前探访了林芝、日喀则、山南、拉萨的安置点。

代表们还没回来，好消息就已经通过网络传遍了"三岩"片区。"学校修得这么好""小区里就能安排就业""出门还能车接送"……大家伙儿对新生活充满了期待！

"能够搬到拉萨是件好事，但对于我来说那是个陌生的地方。我没有技能，没有文化，不知道能做点什么事。"洛松次仁忧心忡忡。

虽然满是担忧，但他还是决定举家搬迁。2018年6月24日，一场跨越千里的旅程开启了，经过4天跋涉，6月28日15点30分，首批15户85名搬迁群众到达安置点——德吉康萨小区。洛松次仁一家分配到了一套103平方米的新房，新家窗明几净，水、电、天然气通到了家里，藏式家具、家电等一应俱全。入住当天，洛松次仁还领到了面粉、大米、酥油、砖茶等生活必需品。

"拉萨这边的工作人员真热情，告诉我们先住下来，就业的事情之后会有安排。"洛松次仁悬着的心彻底放下了。

转变·从靠天吃饭到自力更生

"今年不去采虫草了，我在拉萨有工作。"每年的五六月是虫草采挖季，一起搬迁来的邻居想要结伴回昌都采挖虫草，但洛松次仁没有去。"我今年不去也没别的原因，就是担心去了之后自己在这边的工作被人取代了。"说起搬进新家的这一年，洛松次仁滔滔不绝。

搬进新家后，洛松次仁得到了一个小区保安的工作。为了坚守岗位放弃采摘虫草？要知道，在"三岩"片区，每年两个月的虫草采挖期所赚得的收入就是他们全年现金收入。

看到记者脸上不可置信的表情，洛松次仁掰起手指算了这样一笔账：虫草丰收年，我们家卖虫草的收入大概是 5 万。从经开区坐车到昌都市，运气好能搭上到戈波乡的"顺风车"，再从村里到虫草采挖点上，每个人车费一千多，光路上单程就得花上 5 天，还要准备两个月的干粮，想想就累。我家 3 个劳动力扣掉五险一金，月就业收入是 9300 元，工作不费劲儿还能顾上小孩，你说说我这选择对不对。

"我们基础差，也没什么技能，拉萨市政府为我们就业想了一切办法，这样的生活我必须得珍惜。"看着洛松次仁神采飞舞地讲着，昌都市民族宗教事务局副局长、随迁干部扎西邓珠也笑了，他告诉记者，除了安置就业外，一些群众自己找了工作，还有一些选择自主创业。截至目前，共安排就业岗位 266 人，并积极引导自主就业，实现了搬迁群众 1 户至少 1 人就业的工作目标。

一人创业，十人就业，德吉康萨小区工作人员也积极引导就业。青年多吉康珠头脑颇为灵活，有很多创业想法。在贡觉县时，他就想开一个养鸡场，后来因为搬迁搁浅了。如今，在交通更便利、资源更丰富的拉萨，除了养鸡场外，德吉康萨小区关于玫瑰园、榨油厂等项目的蓝图也在擘画中。

融入·现代文明的生活方式

时近正午，在洛松次仁小女儿就读的德吉康萨双语幼儿园的厨房里，格桑曲珍正在忙活着，孩子们的午饭要按照营养配比制作。格桑曲珍的儿子旦增塔杰现在在姜昆黄小勇希望小学上三年级，上学期期中考试的出色发挥，让他成为全年级第一。

讲到这些，扎西邓珠感慨颇深。回想起刚刚搬到德吉康萨小区时孩子们怯生生的小模样，扎西邓珠难掩心痛：一开始，一眼就能分辨哪些是昌都小孩，你看现在适应得多好。

融入，是德吉康萨小区所有人的共同事业。

似懂非懂的拉萨话，动辄十几层的高楼，怎么也用不习惯的蹲坑式厕所……从牧区到城市，从刀耕火种、人畜混居到现代文明的生活方式，大家有太多需要适应的地方，但也在不断努力着。

随迁干部顿珠对这些改变最有发言权。在他看来，除了更加讲卫生、讲秩序，最明显的就是重男轻女传统观念的改变。"现在我们小区，不分性别，大家都是一门心思想挣钱谋发展。"

说着，顿珠指着窗外的一片运动区，十余名群众正在烈日下"军训"。顿珠告诉记者，这些群众即将去物业公司就业，这是在训练大家的时间观念。

搬迁群众如此积极适应新生活，与德吉康萨小区如家人般的工作人员密不可分。他们将自己的时间无私奉献给了这样一群原本陌生的人，甚至连亲人去世之前都没能好好陪伴。

现在，已经有249户1639名从"三岩"片区搬迁并生活在拉萨的各个安置点。首批搬迁群众时常传授经验，帮助新入住的群众更好地适应拉萨的生活。前些时候，洛松次仁又买了大件家具，从刚搬来的简单行囊，到现在不断添置新家具，对于他来说，用挣来的钱将自己的家装点得满满当当，就是他的安定感和幸福感。

（原载《拉萨晚报》2019年7月1日）

感同身受就是最好的共情

涂 琼

《我在拉萨挺好的》这篇稿件写于 2019 年，那时，轰轰烈烈的易地扶贫搬迁正在雪域高原进行中。我认为，采写这类通讯最重要的点之一就是共情，感同身受就是最好的共情，这是这篇文章获奖的主要原因。

紧扣大事要事　以"独"制胜

在全国 14 个集中连片特殊困难地区中，西藏和四省藏区是贫困面最大、贫困程度最深的地区，面对"一方水土养不活一方人的困境"，易地扶贫搬迁是最行之有效的方法。

"三岩"在藏语中是岩山环绕、土地贫瘠之意，下辖 45 个行政村，此前农村人口 2741 户 1.66 万余人，贫困发生率 60.88%，长期存在着"一方水土养不活一方人"等生存问题，是西藏自治区深度贫困地区最难啃的"硬骨头"，牧民靠天、靠每年两个月的虫草季吃饭。只有搬出去，才能彻底挪出"穷窝"。

2018 年首批昌都"三岩"片区跨市易地扶贫搬迁群众入住拉萨经开区，单位安排我前去采访。这在当时是一件大事，去采访的媒体挺多，但长途跋涉搬迁过来的"三岩"人只想早点把屋子规整好，所以我们只做了简单采访。

其实我当时就决定，要在一周年的时候做一些深度采访。因为在我看来，迁入地已经为搬迁群众做了尽可能全面的准备，第一天检验是家具、天然气这些硬件工作，最终效果如何应该用是否融合来检验，于是我决定在搬迁入住一周年时采写一篇关于"融入"的深度通讯。

从最感同身受处选例子

如何体现"融入"，我找了洛松次仁这样的生动例子，他舍弃挖虫草也要守护搬迁点工作。

这样鲜活的例子来源于我与社区工作人员的交谈。在一周年节点前，我就联系了社区工作人员，询问是否有融入情况比较好的搬迁群众。工作人员告诉我，正好有这么一位群众，本来想五月份回昌都挖虫草，但了解到一去两个月可能会丢掉保安的工作，于是便放弃了回老家挖虫草。

在我认知里，挖虫草是一件很挣钱的事，可洛松次仁却在搬迁一年后就不回老家挖虫草，而在拉萨安心务工。我抓住这个线索采写了稿件《我在拉萨挺好的——记首批昌都"三岩"片区跨市易地搬迁群众入住拉萨一周年》，从洛松次仁切入，我描写了搬迁群众从彷徨不安到逐步适应融入的过程。

从最感同身受处找细节

"格啦，您在芒康的家是什么样的？"

"我们全家住在土木结构的老房子里，靠着放牧和政策性补贴过日子，生活很拮据。大女儿上学的地方离家八九十公里，很不方便。"

"这样说，其实您主要是为了孩子的教育搬迁过来的吗？"

"这是主要原因，一想到两个孩子也要像我一样在那么穷困的地方生活一辈子，我特别愧疚。"

......

这是一段发生在我和搬迁群众洛松次仁之间的对话。如果你的采访对象是个中年人，那么孩子的教育问题一定是最能戳中他的点。也许他们自己会选择蜗居一辈子，但如果是为了孩子，他们一定会想方设法为孩子创造一个更好的条件。

这也是他的事迹最感动我的地方，也是我能够从一个人的事迹延伸到一群人的基础。

人情往来间笔底留温度，跟被采访的人产生情感共振，不是凌驾于被采访人之上，也不是同情被采访人，而是让对方有你跟他感同身受的感觉。这是我在采访中一直推崇的方法，也有可能是性格使然，我总能把采访变成日常聊天。在轻松的氛围中，就能让采访对象说出最真实的想法。

整篇稿件从人文关怀的视角挖掘感人故事，传播正能量，语句朴实，充满真情实感，做到了以情动人。

从最感同身受处取标题

在我看来，生动的标题最能在第一时间抓住观众的注意力。之所以会想到"我在拉萨挺好的"这一标题，是因为当我问洛松次仁搬到拉萨的生活怎么样时，他连说了几次"挺好的"。在讲述的时候，洛松次仁眼中有光，这让我联想到自己。我是一名在拉萨工作的湖北人，每当被问到远离家乡的生活如何，我都会回答"挺好的"，因为我认为这三个字很适合形容我在拉萨这几年的状态。

挺好的，一切都挺好的。

在采访中，我注意到许多搬迁群众都添置了许多家具。我和洛松次仁说起这个话题，他介绍着自己一年来买的家具。从刚搬来的简单行囊，到现在不断添置新家具，对于他来说，用挣来的钱将自己的家装点得满满当当，就是他的安定感和幸福感。

在拉萨这几年，我经历过成百上千的采访，有进步，也存在很多不足。我没有丢掉自己的乐观和真实，用心用笔去记录着拉萨的那些人、那些事。我想，洛松次仁们应该和我一样吧，我们在一个新的地方努力地工作生活着，只有真的融入，才会不停地说"挺好的"。

专家评说

欲动人之情　必先感于心

唐绪军

写通讯，尤其是人物类通讯，都想能够写得打动人，让读者在阅读时产生感同身受的效果。怎样才能做到这一点呢？白居易在《与元九书》中写道："感人心者，莫先乎情，莫始乎言，莫切乎声，莫深乎义。"意思是说，要想打动人，没有什么比用情更重要的了，没有什么比言语更有效的了，没有什么比声气相投更切合的了，没有什么比阐明道理更深刻的了。他虽然说的是写诗，但文同此理。第三十届中国新闻奖文字通讯与深度报道三等奖获奖作品《我在拉萨挺好的——记首批昌都"三岩"片区跨市易地扶贫搬迁群众入住拉萨一周年》，给我们提供了一个很好的分析样本。

这篇通讯写的是脱贫攻坚战中西藏自治区易地搬迁入住拉萨的一批昌都群众一年来的生活变化。全文分为三大部分，分别冠以"生存·从根处阻断隔代贫困""转变·从靠天吃饭到自力更生""融入·现代文明的生活方式"三个小标题。文章选择了一位47岁的中年人洛松次仁作为代表，由他对易地搬迁的看法及他们家一年来的生活变化来映射这一群人的生活变化。不得不说，这是一个非常好的切入点，是"莫先乎情"的具体应用。情感都是个体的，越具体的个人情感越能打动人心。人到中年，安土重迁是常情，洛松次仁为什么愿意易地搬迁呢？文中写道："一想到两个孩子也要像他一样在那么穷困的地方生活一辈子，洛松次仁愧疚不已。"为了孩子！这种情感是任何一个为人父母者都能懂得的。这也就是这篇通讯第一个小标题的来源：从根处阻断隔代贫困。

搬迁过来一年了，如今生活过得怎么样呢？文中用洛松次仁今年不回老家去采虫草作为例证。过去在老家，两个月采挖虫草的收入是他们一家人的主要经济来源。为什么不去了呢？洛松次仁给记者算了一笔账：过去采挖虫草的一季收入大约是 5 万元，现在家里 3 个劳动力都有了工作，每个月的收入 9000 多元，从拉萨去昌都的采挖点单趟要耗时 5 天，来回一趟要脱离工作岗位起码 2 个月，回来了还能不能保住现有的工作岗位很难说。算完账，洛松次仁问记者："你说说我这选择对不对。"这是第二个小标题"从靠天吃饭到自力更生"的主要内容。这时，这篇通讯就进入了"莫深乎义"的层次了。

未来的路还很长，今后这些搬迁移民该怎么做呢？融入现代文明！通讯的第三大部分宕开一笔，把焦点从洛松次仁身上移开，让随迁干部扎西邓珠来发言，毕竟当干部的比普通群众见识要多一些。扎西邓珠讲到了昌都与拉萨的不同，讲到了搬迁群众生活方式的改变，也讲到了他们观念的转变。新的环境需要有新的生活方式和新的思想观念与之相适应，这对搬迁群众来说是个巨大的挑战。文章的这一部分可以视为"莫切乎声"。

通讯最后又回到了洛松次仁，写他又买了大件家具，结尾写道："对于他来说，用挣来的钱将自己的家装点得满满当当，就是他的安定感和幸福感。"余音缭绕，韵味无穷。首尾呼应，浑然一体。整篇通讯文字质朴，叙述流畅，人物对话轻松自然。这可视为"莫始于言"。

作者在谈这篇通讯的采写体会中写道："人情往来间笔底留温度，跟被采访的人产生情感共振，不是凌驾于被采访人之上，也不是同情被采访人，而是让对方有你跟他感同身受的感觉。"这是经验之谈。当你与采访对象能够在情感上产生共振时，采访对象就有可能对你真情倾诉。你自己感动了，笔底才能有温度，你写出来的文字才能打动人。这就叫"欲动人之情，必先感于心"。

握手成交

萧君玮　摄影

（原载《新民晚报》2018 年 11 月 6 日）

什么样的作品可以获得中国新闻奖

萧君玮

首届进博会吸引了全世界的目光，是当年最重要的主场外交活动之一。作为上海本地媒体，这一发生在上海的新闻事件，对我们来说更有"主场作战"的意味。为报道好这一盛会，报社上下倾尽全力，视频摄影部派出几乎所有记者进馆捕捉画面。《握手成交》这幅作品，正是在此契机下完成。

重大新闻事件与新闻奖互为表里。纵观各类新闻奖项，刨去每年让人印象深刻的重特大突发新闻，类似中国国际进口博览会这样的主场外交活动，属于新闻奖可以预见的绝佳舞台。拍摄展会，在我个人心目中会将所需照片分为两大类。一类是满足发稿需求的素材照片，此类照片不讲究意境，主打要素齐全、光影优美。还有一类是挖掘活动意义，从"侧面"来阐述主题的写意型画面，这类照片需要有故事性，更符合新闻摄影的定义。当然，不管是哪一类照片，都需要带着思考去按快门。

在进入短视频时代后，人们常会听到一种论调：新闻摄影已经被逐渐淘汰。这样的观点正确吗？诚然，在现在的传播场景中，照片的"江湖地位"确实不如之前辉煌，诸多摄影记者转行去拍商业或短视频。但照片易于保存和传播的特质，仍让摄影拥有独特的价值。我本人并不是专职摄影记者，但"大战"面前，仍不会错过任何"按两张"的机会。因为经历过

"决定性瞬间"爆炸式传播的红利，我对摄影这门手艺一直心怀敬意。而从资料角度来看，照片也比视频更易储存。

回到《握手成交》这张作品。首届中国国际进口博览会作为2018年我国最重要的主场外交活动之一，每个参展方都拿出明星产品"秀实力"。火热场面背后，促进合作、达成共赢正是举办进博会的意义所在。德国雄克公司（SCHUNK）的仿生机械手是这届进博会的明星展品之一。此前在德国汉诺威工业博览会上，这只手还与时任德国总理默克尔握过手。当我在现场看到一位观众好奇地握住这只灵巧无比的机械手时，深感这是个可以好好挖掘的画面。

两只手相握让人产生很多联想，有无数种解读。它可以是科技与人类关系的具象化。机械手有了更多人类的情感和思维，而人类也因为科技的推动而不断进步。科技和人类是相辅相成的朋友，彼此都需要对方，彼此也在理解和影响对方。它也代表了来自不同国家的科研人员，在进博会这一舞台上进行广泛的交流。它更代表了优秀产品在进博会这一极佳的商业平台上得到广泛的曝光。就像观众与这只机械手的互动一样，开放与合作的思想，也正通过进博盛会，扎根人们的心中。

对于取材角度，当时这只机械手旁围满了好奇的观众。我拍摄了带观展观众、带环境的多个画面。最终，选择了一张"最干净"的画面交稿。画面中只有两只手，不相干的元素被完全去除。这种化繁为简的技巧，让想要传达的信息更突出。事实证明，它做到了。照片发表后，随着曝光度渐涨，之前那种"这张成了"的朦胧感觉越来越清晰，照片的"言外之意"呈现出丰富的维度。一张好的摄影作品，应该给读者留下想象的空间。

不过，作品获奖还有一些小插曲。前文提到，因为我并非专职摄影记者，报奖时其实一开始并没有想要投稿。部门主任鼓励，何不试试？在截止日期前一天我才填了表格。最后结果不错，这也告诉我一个道理：机会面前人人平等，假如对自己的作品有感觉，不妨放手一试。

总结下来，什么样的作品有望冲击中国新闻奖呢？首先得有深度。作品要深入挖掘社会现象和问题的背景、原因、影响和解决办法，这展现了记者的思想深度和分析力。它还得有广度。作品要能够反映国内外重大事件和热点话题，展现记者的视野广度和国际视角。最后它需要有一些高度。作品要能够把握时代发展的主题和方向。

虽说在拍摄一张照片时，脑子里很难同时想到那么多，不过假如后期发现自己的作品有这样的特质，别犹豫，它就是一张可能获得中国新闻奖的好作品。

专家评说

不蔓不枝

薛慧卿

这张照片构图精巧。摄影者将镜头聚焦在首届进口博览会上一位观众的手与一只灵巧无比的机械手相握的瞬间，赋予机械手以人的情感，展示了作者敏锐的观察力和捕捉细节的能力。德国雄克公司（SCHUNK）的仿生机械手是首届进博会的明星展品之一。此前在德国汉诺威工业博览会上，这只手还与德国总理默克尔握过手。从好奇触碰到紧握在一起，当一位观众好奇地握住这只灵巧无比的机械手时……开放与合作的思想，正通过进博盛会，扎根人们的心中。两只手相握让人产生很多联想，这也是科技与人类关系的具象化。机械手有了更多人类的情感和思维，而人类也因为科技的推动而不断进步。科技和人类是相辅相成的朋友，彼此都需要对方，彼此也在理解和影响对方。这正是这幅图片要传达出的多重信息。

首届中国国际进口博览会作为 2018 年我国最重要的主场外交活动之一，每个参展方都拿出明星产品"秀实力"，现场握手、签约、成交频频，火热场面背后，促进合作、达成共赢正是举办进博会的意义所在。这张图片的画面聚焦握手一瞬，不枝不蔓，主题极为鲜明，标题也独具匠心。《握手成交》一语双关，"握手"显示的是人机握手的画面语言，"成交"凸显进口博览会的意义。

纯净的画面完美地演绎了深刻的主题，是这幅新闻照片脱颖而出的奥妙所在。

（作者系新民晚报全媒体编辑中心副总监、视频摄影部主任）

学分不达标　华中科大 18 名本科生变专科生

武汉晚报讯　记者杨佳峰　通讯员王潇潇　记者 10 月 11 日从华中科技大学获悉，该校 2018 年有 18 名学生因学分不达标从本科转为专科，其中 11 人已在 6 月按专科毕业。

"读了 4 年大学，拿不到学位证书的大有人在。"该校一名大四学生告诉记者，有些大学生脱离老师和父母管束，就像脱缰的野马，通宵打游戏、逃课，考试挂科的情况屡见不鲜。之前，该校对学分不达标的学生直接给予退学处理，遭到一些家长的不理解。

去年，该校出台了《普通本科生转专科管理办法（试行）》，明确规定未按要求完成本科学分的学生降为专科。据统计，华中科大的 3 万多名本科生中，在 2017—2018 学年，有 210 人因学分偏低受到黄牌警示，34 人未达到培养计划学分最低要求受到红牌警示。

今年 8 月，教育部通知，要求高校切实加强学习过程考核，加大过程考核成绩在课程总成绩中的比重，严格考试纪律、严把毕业出口关，坚决取消"清考"制度。

华中科大史上首次因学分不达标降本科转专科，在学生中引发震动。校方介绍，该校的本科质量提升工程一直走在全国前列，之前已取消清考制度。

（原载《武汉晚报》2018 年 10 月 12 日）

挂念一年　一朝分娩

杨佳峰

2017 年 7 月 30 日，华中科技大学出台《普通本科生转专科管理办法（试行）》，当时作为战线记者的我觉得虽然只是一部学校管理办法，但这种管理制度的出台很是罕见。我率先就此写出一篇报道《大学不努力　当心"本降专"》引起社会轰动。但是，当时该消息只是个政策发布，没有典型案例，新闻事实没有完全落地。从 2017 年 7 月 30 日到 2018 年 6 月毕业季，整整一年我都惦记着这个校规能否落地变成现实。最终"挂念一年，一朝分娩"。

"本降专"扑朔迷离

2018 年 6 月，眼看就到了毕业季，我一直想做个落地报道：华中科技大学毕业生中究竟有没有人"本降专"，若有又是什么原因导致的呢？我先后多次在华中科技大学走访调查，甚至找毕业生问询，对方均称"不清楚"。找校内职能部门问询也没有获得任何信息，甚至有一种阻扰我的力量，让我无法获取准确信息（后来才得知，此时正是矛盾激化时，并且对外严格保密）。

按照《华中科技大学普通本科生转专科管理办法（试行）》，未达到培养计划总学分的 3/4（二年级为 2/3）者，给予黄牌警示；未达到培养计划总学分的 2/3（二年级为 1/2）者，给予红牌警示。凡得一次红牌或两次黄牌警告者需转入专科，且不能再次转入本科，否则予以退学处理。

以往我就知道，每年毕业季，华中科技大学总有毕业生因为沉迷网络游戏导致挂科退学。为何今年没有传出有退学的消息？要么是"本降专"的校规一纸空文，要么是被"本降专"的校规震慑而没有出现"本降专"。无论是哪一种情况，都是有价值的新闻。

在不知不觉中，时间来到 9 月，大学新生都已报到，毕业生都已经离校，"本降专"依然没有后续。

10 月 11 日下午，记者在华中科大的一位线人告知说华中科技大学有 18 名本科生今年转了专科，而且 11 名学生已经拿到了专科毕业证，但是具体情况并不十分清楚。

为印证内线这一说法的准确性和可靠性，我当即将自己掌握的相关情况向华中科技大学党委宣传部外宣负责人进行核实，回答"确有其事"。

很快，记者依据掌握的新闻事实写下了这则消息:《学分不达标　华中科大 18 名本科生变专科生》。稿件第一时间在长江日报报业集团新媒体平台首发，次日在《武汉晚报》刊发，全文十分精练，只有 400 多字。稿件发出后被人民日报、新华社、央视新闻、中国青年报、人民网、中国新闻网等多家中央主要媒体的"两微一端"转发，点击量都在"10 万 +"。新浪网上网友跟评超过 10 万条，人民日报"两微一端"先后 8 次关注此事及追踪报道。"本转专"话题一周三次登上热搜榜，仅微博上的话题点击量就接近 1 亿人次。《人民日报》《光明日报》分别发表"人民时评"和"光明时评"。"本转专"与"全国教育工作会"一起入选 2018 年度全国十大教育事件。

高教司长发声

　　首篇报道发出后，该如何追踪形成最大影响力？首篇报道发出后，我前往华中科技大学做追踪报道，没想到出奇的艰难，拿到专科学历的学生没有一个同意接受采访，即使化名也不行。好在华中科技大学相关学院的负责人向我透露了一些具体情况：过去对于学业上受到一次红牌或两次黄牌警告的学生，往往是直接给予退学处分，每年都有学生由于沉迷网络游戏等原因被退学处理，这遭到一些家长的不理解，认为孩子高分考入华科结果不仅不能结业还被退学。这次本科降专科处理类似于"缓刑"，算是给了不争气学生的人生一次机会。但是学生和家长反响依然不小，学校7、8月份都在为此进行沟通安抚，最终使学生和家长都接受了处罚。我由此推出首篇追踪报道——《华科18人本科转专科：大多因沉迷游戏》。人民日报微博刊发"人民微评"：别在最好的年华里混日子。

　　如何继续追踪？ 10月17日，恰好教育部高教司司长吴岩到华中师范大学参加第四届教学节开幕式，他愿不愿意就华中科技大学18名学生本科转专科新闻事件作出回应，我心里并没有底。当日，吴岩在开幕式上作了《人才培养为本，本科教育是根》的讲话。我也注意到讲话内容事关本科生教学质量，与华科大本降专的话题非常贴近。吴岩讲完话后走下主席台准备返京，我借机凑了上去，说明了来意。在走出华中师范大学科学会堂门口时，吴岩停住了脚步，站着接受了我的采访。他对华中科技大学的做法表示肯定，并且说："天天打游戏、谈恋爱，浑浑噩噩的好日子将一去不复返了，不能搞'玩命'的中学，也不能搞'快乐'的大学……"吴岩一口气说了10分钟，不仅谈了自己的观点，还进行了举例。我当日写下了追踪报道——《教育部高教司司长肯定"本转专"：有些学生醉生梦死，这是不行的》，很快再次被不少央媒转发，很多网友跟评"大学不应是混日子"，持续引领舆论。

赢在时机

现在回过头来看，这篇消息不长，但采写扎实，既有数据，又有观点，有点有面，内容丰富。具体呈现上，行文逻辑清晰，文字简洁，可读性强。但是报道同样留下遗憾：追踪报道未能直接采访到"本转专"的学生本人及家长；追踪报道时间上有间隔，突破能力还有待提高。另外，报道还仅仅停留在文字为主的形式上，距离融合传播、多元传播，还有很大差距。

这篇消息为何能赢？我一直认为此稿能引领全国舆论主要是"赢在时机"。一方面，教育部此前已召开"新时代全国高等学校本科教育工作会议"，明确要抓本科质量。另一方面，习近平总书记在全国教育大会上的讲话中强调："教育引导学生珍惜学习时光，心无旁骛求知问学，增长见识，丰富学识，沿着求真理、悟道理、明事理的方向前进。"可以说，报道正是总书记这一讲话精神的体现。

"教育是国之大计、党之大计。"党报是党的主流舆论阵地，长江日报对华中科技大学 18 名学生"本转专"的系列报道，正是总书记这一讲话精神的鲜明体现。

《中国青年报》《检察日报》《南方日报》《重庆日报》《南京日报》等多家主流媒体根据长江日报报道刊发评论，称高校"严进宽出"是时候改变了。报道还成了自媒体和社交平台上的热门话题，登上热搜榜，仅新浪微博上"#高校严进严出#"的话题点击就超过 6000 万人次，新浪网上网友留言也有 10 万多条。报道所引起的强烈社会反响，充分发挥了党报作为党的主流舆论阵地的引导作用。

10 月 29 日《人民日报》就华中科技大学 18 名学生本科转专科事件刊发"人民时评"《把牢高等教育的"出口"》，提出建设一流大学、一流学科，离不开一流校舍、一流教师，更离不开一流学生。同样在 10 月 29 日，《光明日报》刊发"光明时评"《本科转专科是高校建立退出机制的有益尝试》，高度肯定了华中科技大学这一做法。中央主流媒体平台的发声，使得"本转专"系列报道进入全国舆论场。

念念不忘　必有回响

唐绪军

记者当久了，手里总会积攒一些新闻线索。所谓新闻线索，指的是显示正在发生或将要发生某些事情的那些蛛丝马迹，可能是一份文件中的某个提法，也可能是路旁不经意间听来的某句话。如何对待这些线索，考验的是记者的新闻敏感和职业判断能力。优秀的记者往往会对手里的线索作分门别类的处理，对其中他认为最具有新闻价值的线索紧盯不放，直至新闻线索最终变成新闻报道。第二十九届中国新闻奖文字消息三等奖获奖作品《学分不达标　华中科大 18 名本科生变专科生》，就给我们提供了这样一个生动的例子。

这条消息不长，只有 400 来字，刊登在《武汉晚报》2018 年 10 月 12 日第 2 版中间右栏。报道的内容是，当年华中科技大学应届毕业生中有 18 名学生因学分不达标由本科转为专科。一石激起千层浪。消息一经刊登，多家央媒的"两微一端"争相转发，"本转专"的话题也在一周内 3 次登上新浪热搜榜，激起了一波舆论。

为什么会产生这样的效果？从社会层面来看，一方面，这条消息击中了许多人的软肋。谁都知道高考不易，千军万马过独木桥，能考上华中科技大学这样的一流本科大学，一定是高中生中的佼佼者，他们的父母亲也为此付出了不可计数的代价。但是，大学上了4年却毕不了业，退回到了专科，这落差确实太大。另一方面，这条消息也顺应了严抓教育的大趋势。就在这条消息刊发前一个月，2018年9月10日全国教育大会在北京召开。会议把教育提高到"国之大计、党之大计"的定位，强调要在坚定理想信念上下功夫，在厚植爱国主义情怀上下功夫，在加强品德修养上下功夫，在增长知识见识上下功夫，在培养奋斗精神上下功夫，在增强综合素质上下功夫。提高本科教学质量，严把大学毕业生出口关，正是贯彻落实全国教育大会精神的具体体现。

从新闻专业层面来看，如果没有作者对新闻线索的紧盯不放，就不会有这条消息的诞生，也不会有消息刊登后带来的后续社会效应。据介绍，作者在一年前就获悉华中科技大学出台了一个《普通本科生转专科管理办法（试行）》，他还因此写了一篇报道《大学不努力　当心"本降专"》。此后他就一直惦记着这个事：这个管理办法会不会当真？一年后，又到了毕业季，他开始打听华中科技大学有没有学生真的被"本转专"。校方不想说，怕引发舆情，毕竟以前没有这样做过，改革的措施再周全也难保百密一疏。真被"本转专"的学生以及他们的家长也不愿意说，毕竟这不是什么光彩的事。但是，作者始终没有放弃这一线索，继续通过各种方法和各种途径不断挖掘信息。功夫不负苦心人，最终他得到了准确的信息，写成了这条消息。真可谓，念念不忘，必有回响。只要信念一直在，总有被回应的那一天。

从新闻写作的角度来看，这条消息的导语颇堪称道。由于作者获悉准确信息较晚，写作时距离"本转专"这个事实发生已经过去了3个多月。怎么办？作者巧妙地采用了"记者10月11日从华中科技大学获悉"这个由头，为这条消息打上了"新近"的烙印。当然，如果严格要求的话，消息中也有个瑕疵应予指出，即没有对专门术语"清考"作出必要的解释，以至于许多读者不明其意。

燃尽自己生命　播下未来种子

——追记英年早逝的复旦大学教授钟扬

张炯强

10月11日，中共复旦大学委员会作出《关于开展向钟扬同志学习活动的决定》。13日下午，复旦校党委举行学习钟扬同志先进事迹大会，号召全校党员、干部和师生向钟扬同志学习。

复旦大学党委委员、研究生院院长、生命科学学院教授、博士生导师钟扬同志，2017年9月25日在出差途中遭遇车祸不幸去世，年仅53岁。

复旦校党委在《决定》中称：钟扬同志忠诚于党，热爱事业，把生命最宝贵的时光奉献给祖国最需要的地方。他坚守报国理想，每年跋山涉水数万公里，盘点青藏高原植物资源，收集上千种植物的4000多万颗种子，为国家和人类储存下绵延后世的基因宝藏。

"不希望是真的！"钟扬教授逝世的消息一传开，整个复旦校园沉浸在哀伤中。

"任何生命都有其结束的一天，但我毫不畏惧，因为我的学生会将科学探索之路延续，而我们采集的种子，也许会在几百年后的某一天生根发芽，到那时，不知会完成多少人的梦想。"钟扬曾经这样说。

30余年从教、16年援藏、10年引种红树……复旦大学教授钟扬的名字总是和植物联系在一起，他把自己比作裸子植物，像松柏，在艰苦环境中生长起来的植物才有韧性，生长得慢却刚直虬劲。他践行着这样的信念，把生命最宝贵的时光，献给祖国最需要的地方。

9月25日，53岁的他如同一颗种子回归大地，而他留下的千万颗种子终将绽放新生。

永远都在援藏的路上

2015年，因为长期高强度工作，钟扬突发脑溢血，幸好被及时发现送医。在被救治苏醒后的ICU病床上，他口述写下一封信，里面有这样一段话："这十多年来，既有跋山涉水、冒着生命危险的艰辛，也有人才育成、一举实现零的突破的欢欣；既有组织上给予的责任和荣誉为伴，也有窦性心律过缓和高血压等疾病相随。就我个人而言，我将矢志不渝地把余生献给西藏建设事业……"

16年前，钟扬只身踏上地球"第三极"，盘点青藏高原的生物资源，探寻生物进化的轨迹。他说："研究生物的人当然应该去西藏，青藏高原至少有2000多种特有植物，那是每个植物学家都应该去的地方。"很快，西藏成为他科研的沃土，同时更成为他服务和奉献的家园。

2010年，钟扬成为中组部选派的第六批援藏干部。3年后，他又申请留任第七批援藏干部。又是3年期满后的2016年，由于西藏大学相关学科建设处在紧要关头，大病初愈的他毅然再次申请留任。面对组织上对他身体状况的关心和担忧，他反复表示没有问题，还自费到医院做了体检，最终凭着体检合格报告和个人反复争取，入选了第八批援藏干部。

对钟扬来说，他永远都在援藏的路上。"青藏高原的植物资源从来没有进行过彻底盘点，即使在全世界最大的种质源库中，也没有西藏地区的植物种子"，钟扬急切地想盘清西藏的生物"家底"。在野外考察途中，没有水，就不洗脸；没有旅店，就裹着大衣睡在车上；大雨、冰雹从天而降，就躲在山窝子里；还有几乎所有类型的高原反应……这些，钟扬几乎都经历过。从藏北高原到藏南谷地，从阿里无人区到雅鲁藏布江边，到处都留下钟扬忙碌的身影。不管多么危险，只要对研究有帮助，他就去。藏族同事给他起了一个特别的名字"钟大胆"。

"在漫长的科考途中，我深深地觉得，这片神奇的土地，需要的不仅仅是一位生物学家，更是一位教育工作者。"在钟扬看来，西部少数民族地区的人才培养迫在眉睫，当地生物学的可持续发展需要一支科研"地方队"。16年间，他为西藏大学申请到了第一个国家自然科学基金项目，成为西藏自治区第一位长江特聘教授，帮助西藏大学培养出第一位植物学博士并申请到第一个生态学博士点，带出了西藏自治区第一个生物学教育部创新团队，开始参与国际竞争。"援藏，不仅是奉献，更是与当地师生一起，探寻可持续发展的动力。"钟扬这样说，更是这样做。

找寻良种送给未来

2010年上海世博会英国馆的种子殿堂令人震撼不已，但很少有人知道这其中相当部分种子是钟扬提供的。钟扬和他的团队收集了近千种植物的4000万颗种子，其中最为珍贵的是在高海拔地区的濒危物种。这些种子相当一部分收入了国家种质库。只要有科研机构有需求，钟扬都会毫不吝啬地赠予。

这些珍贵的种子来自大自然。扎西次仁是钟扬在复旦指导的一个藏族植物学博士生，在确定了"西藏巨柏保护的遗传学研究"博士论文课题后，师徒俩用三年时间在藏东南地区沿雅鲁藏布江两岸调查巨柏的分布与生存状况，直至将现存的3万余棵西藏巨柏登记在册，并对其野生种群一一标记分析。

有一种植物名为拟南芥，研究价值堪比果蝇和小白鼠。寻找特殊的拟南芥材料，成为全球植物学界竞争的方向之一。在钟扬指导下，许敏和赵宁两位学生利用休息时间，每周末都坐公交、爬山路，到海拔4000多米的山区（西藏雅鲁藏布江流域）探寻，终于找到一种全新的拟南芥生态型。钟扬将其命名为"XZ生态型"，这既是两位年轻人姓氏拼音的缩写，更是西藏首字母的组合。"这是西藏的馈赠，也是大自然的回报。"钟扬说。

钟扬又说："这些种子可能几十年，甚至几百年后才能发挥作用、造福人类。生物学就是这样的一门学科，我们所做的可能就是一天到晚采种子，眼前没有任何经济效益。但因为国家需要、人类需要这些种子，做我们这些基础性研究的，心里想的就是'前人栽树，后人乘凉'。"

红树林奇迹落户上海

钟扬的植物情缘不仅生长在雪域高原，也盛开在距离相隔4000公里、海拔相差4000米的上海临港。在上海浦东南汇东滩湿地附近一块十亩大小的田地里，种植着一片绿色的树苗，那是钟扬培植的红树树苗。最高的树苗已经长出地面两米多了。他创造了一个奇迹：在纬度最高的北半球地区，成功实现人工栽种红树林。对于上海，意味着可能产生更大的奇迹：如果在海边广泛种植红树，50年后，上海将拥有美丽的海滩，成为一座"迷人的海滨城市"。

2000年，钟扬到上海执教。作为一名植物学家，他一直在思考，为什么上海的海滨"光秃秃"的呢？钟扬说，尽管位于东海之滨，上海很少被人以"海滨城市"来描绘，"因为上海的海边，没有美丽的沙滩，也没有茂密的红树林"。100多年前，人们将欧洲的悬铃木（法国梧桐）引入上海，一度成为十里洋场街道的象征。钟扬认为，红树也能像法国梧桐一样，在上海生根。可是，刚开始，钟扬申报红树林项目，并没有得到有关部门支持。人们普遍怀疑：上海的天气条件，红树林能种活吗？在此之前，在中国，人工栽种的红树林，最北的在温州（北纬27°03′—28°36′）。位于北纬30°40′—31°53′的上海种红树，能否抗过冬天的低温？

钟扬决定试一试。他查到，上海曾有过红树林，二十几万年前的化石就是证据。在中科院时，他还了解到原产于南美洲亚马孙河流域的凤眼莲引种到中国并广泛传播的过程。植物对环境有强适应性，钟扬相信，红树林能在上海落地生根。

8年时间里，红树林遭遇过无数否定和不可抗的天灾。2008年的冬天，罕见的冰雪冷冻灾害席卷整个中国南方，上海1月至2月的平均温度比往年同期低2℃。钟扬的红树林试验田刚刚经营第一年，就遭遇灭顶之灾。此外，出没的野兔时常啃食这批红树。"第一年栽的时候很痛心，好不容易长出来的苗子还被兔子吃了。"

钟扬没有放弃。第二年，新种的红树全部活了下来。更惊喜的是，第一年貌似死去的红树，竟然又"复活"了。那些红树尽管叶子都掉光，只剩下光秃秃的枝干，可是根还在生长。钟扬说，"这是一个很好的寓意，人和树都要坚持下去"。

心系国家不知疲倦

在一部名为《党员说》的微视频中，钟扬被这样定义："一名党员，就是甘于成为先锋者，向更高的高度攀登。"钟扬教授用自己的行动实践着共产党人的誓言。

十几年不知多少次进出青藏高原，在海拔数千米的高山上连续奔波探查，长期的高原生活和过高的工作强度，使个子高大的钟扬心脏肥大、血管脆弱，每分钟心跳次数只有44下。他曾说："我有一种紧迫感，我再给自己十年时间。"如今，一场车祸残忍地夺走了他所有的时间。

钟扬曾这样诠释对生命高度的理解："在一个适宜生物生存与发展的良好环境中，不乏各种各样的成功者，它们造就了生命的辉煌。然而，生命的高度绝不只是一种形式。当一个物种要拓展其疆域而必须迎接恶劣环境挑战的时候，总是需要一些先锋者牺牲个体的优势，以换取整个群体乃至物种新的生存空间和发展机遇。……这就是生长于珠穆朗玛峰的高山雪莲给我的人生启示，它将激励我毕生在青藏高原研究之路上攀登。"

复旦经济学院教授石磊说："一位不知疲倦、心系国家的植物学家就这样匆匆地走了！他踏遍山野丛林湿地雪域采集的种子将长出广袤无际的新绿。"这一天，无数人为钟扬流泪，回忆与他相识交往、受他指点感染的点点滴滴。

的确，他播种未来，为国家挺起科学的脊梁；他燃尽生命，为社会留下不朽的温度。钟扬尽管走了，但他留下的种子将会给这个地球孕育无数新的生命。

（原载《新民晚报》2017 年 10 月 14 日）

一篇留下许多遗憾的报道

张炯强

　　钟扬走了，那是 2017 年 9 月得到的消息。震惊、意外、伤感，刹那间，五味杂陈。他是多么好的一位科学家，才 50 岁出头。半年多前，才跟他见过面。当时是要采访红树林的事。钟扬很大胆，很狂。他竟然要在上海浦东沿海造一片红树林。要知道，这种植物群落，原本只出现在热带海域。可钟扬想试一试，而且初战告捷。

　　记得那天采访的时候，他匆匆走到会议室，端起盒饭，边吃边跟我说："有什么话快问，我还有会。只有几分钟。"这就是钟扬，永远直来直去，永远没有架子。

　　这是第一篇全面介绍钟扬事迹的通讯，后来，各主流媒体跟进。现在看起来，诸多媒体还停留在高、大、上的人物报道层面，包括我自己。报道虽然获得了中国新闻奖，还是留下许多遗憾的。

　　通常，我们报道一位逝去的伟大的科学家，还是局限于他的科学贡献、他的卓越成就、他的豪言壮语，如此等等，似乎很少触及他的个性、他的情感，因此，这样的报道还是缺少感染力。不由想起 2023 年的一部电影《奥本海默》，故事并不复杂，视角也不定位于他如何发明原子弹，但人性的光芒却足以打动每一个观众。

　　在撰写报道时，我原本想去还原一个立体的钟扬，于是，写到了他的身体状况，写到了他的梦想，也写出了他的心里话。这可能是能够获奖的原因吧。但是，从人性、从情感的角度，我还是触笔太少了。是什么原因呢？或许，是主流媒体从业 30 年的一种习惯。因为我们习惯于描述一个英雄人物时，总要挖掘那些高高在上的东西，却忽略那些真正的生活细节，而后者，才是人性，才是真正感动人的。之前的，比如像《孔繁森》《焦裕禄》的报道，也存在这样的问题。我的报道也没有跳出这个怪圈。

钟扬究竟是个什么样的人？

其实，他并不高高在上，相反，他非常接地气。他经常夏天穿着汗背心，在复旦附近的小面馆里，呼啦呼啦地吃面；他每个周末，会拉着伙伴们打一场麻将，打得兴起了还不愿意结束；儿子考不上重点中学，他会着急想办法……科学家也是人，钟扬就是有普通人的一面。

有些感人的故事，是没有见诸报端的：钟扬办公室的抽屉里，塞着满满的发票。原本，他总是帮助自己的学生、自己的学术伙伴。人家自然不好意思。钟扬总是说："你开发票，我能报销的。"这些发票最终都留了下来，没有一张报销。

钟扬和他的藏族团队每次在西藏考察，凡留宿藏民家里的，临走时每人都要掏出身边几乎所有的零钱，一百、两百，这是实实在在的个人扶贫。

钟扬有学生是个"渐冻人"，有时上楼梯，他根本不会管什么"师生之礼"，便背着学生上楼。还有，钟扬每次去拉萨，要在成都转机，他从来没有"贵宾休息室"的概念，就是往椅子上一躺，像个普通打工者一样对付一宿。

这就是钟扬，一个实实在在的好人，一个伟大的科学家。

关于种子，很多人至今并不理解其战略意义，也就难以理解钟扬科研工作的重要性。实际上，种子安全不亚于武器库，它在相当程度上决定了一个国家的粮食安全。钟扬收集了 4000 万颗种子。

如今，谁都知道脑溢血是一种极为凶险的疾病。钟扬曾经突发脑溢血而大难不死。病情稍有好转，他又登上青藏高原，挑战 17 种高原反应。在高原，他一个肥胖的身躯，心跳竟然只有每分钟 44 次。随时随地，钟扬都有可能因血管爆裂而倒下。为何他不畏死？我们的报道里，总是说"不畏牺牲""不畏艰苦"等，其实并非如此，这不是人性，不是人类的真实情感。

钟扬的义无反顾，源于内心对科学的痴迷超越了一切。就像诺贝尔宁可炸死自己，也要进行科学试验；居里夫人宁愿陷于核辐射，也要发现镭元素。他们是科学狂人，也是真正的科学家。

对于普通人来说，钟扬的工作意义似乎遥不可及。在世界"第三极"、在全球最高的一块土地上，发现、保存植物种子，其意义在于，几百年、几千年之后，当人类的生存环境发生骤变，传统农作物已经不适合耕种的时候，这种种子经过改良，也许是人类重要的口粮。为此，在无人区、在生命禁区，钟扬抱着病躯探索，永不停止。其实，他预感到自己的死亡，向老天祈求再有十年的时间。可惜，老天爷没有给他这个机会。

回想起钟扬，闪过太多感人的画面，都是深含人性魅力的。在复旦校园，有许多老师和同学，被钟扬的人格打动。自然，也有人反对他，因为他当研究生院长时，极力推动改革，动了一些人的蛋糕。一个有个性、有传奇的科学家，故事应该是更精彩的。当年，我撰写报道时，留下遗憾。今天讲这些细节，希望弥补不足吧。更希望，以后若再出现这样一个时代楷模，能更人性化、立体化地去写。

让典型人物报道更接地气

沈敏岚

2017 年，复旦大学研究生院院长钟扬英年早逝。作者由于长期联系复旦大学，十余年间曾多次采访钟扬本人，掌握大量一手资料，因此，在撰写长篇通讯时，突出了许多细节，比如，钟扬不顾严重的心血管疾病，十多年来坚持在青藏高原；又如，他不顾安危，在艰险的环境中收集濒危物种的种子。以真实的细节感动人，这是报道的一大特色。

值得称道的是，这是关于全面反映时代楷模钟扬同志事迹的第一篇报道。全媒体时代的独家新闻，其核心是细节的独家，生动鲜活的细节描写不仅能提高新闻的可读性，还能增加报道的厚重感，进而提升传播实效。作者曾多次到钟扬生前培育的红树林采访，文中描述了钟扬的情感和心路历程：他一次次坚持，一次次失败，最终，他创造了一个奇迹，那就是在纬度最高的北半球地区，成功实现人工栽种红树林。对于上海，这意味着可能产生更大的奇迹：如果在海边广泛种植红树，50 年后，上海将拥有美丽的海滩，成为一座"迷人的海滨城市"。

增强脚力，用扎实的脚步寻找细节；提升眼力，以敏锐的眼光捕捉细节；发动脑力，以执着的匠心打磨细节；淬炼笔力，以深入的思考运用细节——作者的采访思路和报道作风体现了党对新闻工作者的"四力"要求。作者还娴熟地运用了晚报风格，用通俗的语言解析一些既是热点又较难懂的名词、事例，比如，什么是基础研究？"这些种子可能几十年，甚至几百年后才能发挥作用、造福人类。生物学就是这样的一门学科，我们所做的可能就是一天到晚采种子，眼前没有任何经济效益。但因为国家需要、人类需要这些种子，做我们这些基础性研究的，心里想的就是'前人栽树，后人乘凉'。"这是钟扬说的，也是对基础研究最好的解答。

在这篇报道里，作者着重选用了钟扬生前的留言："一名党员，就是甘于成为先锋者，向更高的高度攀登。"文章不仅通过大量生动的细节，让读者看到一名优秀的科研工作者，更让大家看到一名优秀共产党员的形象，从而使报道的立意达到了相当的高度。

文章还通过钟扬生前的名言，诠释了生命的意义。钟扬这样说道："生命的高度绝不只是一种形式。当一个物种要拓展其疆域而必须迎接恶劣环境挑战的时候，总是需要一些先锋者牺牲个体的优势，以换取整个群体乃至物种新的生存空间和发展机遇。"报道引用这些名言，使钟扬的故事更为立体，更引人思索。

（作者系新民晚报科教卫部主任，高级记者）

基层党组织的"主心骨" 群众脱贫致富的"领头雁"

——记当雄县龙仁乡郭庆村党支部书记晋多

赵　慧

在全市基层党建工作的火热实践中，一大批扎根在基层的优秀党支部书记讲奉献、讲党性，困难面前勇担当、敢作为，千方百计带领群众攻坚克难、脱贫致富，为建设团结美丽健康幸福新拉萨作出了突出贡献，更为全市党员干部树立了一面旗帜和学习的榜样。当雄县龙仁乡郭庆村党支部书记晋多就是其中一员，担任该村党支部书记 17 年来，他带领村"两委"班子理清发展思路，践行为民服务宗旨，在平凡的工作岗位上创造了一个又一个辉煌，在鲜红的党旗下履行着共产党员神圣的义务和职责，用实际行动诠释了"立党为公、执政为民"的执政理念。

钢铁一般的担当：永葆共产党员政治本色

三月的拉萨春风和煦，万木吐绿，记者来到当雄县郭庆村时，苍褐的山顶上白雪皑皑，一栋栋藏式房屋在蓝天白云的映衬下显得格外耀眼，房顶上五星红旗迎风招展；一盏盏太阳能路灯整齐地排列在干净整洁的水泥路两旁；一张张幸福的笑脸在阳光的照耀下格外灿烂……走进郭庆村委会，映入眼帘的是一派火热的工作场景，村党支部书记晋多正在组织村"两委"

班子为群众发放补贴，大家配合默契，秩序井然。

"在村党支部书记晋多的带领下，邻里关系更和睦了，群众增收门路更多了，无论哪家有困难，村干部都当作是自己家里的困难给予帮助。"前来领取补贴的郭庆村村民达桑开心地说。达桑说出了郭庆村群众的心声。

"金杯银杯不如群众的口碑，金奖银奖不如群众的夸奖。"在郭庆村，无论是村干部还是牧民群众，对晋多都交口称赞。在他的带领下，村民的生活越来越好，幸福指数节节攀升，群众有困难找党支部，有问题找党员蔚然成风，党支部真正成了强村富民的"领路人"。

"火车跑得快，全靠车头带。"多年来，晋多不忘初心，时刻牢记自己是一名共产党员，始终把党和人民事业的需要摆在第一位，团结带领郭庆村"两委"班子围绕"抓好党建促经济"的总体思路，按照"五个好"党支部建设标准，结合社会主义新农村建设的要求，充分发挥基层党组织的战斗堡垒作用和党员先锋模范作用，使全村保持了社会局势和谐稳定、经济快速发展、村民安居乐业的良好局面。

2000 年以前，郭庆村党支部存在软弱涣散、支部成员年龄老化、党员作用弱化等突出问题，严重影响了该村经济社会的发展。2000 年，郭庆村"两委"班子换届选举时，晋多迎难而上，担起村党支部书记的重任，坚持以党员队伍建设为突破口，全面加强了党员队伍的思想、组织、作风建设，积极发展优秀年轻牧民群众入党，为党组织输送新鲜血液。目前，郭庆村共有牧民党员 107 名，占牧民总数的 8.5%，是龙仁乡各村党员人数最多、党员作用发挥最充分的村子，党在牧区的执政基础得到进一步夯实。

郭庆村村主任晋美斯达说："村'两委'班子在晋多的带领下，大家心往一处想、劲往一处使、拧成一股绳，凝心聚力谋发展。"当雄县组织部副部长扎桑说："一名党员就是一面旗帜。晋多在基层党组织建设中发挥了示范引领作用，对全县党员干部触动很大，引导全县党员充分发挥先锋模范作用。"

有人说，担当是一种能力，是一种胸怀，更是一种境界；有多大担当，才能干多大事。晋多正是靠铁一样的担当、不畏困难的勇气和永不放弃的努力，充分发挥"领头雁"作用，带领全村闯出了一条强村富民之路，郭庆村先后获得区市县先进基层党组织、文明村（居）等多项荣誉。

坚如磐石的信念：带领群众致富奔小康

"村党支部书记是群众的带头人、领路人，为群众办实事必须尽心竭力。"这是晋多时常挂在嘴边的一句话。多年来，晋多团结带领村"两委"班子成员，在深入调研的基础上，确立了以牧业发展为重点、劳务输出为突破口、村办实体经济为主要增收途径的经济发展思路。在他的带领下，村里先后成立了郭庆村牦牛育肥专业合作社和隆达农牧民建筑施工专业合作社，群众在家门口实现就业，年底还能分红，生活越过越红火。

已过古稀之年的洛桑对郭庆村这些年的变化，如数家珍。他说："以前，全村人主要靠放牧为生，家庭收入单一，生活比较困难。在晋多书记的带领下，大家渐渐走上了致富路，过上了幸福生活。"昔日的郭庆村经济基础薄弱，产业结构单一，群众收入微薄，是全乡出了名的"贫困村"。2000年以前，全村年人均收入不足1500元；2016年，全村年人均收入近7000元。

53岁的村民伦珠尼玛家有4口人，女儿在读大学，经济负担较重。晋多看在眼里、急在心上，安排伦珠尼玛和他儿子单增索朗到隆达农牧民建筑施工专业合作社务工。如今，只要有人提到晋多书记，伦珠尼玛都会说着同样的话："我们一家人能过上好日子，全靠晋多书记，他是我们的贴心人。"

"扶贫必扶智、扶贫先扶志。"晋多深知，要从根本上帮助群众摆脱贫困，必须实施"志智双扶"，消除"等、靠、要"思想，从根本上铲除滋生贫困的土壤。他带领村"两委"班子与生活困难群众面对面沟通交流，分析原因，寻找致富门路，激发了生活困难群众铆足精气神、撸起袖子加油干、立志拔穷根，依靠辛勤的劳动创造幸福美好生活的信心和决心。

血浓于水的情怀：永远把群众当亲人

群众的冷暖，就是党员干部的全部，想群众之所想、急群众之所急，就是晋多工作中的全部心思。多年来，晋多总是自己出钱，看望村里的贫困户和低保户，受过他帮助的村民不计其数，他凭借一颗为民的赤诚之心，赢得了百姓的拥护和爱戴。2012年，经组织考核，晋多任龙仁乡党委委员，享受副科级待遇。2014年，他从补发工资中拿出3万余元，帮扶生活困难群众，同时承诺每月拿出工资的30%，继续开展帮扶活动。

为了全身心扑在为牧民服务上，以实际行动宣传缓解草畜矛盾的重要性，2008年，晋多卖掉了家中的牲畜，并成立了郭庆村牦牛育肥专业合作社，彻底改变了牧民群众普遍存在的"惜杀、惜售"传统观念，增强了大家的市场经济意识。目前，合作社每年春夏两季出栏牦牛400多头，每头牦牛平均现金增收800多元，年现金增收32万元。

且增遵珠是村里的贫困户，自去年晋多与他家结为"亲戚"后，源源不断的关心和帮助就涌入了这个家庭。每隔一段时间，晋多就会到他家里，详细了解他家的生产生活情况。因为是新分户的家庭，经济条件不好，晋多为且增遵珠夫妻俩联系了放牧的工作，但因妻子脚受伤没能去成，了解到他家的实际困难，晋多先后自掏现金15000元，帮助一家人走出困境。且增遵珠说："晋多书记对我们家非常关心，他把群众当作自己的亲人，我们打心眼里感谢他。在党和政府的关心下，在晋多书记的帮助下，我和妻子一定自力更生，依靠勤劳的双手创造幸福生活。"

68岁的强巴欧珠是村里的低保户，在党和政府的关心下，生活越来越好。他说："我深知，现在的好日子都是托共产党的福，我们永远铭记党的恩情，知党恩、感党恩、听党话、跟党走，珍惜今天的幸福生活。"

晋多说："群众的信任、笑脸和认可，就是自己此生最大的财富。在今后的工作中，我一定不忘初心，砥砺前行，撸起袖子加油干，团结带领全村群众创造更加幸福美好的生活。"

时代呼唤加强基层党组织建设,使命要求共产党员挺立潮头。晋多,就是一面鲜红的旗帜,高高飘扬在牧民心中。如今,他正带领着全村人谋划着未来的发展之路,继续谱写着一曲曲动人的党员先锋之歌。

(原载《拉萨晚报》2017年3月21日)

用心用情讲好故事，让新闻飘糌粑香冒酥油味展高原美

赵 慧

"春风化雨结硕果，雪域高原党旗红。"在拉萨市基层党建工作的火热实践中，一大批扎根在基层的优秀党支部书记讲奉献、讲党性，困难面前勇担当、敢作为，千方百计带领群众攻坚克难、脱贫致富，为实现中华民族伟大复兴中国梦拉萨篇章而不懈奋斗，更为拉萨市党员干部树立了一面旗帜和学习的榜样。一个党员就是一面旗帜，一个支部就是一座堡垒，从人迹罕至的农牧区，到繁华的都市社区，哪里有群众的需要哪里就有共产党员的身影，这些用实际行动践行为民服务宗旨，让群众一提起就竖大拇指的优秀党支部书记在拉萨的基层数不胜数，我的视角也关注到了拉萨基层党支部书记这一群体。于是，我采写了稿件《基层党组织的"主心骨" 群众脱贫致富的"领头雁"》，生动体现了拉萨基层优秀党支部书记的风采，展现了共产党员的赤子情怀，进一步弘扬了时代主旋律，传播了正能量。本文刊发后，在社会上引起了强烈反响，并获得了第二十八届中国新闻奖文字通讯三等奖。

俯下身沉下心采写有温度的新闻作品

在大多数人的印象中，三月，是春风和煦、万木吐绿的美好季节。当

记者来到海拔近 4600 米的当雄县龙仁乡郭庆村采访时，苍褐的山顶上白雪皑皑，凛冽的寒风呼啸夹杂着冰雪打在脸上如针刺般疼痛，强烈的高原反应让人头痛欲裂、四肢发麻，感觉嘴和鼻子一起呼吸也不管用。走进郭庆村村委会内，映入眼帘的却是一派火热的工作场景，人群中，记者见到了郭庆村党支部书记晋多，他正在组织村"两委"班子为群众发放野生动物肇事损失补偿费，大家配合默契，秩序井然，党群干群关系十分融洽。

等现场的村民全部领取完补偿金后，记者看到，晋多书记从工作人员手中代领了一户群众的补偿金，径直走出了村委会来到郭庆村三组牧民索朗曲珍家中，亲自将补偿金送到她家。索朗曲珍告诉记者，由于家中上有老、下有小需要照顾，当天她没能抽出时间到村委会领钱，正在为此事发愁，没想到晋多书记亲自将补偿金送到家里，这让她十分感动却一点也不意外，因为上门为群众服务这样的事情，晋多书记经常做。

"脚上沾有多少泥土，心中就沉淀多少真情。"接下来的几天时间，记者俯下身、沉下心、融入情，和郭庆村牧民群众同吃同劳动，把自己作为村里的一分子，完完全全融入其中。渐渐地，牧民群众也把记者当作"自家人"对待，劳动间隙和记者聊聊知心话、谈谈村里的变迁、晒晒幸福生活。蹲点采访中，接连几天的雨雪天气，无形中给采访工作增添了不少难度。牧场、牧民家、建筑工地、产业基地……这些地方都留下了记者的足迹，脚上沾满了泥土的芬芳，心中沉淀着满满的真情。晚上回到宿舍，记者忍着强烈的高原反应认真地把白天和群众拉家常、共劳动中的所见、所闻、所感、所悟整理出来，仔细回忆当天采访中有没有漏掉的环节，并确定第二天的采访内容，为下一步撰写出有思想有温度有品质的新闻作品积累丰富的素材。

在平凡的工作中诠释为民情怀

"天地之间有杆秤，那秤砣是老百姓。"干部干得怎么样，分量有多重，不是靠自己说出来的，而是在老百姓心里称出来的。记者在郭庆村采访时，无论是村干部还是牧民群众，对晋多都交口称赞。村民纷纷告诉记者，在晋多书记的带领下，郭庆村村民的生活越来越好，幸福指数节节攀升，群众有困难找党支部，有问题找党员蔚然成风，党支部真正成为强村富民的"领路人"。

郭庆村村主任晋美斯达告诉记者："村'两委'班子在晋多的带领下，大家心往一处想、劲往一处使、拧成一股绳，凝心聚力谋发展。"当雄县组织部副部长扎桑说："一名党员就是一面旗帜。晋多在基层党组织建设中发挥了示范引领作用，对全县党员干部触动很大，引导当雄县党员充分发挥先锋模范作用。"

"火车跑得快，全靠车头带。"采访中，记者了解到，在2000年以前，郭庆村党支部存在软弱涣散、支部成员年龄老化、党员作用弱化等突出问题，严重影响了该村经济社会的发展。2000年，郭庆村"两委"班子换届选举时，晋多迎难而上，担起村党支部书记的重任，坚持以党员队伍建设为突破口，全面加强了党员队伍的思想、组织和作风建设，积极发展优秀年轻牧民群众入党，为党组织输送新鲜血液。目前，郭庆村共有牧民党员84名，占牧民总数的6.74%，是龙仁乡各村党员人数最多、党员作用发挥最充分的村子，党在牧区的执政基础得到进一步夯实。

"村党支部书记是群众的带头人、领路人，为群众办实事必须尽心竭力。"这是晋多时常挂在嘴边的一句话。多年来，晋多团结带领村"两委"班子成员，在深入调研的基础上，确立了以牧业发展为重点、劳务输出为突破口、村办实体经济为主要增收途径的经济发展思路。在他的带领下，村里先后成立了郭庆村牦牛育肥专业合作社和隆达农牧民建筑施工专业合作社，群众在家门口实现就业，年底还能分红，牧民们的生活一天比一天好，大伙儿建设家园，过上更加幸福美好生活的劲头更足了。

已过古稀之年的洛桑对郭庆村这些年的变化，如数家珍。他告诉记者："以前，全村人主要靠放牧为生，家庭收入单一，生活比较困难。在晋多书记的带领下，大家渐渐走上了致富路，过上了幸福生活。"昔日的郭庆村经济基础薄弱，产业结构单一，群众收入微薄，是龙仁乡出了名的"贫困村"。2000 年以前，全村年人均收入不足 1500 元；2016 年，全村年人均收入近 7000 元。

"沉下"基层去，"活鱼"抓上来。记者通过多走、多看、多思、多问，采访到郭庆村党支部书记晋多鲜为人知、感人至深的事迹，掌握了大量生动鲜活的第一手资料，经过深思熟虑、精心构思，生动描写了这位党支部书记充分发挥"领头雁"作用，永远把群众当亲人，全身心扑在为群众服务上，带领全村闯出了一条强村富民之路，谱写了一曲曲动人的党员先锋之歌。

从细节中挖掘触及心灵的故事

"生活中不缺少新闻，只是缺少发现新闻的眼睛。"采访中记者要拥有敏锐的洞察力，从平凡的事件中发现新闻点，再将一个个平凡、碎片化的新闻线索连接起来，撰写出接地气的新闻稿件。经过这次采访，我深深地感到，要想把人物写"活"，写得有血有肉、真实生动，采访前，一定要做好功课，列好采访提纲。采访中更要扑下身子，沉下心去，和采访对象交心交朋友，从细节中挖掘触及心灵的感人事迹，善于挖掘新闻富矿抓活鱼。其次，撰写稿件时，要在有限的篇幅里，通过生动的语言和鲜活的事迹成功塑造人物个性，让人物活灵活现、栩栩如生，让新闻报道令读者爱不释手，进而触及读者心灵、引发共鸣。

"时间砥砺信仰，岁月见证初心。"在郭庆村采访期间，记者看到了处处活跃着村干部忙碌的身影，他们克服高寒缺氧、气候恶劣、交通不便等常人难以想象的困难，视群众为家人、视民生为家事，顺民意、解民忧、暖民心、惠民生，顶风冒雪走田坎、披星戴月进牧家，凭着信念和责任坚守在平凡而伟大的工作岗位上，肩负起自身职责和使命，在改革创新最前沿奋力争先，在基层治理第一线躬身实践，不忘初心、牢记使命，以永不懈怠的精神状态，以实干和担当诠释共产党员的初心和使命。

于细微处表现大主题

张冬瑾

2015 年，《中共中央、国务院关于打赢脱贫攻坚战的决定》提出，建立国家扶贫荣誉制度，表彰对扶贫开发作出杰出贡献的组织和个人。根据这一要求，主流媒体积极报道各地区各部门推进精准扶贫的先进典型，《基层党组织的"主心骨" 群众脱贫致富的"领头羊"》就是其中一篇优秀作品。此文兼具宏大主题和微观表达，把西藏当雄县龙仁乡郭庆村党支部书记晋多的形象刻画得有血有肉、细致入微，如实将一位察民情、听民意、解民忧的基层党员干部展示在人们眼前。

以小见大，见微知著。马克思说，每一滴露水在太阳照耀下都闪耀着无穷无尽的色彩。基层扶贫看起来事不大，但直接关乎群众福祉、社会稳定和国家繁荣，意义重大，影响深远。此文侧重个体，也注重群像；呈现经验，也展示成果。记者笔下的晋多，敢于担当、善于担当的个性突出，由普通藏族群众叙述的小故事格外生动。尤其是对"扶贫必扶智、扶贫先扶志"的描写，如实施"志智双扶"，消除"等靠要"思想，改变牧民普遍存在的"惜杀""惜售"的传统观念，增强市场经济意识，等等，可谓抓到了在青藏高原一个落后村落脱贫致富的关键，具有较强的指导意义。

平实叙事，数据说话。这篇报道没有华美的语句，没有艳丽的修辞。通过列举"晋多书记从补发工资中拿出 3 万余元帮扶困难群众""承诺每月拿出工资的 30% 继续开展帮扶活动"等事例，实实在在印证这位村党支部书记不把"永远把群众当亲人"仅仅当作一句口号。数据的作用在量化、在对比。文中列举的扶贫成果十分直观，如"2000 年以前，全村年人均收入不足 1500 元；2016 年，全村年人均收入近 7000 元""合作社每年春夏两季出栏牦牛 400 多头，每头牦牛平均现金增收 800 多元，年现金增收 32 万元"。作品看似落点小，实则价值不小。巧妙通过一个个事例、一组组数据，将西藏农村脱贫致富的状况全维全景地展现于纸上，反映出藏族群众对中央治藏方略和扶贫政策的高度认可和由衷赞美。

（作者系环球时报研究院对外联络部副主任）

《三·联》栏目

作者：孙璇、孙朝方、郑华如、鲁钇山、夏杨、钟传芳、谢杨柳

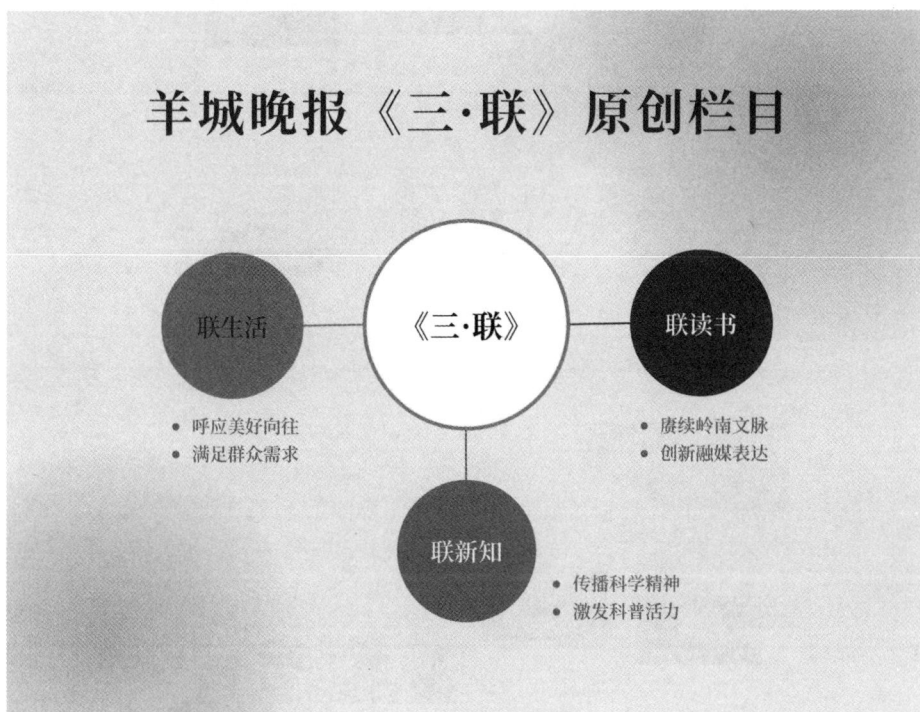

联生活

"街谈巷议"

"小羊审片室"

"当爹以后"

"岭南名医"

联读书

"羊城沧桑"

"酱紫FM"

"史说新语"

"文史小语"

"流水高山"

联新知

"说闻解事"

"东张西望"

"今昔"

"网事"

（原载羊城晚报羊城派移动客户端、金羊网、羊城晚报"两微"）

新媒体优质原创内容何以"三联"?

孙　璇

作为一份有着六十多年光荣历史的权威报纸，羊城晚报以优良的办报传统和厚重的文化积淀，赢得众多读者喜爱。尽管处于市场竞争白热化、自媒体冲击激烈的背景之下，我们仍努力通过实践证明，"内容为王"有其时代价值与现实意义。

自 2014 年起，为在移动互联网逐步普及之际赢得传播先机，壮大巩固宣传思想文化阵地，羊城晚报新媒体团队围绕"生活""读书""新知"三条主线，坚持"专业化生产、个性化表达"，着手打造一系列优质原创内容，逐步构筑起《三·联》原创栏目的传播矩阵。

该栏目矩阵精准定位于体味生活、倡导读书、开拓新知，涵盖时政、社会、财经、文化、历史、健康等十余个垂直内容领域。上线三年内，《三·联》原创栏目在多个平台总阅读量就超 15 亿，互动数超 150 万，全网覆盖用户数超过 7500 万。

联生活，汇聚云端烟火气

移动传播技术让资讯传递突破时空界限，吸引海量用户聚集在云端，实现信息共享、情感共鸣。《三·联》原创栏目深度联结生活点滴，力图通过充满烟火气、符合主流价值的优质原创产品，满足读者的日常阅读需求，打造正能量充沛的网络内容生态。

2016年，羊城晚报新媒体团队创立"岭南名医"品牌栏目，挖掘广东各家三甲医院的医疗健康资源，持续推出文图、漫画、音视频、H5等多形态内容，策划数十场讲课讲堂、名医进社区等活动，广泛回应多元化需求，以丰富的创意产品服务群众。

而开设于2014年的"街谈巷议"微评论栏目，选题不拘一格，在短平快的寥寥数语里点明新闻前因后果，利用平实笔触，以来自社会基层的视角，贴近民情、倾听民声、表达民意。

其中，作品《教育孩子，这才是最好的打开方式》评议了广东珠海一位母亲"一手为年幼孩子挡雨，一手为流浪老者撑伞"的爱心行为，情景虽然细小，却让人动容。这一简短的140字评论，恰恰戳中不少用户的泪点——教育孩子，最好的参照就是父母的行为；面对弱者，帮扶的方式不只有怜悯施舍。该作品首发于羊城晚报官方微博平台，数天内获得超过1100万阅读量，超过4.4万名网友点赞，产生裂变式传播效果。

"当爹以后""漏网之娱""小羊审片室"等特

色栏目，分别从健康、育儿、文娱等角度切入，将新闻资讯与现实场景紧密关联，让贴地气、有人气的新媒体产品成为用户不可或缺的生活小助手。

联读书，浸润岭南文化味

作为在全网范围具有广泛影响力的原创栏目矩阵，《三·联》赓续羊城晚报厚重的岭南文化底蕴，同时适配移动传播的网感化表达和轻量化需求，在文化类产品制作上推陈出新，让人眼前一亮。

"联读书"以"史说新语""酱紫FM"为代表，包括"文史小语""羊城沧桑"等富有人文、文史气息的优质原创专栏，致力于用"悦读"方式倡导听众与用户多读书、读好书。

"史说新语"坚持用历史的眼光看新闻，用新闻的视角说历史。我们将网上的热点新闻与书中的冷门知识相结合，带给读者陌生化的阅读快感，又在坚实的史料基础上创造新潮的网络语言，呈现出与传统迥异的文本风格。栏目开办以后，在新媒体平台上广受好评，如《"格斗狂人"挑战六大门派？看金庸群侠是如何"约架"的》一文，被人民日报旗下杂志《国家人文历史》微信订阅号转载，许多大V也长期转载相关微博话题文章。

"酱紫FM"则打破传统纯文本形式，以移动端为载体，以音频为介质，以朗读为形式，依托羊城晚报文艺类副刊"花地"文章，由新媒体主播娓娓讲述，打造独具岭南风格的"声音美文"。每逢关键节点，我们还为"酱紫FM"分设应时应景的子频道，包括"酱紫听两会""酱紫FM·乡音""酱紫FM·朗读者"等，形式新颖，适用场景丰富，令听众印象深刻。

联新知，专业笔触启智慧

我们按照各自分工进行新闻采写、文本编辑、漫画绘制、美术创作、视频拍摄、动画创作、音频制播等，深挖新闻热点和传播亮点，以用户喜闻乐见的形式，推出一大批网络"爆款"。

与此同时，《三·联》原创栏目也以"联新知"为方向，通过"说闻解事""东张西望""羊毛财经""东区二楼"等传播"窗口"，对倡导新知识、启迪新智慧的深度内容产品进行集中输出，彰显机构媒体的专业能力和社会责任。

以"说闻解事"为例，其原创内容紧扣"热点、科学、真相、价值"，注重揭示热闻背后的冷信息，传递新闻之外的新看点。我们用"文字纪录片"的叙述方式，挖掘知识富矿，同时兼具深度和广度，注重专业性和严肃性，并对社会存在的误解和谣言进行科学解读，帮助和引导公众澄清谬误，明辨是非。

2017年初，共享单车开始出现在广州街头。凭借职业敏感，我们迅速意识到这一现象背后蕴含的社会价值。确定选题后，主笔记者认真细致地查找历史资料、采访研究专家和咨询行业人士，深挖现象背后的知识内涵，经过用心斟酌思量，反复修改调整，推出了科普类文章《曾经风靡一度式微，单车为何能重新"挤"回城市？》。该产品完整呈现了自行车从诞生以来，在各发展阶段的沉浮变迁，具有知识性、历史感。用户读完文章后，再回到现实，对方兴未艾的共享单车增添了一种亲近感，对现代时尚和健康观念也多了一层新的理解。

随着《三·联》原创栏目茁壮成长，不少用户成了"铁粉"，每天追着栏目更新。我们始终坚持正确政治方向、舆论导向和价值取向，坚决抵制庸俗低俗的泛娱乐化内容、拒绝虚假信息，《三·联》原创栏目基本实现了"干预生活、影响生活、丰富生活、引导生活"的创作初衷，并得到各方积极反馈，在网络上形成品牌效应，取得了明显的社会效果。

牢牢抓住内容生产这个核心竞争力

刘海陵

在百舸争流、千帆竞发的新格局下，媒体融合发展要不断爬坡过坎、攻坚克难，关键在于找准自身定位与坐标，充分发挥资源优势，开创一片属于主流媒体的广阔天地。

作为长期扎根广东的文化大报、民生大报，羊城晚报推出《三·联》原创栏目，恰恰让读者看到，传统媒体虽然受到移动互联网冲击，但广大新闻工作者仍然在坚守，并始终保持着一份情怀，那就是：一以贯之地生产优质原创内容！

传统党报想在互联网时代留住老读者，吸引新用户，必须牢牢抓住内容生产这个核心竞争力。同时，通过创意包装、渠道运维、技术赋能等先进手段，进一步扩大新媒体内容的传播影响。

羊城晚报《三·联》原创栏目独具竞争力，体现在以下三个方面。

一是凸显文化优势，深耕优质内容。走过六十余载不凡历程，羊城晚报以深厚的人文关怀、浓郁的岭南文化韵味独树一帜。"文化"二字深深融进了这份报纸的血脉，每个毛孔流出来的都是文化的"香汗"。在媒体深度融合的今天，羊城晚报顺应移动化、可视化、社交化、定制化等发展趋势，着力把《三·联》原创栏目打造成可读、可看、可听的新媒体作品，其字里行间依旧透出浓浓的书卷气、文化味，这是由母报历史基因决定的。以文化之眼洞察社会变迁，正是羊城晚报的拿手好戏。当这一张"响当当的岭南文化名片"叠加新媒体的表现形态和传播手段，优质原创内容由此更富活力，更增有别于其他主流媒体的传播优势。

二是建成栏目矩阵，编织传播大网。 移动网络平台，信息传播过于碎片化。《三·联》原创栏目以"生活""读书""新知"三个关键词统领全局，从十余个垂直化领域出发，逐步实现新媒体产品的系列化、栏目化，构成优质内容的矩阵化。通过这一脉络清晰、差序明朗的"四化"栏目矩阵群，用户各得其所，满足个性化的阅读需求和现实诉求。"说闻解事""史说新语""街谈巷议"等优质栏目内容获得亮眼数据后，从羊城派、金羊网等自主平台持续向微信、微博等第三方平台扩散，产生广泛的影响，更有利于让大流量始终澎湃正能量。

三是广揽海量用户，提升引导实效。 媒体融合向纵深推进，要不断壮大主流思想舆论阵地，让主流之声愈加响亮。《三·联》原创栏目将全新的渠道和技术与优质内容深度融合，吸引大量关注、转发、评论和点赞，把天南地北的网民汇聚在新媒体平台上，通过栏目化、矩阵化的新媒体产品，形成长期的聚集效应和品牌效应，这不仅彰显了原创内容本身过硬的质量，更难能可贵的是，映照出羊城晚报把内容生产作为安身立命之本，积极提高新闻舆论在移动互联网上的传播力、引导力、影响力、公信力的有益探索。

（作者系中国晚报工作者协会会长，羊城晚报报业集团原党委书记、社长）

《权威太原地图竟然错误百出》系列报道

权威太原地图竟然错误百出

韩　睿

本报 8 月 2 日刊发《两条"永康街"搞晕"老太原"》一文后,市第三人民医院办公室工作人员刘先生致电本报热线 8222318 称:此报道所配地图截图上,除"永康街"有问题外,市第三人民医院的位置也明显标错了。

此地图截图源自《太原 CITY 城市地图》,由国内最权威的地图出版社——中国地图出版社出版发行,由新华书店经销,书号为 ISBN 978-7-5031-8610-3。记者仔细查看后发现,刘先生所述属实。令人吃惊的是,除此之外,这张地图出错的地方实在太多了:桥头街成"桥关街"、寇庄西路成"冠庄西路"、中北大学成"华北科技大学"、山西大剧院成"太原大剧院"……

错误层出不穷

根据刘先生反映,记者在《太原 CITY 城市地图》上查找市第三人民医院,发现有两个"市第三人民医院":一个在双塔西街新建南路东北角,另一个在永康街。经查证,市第三人民医院是原市传染病医院,地址只有一处,在双塔西街新建南路东北角,并无分院,永康街那处标注属错误。

经仔细查看，记者又发现《太原 CITY 城市地图》上存在的其他错误。由于数量过多，记者将它们归为两类：错名类和错字类。

先说错名类。地图出现两个"市供电局"、两个"二十一中"和两个"二十中"。"市供电局"是一个过时的称谓，多年前已称"太原供电公司"，其确切位置是在并州北路山西日报社对面，但据地图显示，在五一路国民师范旧址对面，也出现一个"市供电局"，而且并州北路双塔街口两侧的"山西日报社"和"市供电局"的位置正好颠倒；二十一中的正确位置位于小店区寇庄北街 26 号，而地图显示，北河湾附近又出现一个"二十一中"（应系"二十四中"之误）；二十中位于西矿街 158 号，而地图上同名的另一所"二十中"（应系"三十中"之误）却在天龙大厦北侧水西关南街上。东、西中环路，本以"路"命名，却被称作"街"；小店区青银高速南侧的真武路南段成"西武路"；并州南路狄村北街 11 号省司法厅成"省司法局"；长风商务区"山西大剧院"成"太原大剧院"；"中北大学"成"华北科技大学"；人民北路 19 号"中铁 17 局中心医院"成"铁 17 局中心医院"；"太原经济技术开发区"成"太原经济开发区"；建设南路 190 号"山西中医学院附属第三中医院"成"山西中医院第三附医院"……

再说错字类。"桥头街"竟然被标为"桥关街"、马道坡街"东湖醋园"标为"东湖酷园"、亲贤北街南侧的"寇庄西路"标为"冠庄西路"、古交市芦子足村标为"炉子局"……

责编表示歉意

8 月 8 日，记者就此致电中国地图出版社，与《太原 CITY 城市地图》责任编辑王女士取得联系。随后，记者把错误内容通过电子邮件发给对方。8 月 9 日，王女士回复邮件称："关于信中反映的部分医院名称位置错误，道路以及学校名称错误等问题，我们在编制过程中参考了百度地图、高德地图，但举其中一个例子作为说明，现在打开电子地图搜索'市第三人民医院',仍然可以显示出好几条相关信息,作为非本地人,我们也很难确认总院分院或是错误信息。诸如此类的问题,也请读者给予适当理解。我们非常欢迎读者给我们提供最准确最实用的信息。"

王女士还表示:"城市地图的出版耗时耗力,目前我国各级城市的道路、单位信息、公交线路变动都很大,我们出版的地图在资料的更新上可能会存在部分滞后的情况,我们也很难在第一时间知晓变动并进行更新,目前主要是根据各大主要门户网站、公众平台及热心读者的反馈进行修正。对于由此带给读者的影响,我们表示歉意。同时希望广大读者能对我们的工作给予适当的理解和支持。欢迎广大读者来电积极提供城市变动信息,让我们的产品做得越来越好,从而让更多的出行者受益。"

显然,王女士的回复说服力不强,《太原 CITY 城市地图》出现的问题,绝非"很难确认"所致,大多属低级错误。如此多的错误肯定不是"失误",而是编辑制作人员责任心缺失的表现。

记者举报无果

针对此事,记者致电国家测绘地理信息局地图技术审查中心,全国"问题地图"举报电话设在该中心。听明事由后,该中心工作人员表示:他们只受理地图中出现的重大政治、安全问题,比如国境线画错了、泄露军事秘密等。至于一般性的地图技术和质量问题,比如道路、地点名称错了,点位不准确等,属于民事责任范畴,该中心不予受理,也不会采取处罚措施。他建议记者向山西或太原新闻出版或文化监管等部门举报,如果此出版物不符合出版要求,可以建议取消发行资格等。

随后,记者就此咨询了省新闻出版局,相关人员表示,出版部门不负责监管地图出版物,此类问题只能找测绘部门。记者又联系到了省测绘局地图编制与测绘成果处,工作人员表示该处只受理政治、涉密方面的错误,其他错误不在其管理范围。

如此看来，《太原 CITY 城市地图》存在的问题，只能向中国地图出版社编辑制作人员反映。

问题地图危害

8 月 10 日，认真看过《太原 CITY 城市地图》后，本市一位曾多年从事地图编辑工作、现已退休的人士说："中国地图出版社是国内最权威的地图出版社，非常受各省测绘局尊敬。搞不清这次是怎么回事，他们竟然会出这样的东西。地图应具备精确度和严谨性，从这个角度来说，《太原 CITY 城市地图》就是一张废纸，我对中国地图出版社感到失望！"

这位人士表示，地图最基本的功能就是承载信息，一张地图应该具备让一个购图者获取正确信息的功能。如果地图出现大量错误，那么地图就失去了它存在的意义。举例而言，这张问题地图会对很多初来太原的外地人造成很大不便，不仅误事，还可能因此造成经济损失。另外，流通错误地图还存在着一种潜在历史性危害，这主要表现在街道名称的错误上。比如"桥头街"成"桥关街"、"寇庄西路"成"冠庄西路"，这些问题如果不及时解决，一旦被收藏流传到后世，很可能会让后人误认为这些街道曾经有过另外一种叫法，以致谬种流传，贻害后人。

这位人士建议，当务之急，书店应该将《太原 CITY 城市地图》下架，出版社应停止销售问题地图并采取整改措施。

本报将继续关注此事进展。

（原载《太原晚报》2016 年 8 月 12 日）

沉下心来，找到自己的那条路

韩　睿

一

接到写获奖心得体会的通知时，距离写这组系列报道已经过去 8 年左右时间了。采写过程，中间历经的曲折和很多细节、困难已经记不清了。如果要说最深的体会的话，我想反而不应该是细节和过程。德国思想家歌德说过，人们必须先把自己培养成某一种人，再来理解人类才能的总和。我想一名新闻记者要行走得远，一个基本的要素是，无论穷富，你得非常笃定、明确你就是要为这一行奋斗终身的，做到目标始终如一，面对利益诱惑、困难和挫折也不会放弃，纵使时光流逝你也心安，这个职业就是你确定无疑的宿命和角色，从而再进一步深刻觉察你为何写、写什么、怎么写。这些问题都是伴随终生的，每个人从事每一行业都有一点似乎无法迅速克服的困难，我们常常看到，在新闻写作行业有的人暂时出彩，但是数年后因种种原因就不从事这行了，但是不走到最后，你就不能体会到真正的精髓。唯有终生道不改、志不移，发自内心地热爱，一直乐此不疲，始终承受其中的痛和快乐，才有机会和新时代宣传思想工作领域建立深度联系，才会不断站在更高的起点上理解你的工作和你自己。志

不立，天下无可成之事。

有人说，有好的选题和线索，稿件就成功了一半。从表面上看，此话有道理。但是我更加相信，当你自觉自愿在一个点上不懈钻研了很多年，水滴石穿，你拿到的所有线索和选题都有可能被做成具有中国新闻奖水平的范本。其实，获不获奖、获几次奖都有机遇幸运的成分，不是最重要的，最重要的是在漫长的从业生涯中，你能不能问心无愧，我已经和我的职业融为一体，我的表达就是我，无论顺境逆境，无论别人如何褒贬评价，我已经不需要拿什么奖项来证明自己。

所以最关键的不是获奖，是你有没有沉下心来，找到自己的那条路。找到了，不获奖也无所谓；找不到，获奖了也没意义。

二

毕竟这篇文章的主旨是要谈谈采写背后的故事，那就说回到这组系列报道本身。

获奖那些年，按当时的部门划分，我是在晚报的热线新闻部，我们部门没有划分的"跑口"，全靠市民读者的来电反映发生在太原市的各种大事小事、好事坏事、奇人逸事，然后我和搭档跑现场采写。因为热线部可能是当时唯一能做舆论监督的部门，所以每天报纸上我们部的稿件最劲爆、最有料、最引发关注，在读者中口碑最好。这条获奖的线索也是首先来自读者来电来信反映问题。平时，我们采写的稿件也是以舆论监督、惩恶扬善、揭露假恶丑为主。马克思认为，为弱者进行辩护，从而得到民众的承认是报刊的首要职责，如果没有这个，民众就会认为报刊是可有可无的东西。报纸正是作为社会舆论的纸币流通的，当它失去了监督和辩护的价值，便也失去了流通的价值。《权威太原地图竟然错误百出》能得到层层选拔，也是因为进行了坚持和坚决的舆论监督，并且是以地方媒体监督国家级的中国地图出版社而逐渐"出圈"。我们的4篇连续报道都围绕着一个主题进行，这家专业出版地图的中国国家级地图出版社，在其发行到全国、全球各地的《太原 CITY 城市地图》里，据粗略统计各类错误达到上百处，包括地名胡写、道路胡乱标注、单位名称张冠李戴……为了搞清楚究竟错了多少处，我们找到山西省测绘局资深专家进行核查，发现错误已经多到数不过来的地步。这样一本反映太原全貌的权威地图册，中图社的编辑们在编撰时竟如此儿戏，真让人大跌眼镜。这不由得让人联想，除了太原地图，别的城市地图册又当如何呢？人民群众使用了此种地图册，后果不堪设想。

随着连续报道不断刊发，舆论声音越来越大，2016 年 8 月首次联系时还态度淡然冷漠的中国地图出版社当事编辑和其单位总编辑负责人坐不住了，该社领导于 11 月飞到太原，专程就此事致歉，在《太原晚报》刊发公开道歉信，同时全国新华书店也下架了所有《太原 CITY 城市地图》，随后，该社编辑们来到太原，就即将新编辑出版的太原地图和报社记者、读者、山西省测绘局人员深入交流沟通。至此，这组连续报道画上了圆满句号。

三

内因是事物发展的根据，外因是事物发展的条件，外因根据内因起作用。在这组获奖报道的申报材料上，这段话表面上可以基本概括稿件的脉络和意义：从第一篇发现问题到最后一篇解决问题，时间跨度三个月，这是地方媒体给国家级权威出版社纠错的故事，是一件主题鲜明、结构完整、报道全面、有深度的作品。而从参与人数来说，这项荣誉也绝不仅仅归功于记者，热心的市民读者、山西省测绘局在职的和退休的专家以及当时一起跑采访的实习生，都付出了巨大的精力和心血，任何一件大奖，其实都是天时、地利、人和的体现，是一种幸运，而且都是在逆境中坚持到底的一种奖赏。

但是，我的内心最深切的体验，还是这样一句话：无论何时，在脚踏实地的同时，一定不要慢慢随波逐流忘记初心，一定要去仰望星空。念念不忘，必有回响。

一篇充满黏性的批评报道

张冬瑾

太原晚报这组报道让人爱不释手，读了又想读。

首先，它属舆论监督类报道。太原晚报发挥贴近群众优势，多年保持根据热线线索进行现场采写的传统，在互联网时代不仅不丢失，反而更强化。由此所作的批评报道，成为传递群众呼声、反映群众愿望的载体，对改进工作、扶正祛邪起到推动作用。具体到《权威太原地图竟然错误百出》，其最大看点在于，由一位读者打的"热线电话"入手，记者直接介入调查。一家地方媒体给国家级出版社挑错、纠错，促使相关部门采取措施解决问题，本身就具有较高的新闻价值。当然，我们不能为引流、博眼球而开展舆论监督，但不可否认的是，多发这类报道，具有多种正面效应，增加对受众的吸引力是其中之一。

其次，它有始有终有结果。一组三篇报道，事实完整，交代清晰，朴实生动，每一篇既相对独立又有必要关联。比如，首篇报道以在地视角，原原本本摆出问题，探究差错背后的症结，反映当事方的初始态度。对于出版社相关人员的采访，现场感和互动性俱强，如实，客观，不作渲染。第二篇和第三篇聚焦出版社针对太原地图漏洞百出问题的处理过程和方式，写出认识的转变和改正的诚意，与此前报道中的推诿甚至敷衍形成反差。这种理想结局，反映舆论监督的有效成果，有助于激发公众进一步参与社会事务，也使报道的可读性大大增加。

最后，它充满有趣的知识。人依地栖，名以存志。地名不是简单的标识，而是历史和文化的"活化石"。这组报道除了具备多重社会价值，值得一提的是让人看到城市地名蕴含的内涵。太原，这座超过2500年的城市，其历史可以追溯到春秋时期的晋阳城。各街道名字来历，如柳巷、狄梁公街、韶九巷等，不乏一些有趣的历史故事和民间传说。明太原城建好后，城市基本形状一直延续至今，且南北为路、东西为街，特别规整。此次地图的名称错误，多处出现在地名、方向上，混淆了这座古城本就具备的规划格局和方向性语义。读这篇报道，了解太原地名文化，对于留住太原城的文化记忆大有益处。

《潮河情·滦水行》京津冀三地媒体大型联合采访系列报道
本报记者从"两河"流域发回的现场报道

遥看一湾清水来

集体 / 采写

7月11日，我们终于来到"天津摇篮"——三岔河口，来到天津"引滦入津"纪念碑前，清澈的滦河水轻轻拥抱着"盼水妈妈"塑像，缓缓流入天津。

"她让天津苦和咸的时代彻底终结，滦河是天津人的乳娘。"天津籍著名诗人罗广才深情地说，"这份恩情，永不忘。"

是啊，承德人不能忘，为京津冀涵养水源，是习近平总书记的嘱托，句句钉在心里。

"为京津冀涵养水源，是党中央的要求，更是承德人民的理性抉择。"承德市委书记周仲明说。

头上，"盼水妈妈"正温柔地望着，望着滚滚河水奔腾而来的方向。滚烫的目光飞过原野，跃过高山，吹动野渡一叶扁舟，焐热世界最短的热河，挽起御道旁洪流的牧歌，一路望向源头红柳树下的溪水，望向那遥远的北方。

9天征途，日夜兼程，披星戴月，挥汗如雨；

100多位受访人，声声关情，言之切切；

1600 余公里，沃野千里，烟波浩渺，水汽氤氲。

一路走来，我们见证着，在广袤的承德大地上，一个宏大的国家战略正化身为流淌着的绿色奇迹。

"种绿""护绿""造"水来

盛夏时节，驱车前往丰宁满族自治县"两河"源头，一路穿行在深深浅浅的绿意之中。

清清的滦河、潮河水，就从这里发端，一路蜿蜒，流向湿地，流向城镇，流向京津。

"两河"碧波之中，成片的香蒲风中摇曳，一年四季里的各色鸟儿似乎验证着良好生态的回归：绝迹 40 年的赤麻鸭凌空起舞，大雁、苍鹭在岸边嬉戏，成群的野鸭在苇荡中穿行……

这一派生机盎然的景象，很难让人想到被誉为京津"三江源"的潮河源和滦河源水，曾一度濒临断流。

枯草，黄沙。

通往滦河源头的草原上，车辙深深，就像两道丑陋的疤痕，草场被破坏，滦河源头出现了季节性断流。

"沙不退，水不回，我不下山！"老汉郭金荣的话掷地有声，"死也要死在滦河源！"

据资料记载，上世纪末，丰宁满族自治县水土流失面积达 4959 平方公里，沙化面积 2700 平方公里，分别占全县总面积的 56.5% 和 30.8%。

为保护水源涵养地，建立京津生态屏障，承德市 1999 年开始滦河源工程区建设，"两河"源头地区大力度的生态综合治理由此开始。

在沙窝里植树，在源头边护泉。

在没有电、没有水的条件下，郭金荣在滦河源头一守十年。

又是一个植树的季节，郭金荣心脏病突发，永远留在了滦河源，留在了青山绿水间。

擦干眼泪，腼腆沉默的坝上汉子赵山接过接力棒，继续守护滦河源。

青山不语，绿色为证。

承德市秉持"把风沙挡在承德，把净水送给京津"的绿色使命，一代又一代"绿色使者""种绿""护绿"，阻沙源、涵水源，在京北创造了一个荒原变林海、荒漠变绿洲的绿色奇迹。

如今，黄沙退去，松涛阵阵，清清源水长流，两岸绿柳成荫。

目前，全市森林覆盖率达 56.7%，涵养水源能力比新中国成立初期提高 20 倍，年均水资源总量为 37.6 亿立方米。

"京北的水源地生态治理为京津涵养了水源，保守估算，每年为下游送水价值达 20 多亿元。"承德市水务局副局长刘剑锋说。

涤荡清流一水间

将清清河水送京津，让百姓喝上放心水。

作为京津冀水源涵养功能区，承德市把水生态环境保护与建设摆到了"生命线"的高度。

2014 年，承德市在全国首创"河长制"，县（区）委书记、县（区）长担任本辖区河流的"河长"，通过"两河"流域 80 个监测断面，从保护、监测到治理、排放全程负责。

承德市区滦河武烈河省级湿地公园里，青草茵茵，鲜花盛开，一望无际的芦苇丛在碧波中伸向远方，8000 余亩绝美的湿地景色成了承德市民第二个"避暑公园"。

在 10 里外的太平庄村，承德市污水处理厂实现了城区主干管网全覆盖，日处理污水能力已达到 15 万吨，层层净化后的水日夜不断流入滦河，出水水质达到国家一级 A 排放标准；

在滦平县凡西营村，村办企业污水进入污水集中处理终端，清流滚涌而出；

在双滦区达连坑村，243 户村民的生活污水经过 50 户分散式污水处理终端净化后排出，有效维护了滦河流域的生态环境。

在财力不足的情况下，承德市累计投入资金 80 亿元，在 11 个县区建成了污水处理厂，工业企业废水排放达标率达到 100%。

在古北口监测点，承德市环境监测中心站副站长赵光辉一边查看水环境质量在线监测数据，一边向记者介绍："你看，这套监测分析仪的探头入水后，马上就能显示出 PH 值、电导率、溶解氧等数据。今天水质良好，继续保持二类标准。"

星垂平野阔，月涌大江流。

在滦河、潮河 3 万多平方公里浩瀚的水面上，210 个监测点位不间断地监测输送着包括 COD、氨氮等在内的 30 余项数据，24 小时全面监控着"两河"水质安全。

多年来，承德市出境河流水质始终优良，入密云水库的河流水质始终保持在 II 类，入潘家口水库的河流水质始终保持在 III 类，为京津冀地区水环境安全提供了坚实的保障。

一泓清水送京津

北京和天津的水塘里，盛满了承德水。

一路走来，我们见证着"两河"润泽京津背后，承德人真金白银的投入和默默无私的付出：

为保护 1500 万亩山场生态环境，几十万个像"王树申"一样的人放下羊鞭子上山护林，连续多年强力实行禁牧和圈养措施，农村羊的饲养量已锐减百万只；

为向京津多供水，砍掉耗水高的农作物，"赵俊国"们实施"稻改旱"，潮河两岸 20 个乡镇从此不闻稻香；

为修建潘家口水库，数万亩耕地和果园被淹没，数千户百姓迁居他乡；

为减少污染，先后关停取缔"两河"流域污染企业 1400 余家，禁批 2000 多个有污染可能的企业上马，少就业 30 万人。

为了保证"两盆水"清澈、丰沛，承德人做出了巨大努力与牺牲。

为了保证"两盆水"水量充足、水质安全，承德人必将继续发力。

盛夏时节，河北省一号水利工程——承德市双峰寺水库工地机器轰鸣，2016 年年底前建成蓄水后，控制流域面积可达 2303 平方公里，对增强京津冀水源涵养和水资源配置将发挥巨大作用。

双峰寺水库的建设，是承德构建京津冀水源涵养功能区的一个缩影。

目前，承德市水源涵养"千湖工程"正在建设，力争通过 5—10 年的努力，新建水库 105 座、总库容从 4.1 亿立方米提高到 22.8 亿立方米，为京津再增加 6 亿立方米以上应急战备水源。

建设京津冀水源涵养功能区，是习近平总书记对承德改善区域生态环境的殷切希望。

承德市出台了《关于加快京津冀水源涵养功能区建设的若干意见》，着力从生态涵水、工程调水、管理节水、环保净水、产业兴水、借力保水六个方面寻求突破。

截至目前，承德市已先后实施水源涵养项目 4278 个，完成投资 151.5 亿元，新增蓄水能力 2.66 亿立方米，成为了全国首批生态文明先行示范区。

"承德将倾力建设京津冀水源涵养功能区，不计代价地加快推进生态文明建设。"承德市委书记周仲明强调。

灵山多秀色，空水共氤氲。

为京津涵水源、阻沙源，一个立足生态、开放创新、绿色崛起的京津水源地将会生发更大效益。

（原载《承德晚报》2016 年 7 月 13 日）

大主题下的小角度切入　用心用力讲好"人"的故事

集　体

时光荏苒，岁月如梭，转眼由承德晚报策划开展的《潮河情·滦水行》京津冀三地媒体大型联合采访系列报道，已经过去整整 7 年了。作为一名记者，有幸参与其中，至今回忆起当年的情景仍然历历在目，那种使命感和荣誉感仍然让人激情澎湃。

习近平总书记在京津冀协同发展座谈会上，对承德提出明确定位：建立"京津冀水源涵养功能区"。滦河、潮河是我们的母亲河。几十年来，承德市委、市政府持续发力，"两河"流域实施产业结构调整，全面禁牧、退耕还林、"稻改旱"、涉污企业关停并转，全市大力推行"河长制"……一系列措施的推行确保了"两河"流域水量充沛和饮用水安全，"两河"水质一直保持了国家饮用水标准。

为了体现京津冀一衣带水的情谊，为了展现承德人民保护"两盆水"默默作出的奉献，我们精心策划了此次活动，提前一个多月就成立了筹备小组。我们一面将本次活动向主管部门汇报，得到承德市委、市政府主要领导的大力支持；一面多次前往北京、天津等地，与各媒体、国内知名学者进行沟通对接。同时，我们对本次活动的行程进行仔细斟酌和反复推敲，让活动更具针对性和可操作性，抽调精干力量参与本次活动的采访报道和编辑出版。

滦河源，是本次行程中的第一站，位于孤石村小梁山南坡的大古道沟。由于长时间封山禁牧，这里已经没有了路，进山必须乘坐消防运兵车。车辆行进在崎岖、泥泞、碎石遍布的通道上摇摇晃晃，车上的人也随之摇摆，似乎随时都有倾覆的危险，这似乎也预示着此行走的不是"寻常路"。

此行我们见到了很多和"两河"有关的人，有个体，也有群体，有能人，也有普通人，听了许多关于他们的故事，他们舍小家为大家、默默无闻无私奉献的精神感动着采访团的每一个人。

沙场老板"伍哥"是党员，也是一个能人，关停了沙场，他损失800多万元，但他快速转型，承包70亩果园搞起绿色采摘；苇塘村主任谭少成自掏腰包用日用品换垃圾，改变了村民的生活习惯，让村容焕然一新，还吸引了外来投资；潮河源村王树申是一个普通人，以前是养羊专业户，现在成了护林员；老汉赵俊国是一个普通人，为了保护水质，他把8亩地全部"稻改旱"，一年少收入1万多元……

为了保护潮河水，红旗村村民全村"稻改旱"，由世代种水稻改成了种大棒子；西卜子村村民当年为了支持修建潘家口水库，千亩沃土变成一"江"滦水，他们学习网箱养鱼，后来，又为了保护水源地而放弃网箱养鱼……

这些人，简单地用"能人"和"普通人"形容似乎有些肤浅，我想用另外一个词才更为准确——承德人，一群在京津冀协同发展的大背景下，牢记习近平总书记的嘱托，把握京津冀水源涵养功能区的定位，把"涵水源"作为工作重中之重负责任有担当的人；一群同饮一江水、惦念一衣带水情的有感情有温度的人；一群舍小家顾大家，以整体和大局为重有理想有追求的人；同时也是一群做出了不懈努力，取得了不错成绩，付出了巨大牺牲的人。在承德"涵水源"的功劳簿上，有他们浓墨重彩的一笔，正是他们每个人的不懈努力铸就了承德精神，汇聚起了磅礴的承德力量！

这也是我们把笔触和镜头对准他们的原因，讲述他们的动人故事，让更多的人知道，让更多的有志之士成为他们中的一分子。

一路上，除了这些可爱的"承德人"让我们深受感动，采访记者和编辑的敬业和奉献精神也让我们难忘。

本次活动恰逢7月，酷暑是大家遇到的一个难题，在库区里采访就像进了桑拿房，不一会儿就汗流浃背，额头上的汗水直往下流，用手一捋就是一股汗流，前胸和后背很快就湿透了，黄色的 T 恤衫也成了"花"的。进入天津，气温将近 40 摄氏度，人根本无法在阳光下多待一会儿，四周弥漫的热气也让人无法呼吸。

我们的一位记者在朋友圈曾发了这样一段文字：这次采访犹如"铁人三项"，火烤（骄阳下采访）、拉练（长时间奔波）、熬夜（当天交稿）。大家看后，感慨万千，湿了眼眶。记者白天采访，晚上精心写作，有时直到把稿子写好了，才简单地吃一口，第二天又投入到紧张的工作当中。在如此高强度的工作状态下，有的记者嗓子哑了，扁桃体发炎了，但仍坚持到最后。

精神上的紧张和工作的压力，让人不堪重负，但没有一个人退缩，大家无怨无悔，全力以赴，为了心中的新闻理想而咬牙坚持，奋力拼搏。历时 9 天，行程 1600 多公里，14 个版面、20 多幅图片、2 万余字系列报道，在短短的时间，我们交出了合格的答卷。每天清晨，带着记者感人的笔触和温度的报道与读者准时见面，那一刻，我们相信：我们是一支能战斗的队伍。

本次系列报道的另一个特点是，我们综合运用图片、新闻、散文、诗歌等多种形式全方位讲述"两河"故事。最终这组系列报道因出色的策划和细腻感人的文字及视觉力冲击强的图片，获得了多方的赞誉和肯定，并获得了当年的河北省新闻奖一等奖、赵超构新闻奖一等奖、中国新闻奖三等奖。对于一家地市级报纸来说，能够有幸获得中国新闻奖的机会是微乎其微的，这些荣誉足可以说明这组报道的成功和不可复制。

脚板踩出来的好作品

唐绪军

在 2018 年全国宣传思想工作会议上，习近平总书记对宣传思想干部提出要求："要不断掌握新知识、熟悉新领域、开拓新视野，增强本领能力，加强调查研究，不断增强脚力、眼力、脑力、笔力，努力打造一支政治过硬、本领高强、求实创新、能打胜仗的宣传思想工作队伍。"这是新时代的新要求。

为什么在"四力"中要把"脚力"放在首位？因为随着互联网的普及、移动通信终端的广泛应用，如今的信息交流和沟通越来越方便快捷，一些记者因此而懒于奔赴新闻现场，仅靠手机和网络收集资料撰写稿件，致使新闻报道越来越缺乏现场感，越来越没有温度，越来越呆板无趣。奔赴新闻现场是对记者的基本要求，也是保证新闻作品新鲜度、生动性的前提条件。奔赴，自然需要有"脚力"，把它排在"四力"之首也就顺理成章。优秀的记者都把"不到现场不写稿"作为遵循的基本原则。这个原则换句话来说，就是优秀的新闻作品大多是由记者靠脚板踩出来的。比如，这件获得第二十七届中国新闻奖系列报道三等奖的作品《潮河情·滦水行》京津冀三地媒体大型联合采访系列报道就是这样的一个代表。

这组系列报道反映的是承德人民为保护滦河和潮河这"两盆水"，建立"京津冀水源涵养功能区"付出的努力、作出的贡献。据介绍，采访时正值酷暑，联合采访组进入水源涵养功能区里就像进入了桑拿房一样，个个大汗淋漓。由于长时间封山禁牧，涵养区里已经没了路，必须乘坐消防运兵车进山。车辆行进在崎岖、泥泞、碎石遍布的通道上摇摇晃晃，车上的人也随之上下颠簸，东倒西歪。就是在这样艰苦的条件下，联合采访组历时9天，行程1600多公里，终于完成了这组由2万余字、20多幅图片、14个版面组成的系列报道。

正是因为有了切身的体验和感受，正是因为有了亲眼见到的美丽与艰辛，记者的笔下才能有情感、有温度、有文采。比如，《清清源头水奔流不息去远方》的开头："从内蒙古高原来的风走累了，坐在丰宁满族自治县沿坝山峰歇脚。'啪嗒。'汗水一砸两半，一滴落在孤石，一滴落在黄旗。"这是描写潮河和滦河的发源地，读起来像诗一样美丽。不到现场哪来这样的灵感，哪能有这样的文采？再比如这一句："山坡下面，一弯溪流好似飘带，给坝上草原打了个蝴蝶结，溪水清澈见底，这就是天津人民日常饮用水的最初模样。"把一弯溪流比喻为"飘带"，把溪流在坝上草原上的蜿蜒流淌比喻成"蝴蝶结"，这样的妙喻坐在办公室里能想得出来吗？

当然，进入现场并不是只为了寻找灵感、追求文采，对于新闻记者来说，重要的是要把事实和真相报道出来，把那些人们还不知道的事情告诉他们。这组系列报道以大量的数字和图片告诉读者，北京的生活用水为什么那么清冽，天津的饮用水为什么不再苦涩，那是因为承德人民为保护滦河和潮河这"两盆水"作出了巨大贡献。这是丰宁林场20多年植树造林换来的，是红旗村村民"稻改旱"换来的，是"郭金荣"们前赴后继治沙换来的，是"王树申"们20多年来守护山林换来的。

年轻的记者朋友，要想写出好作品，迈开你的双腿吧！

封存公章六十枚 办照仅需一小时

沈阳晚报、沈报融媒讯（高级记者 白昕）虽然整个仪式只有几分钟，但这却是个历史性的场景！4月1日，一场特殊的仪式在沈阳市和平区政务审批服务局办事大厅内举行，在办事群众和相关政府职能部门负责人的共同见证下，来自房产、卫生、教育、城建等16个职能部门的60枚审批公章被永久封存在一个长方形的箱子里，并被一张封条彻底封存，成为历史。作为全省率先被封存的审批公章，这具有代表意义的60枚作废公章，标志着和平区"行政审批多头跑路"的历史宣告终结。

当天下午，在和平区政务审批服务局办事大厅内，透明的长方形箱子里，整齐摆放着刻着教育、房产、卫生等主管部门名号，带着红色印泥痕迹的60枚公章，随着一张封条贴上，这些公章彻底"成为过去"。而作为改革的见证，这些公章将被和平区档案局封存。与此同时，和平区政务审批服务局正式启动刻有"沈阳市和平区政务审批服务局"字样的新印章，用这一枚公章取代了过去16个部门的60枚公章，在省内率先实现了"一枚印章管审批"，破解了权力"碎片化"和"公章围城"等问题。

行政审批和公共服务不用再"多头跑路"，办事群众感受到的变化最为直接。手捧首张盖有新印章营业执照的朱先生告诉记者，当年申请企业设立，要办营业执照、机构代码证、税务登记证以及企业公章，前后跑了好几个部门，每个部门都要提供一套材料，盖一遍公章，加上中间耽搁的时间，全都办理下来得用半个月。现在办理审批业务，仅用了一个小时，他就顺利拿到了营业执照。

据了解，"60 变 1"，看起来仅仅是一个数量上的变化，但对政府来说，它会涉及机构的变化、职责的变化、体制的变化、过程的变化，包括人员的安排、机构之间的配合、内部的协调等方面，应当说是一个前所未有的探索。而公章的减少，不仅仅是老百姓办事的成本降低了，还使得行政审批的流程更加简单，市场活力也得到了激发。

（原载《沈阳晚报》2016 年 4 月 2 日）

60 枚公章见证深化改革巨变

白　昕

　　虽然整个仪式只有几分钟，但这却是个历史性的场景！2016 年 4 月 1 日，一场特殊的仪式在沈阳市和平区政务审批服务局办事大厅内举行，在办事群众和相关政府职能部门负责人的共同见证下，来自房产、卫生、教育等 16 个职能部门的 60 枚审批公章被永久封存在一个长方形的箱子里，并被一张封条彻底封存，成为历史。作为沈阳晚报时政部记者，我有幸在现场见证了这一历史时刻，并在第二天的沈阳晚报上刊发了题为《封存公章六十枚　办照仅需一小时》的消息，幸运的是，这篇 755 字的消息在第二十七届中国新闻奖评选中获得了文字消息类三等奖。

　　身为"80 后"的我，2005 年入职沈阳晚报，这份极富情怀的报纸创刊于 1985 年 7 月 1 日，是东北地区创刊最早的都市报，在辽沈地区拥有深厚的读者基础。入职近 20 年，我先后从事服务、社会、突发、经济、时政等领域的采访报道工作，而封存公章这一事件的发生地，恰好就是我所负责的战线之一。那么为何说是幸运呢？一方面，在历届的中国新闻奖评选中，文字消息类都是央媒及地方党报的主战场，而主打市井新闻的都市报在这一类别的评选中毫无优势可言，获奖的篇数屈指可数。另一方面，这一新闻并非独家新闻，无论是同城纸媒，还是电台、电视台，当时都组团儿给予了报道，其余纸媒则多是简单发发通稿了事。从某种程度上，降低了这篇报道的得奖概率。

不过，在新闻采访中，人们常说记者要"吃透两头"，展开来说就是既要吃透"上头"的方针政策和宣传意图，又要吃透"下头"的实际情况和群众呼声。而这篇稿件能收获中国新闻奖的主要原因就是"两头"结合紧密。事实上，每枚公章的背后都曾是一道通往市场的"关卡"。在就任总理后的首次"两会"记者会上，李克强总理曾用通俗的语言形容，一些地方办个事、创个业要盖几十个公章，群众"恼火得很"，因此必须从改革行政审批制度入手加快转变政府职能。自此这项"自我革命"的改革全面提速。在 2016 年 3 月 5 日，李克强总理作政府工作报告，明确提出推动简政放权、放管结合、优化服务改革向纵深发展。以敬民之心，行简政之道，切实转变政府职能、提高效能。而沈阳市和平区封存六十枚公章这一事件，正是政府简政放权的有力措施，也是全面深化改革的生动缩影。因此，在接到这个采访通知时，我就认为这个新闻线索是难得一遇的好题材，如果用心雕琢，有冲击新闻奖的可能，因此提前做了功课，并跳出通稿，在写法上进行创新。与此同时，报社领导通过编前会了解到这一题目后，也认为这是个不可多得的好题材，建议以消息的体裁来呈现，并再三督促校对、编辑，加强文字、标点等细节的把关。在这里需要交代一个背景，2014 年，第二十四届中国新闻奖、第十三届长江韬奋奖评选工作启动了一项重大改革：增设审核环节。审核委员会 32 位委员，分成 11 组，"狙击"每一件参评作品里的错误。也是在这一年，中国新闻奖制定了严格的评选标准，比如，作品存在错别字、标点符号错误、多字落字等情况，不得获一等奖；以上错误出现两次以上（含两次）的，不得获奖。而恰好是在那一年，我采写的一篇稿件入围第二十四届中国新闻奖的评选。正当我满怀憧憬时，等来的结果却是因代词的误用被撤销了评奖资格，稿件还被《新闻战线》收录到《中国新闻奖被撤销第二十四届中国新闻奖资格作品的常见错误 38例》。这可谓是一次深刻的教训，但同时也是一次警醒。也正是有了这"当头一棒"，才使得我对中国新闻奖愈发地向往。

不经历风雨，怎能见彩虹？失败是一笔财富，它能让我们成长，让我们变得更加成熟。经过 3 年的反思与成长，在 2017 年记者节前夕，我终于收获了梦寐以求的中国新闻奖。而通过这次得奖，我也收获了一些启示。首先，优秀的新闻报道一定是那些新闻价值大的报道，这样的报道都要求报道主体（记者、编辑）要有较高的新闻价值判断能力；其次，无论你工作了多少年，有多么丰富的采访经验，对待每一次采访都要心怀敬畏，用心捕捉每一个新闻线索的价值。此外，作为媒体人要遵守并熟悉中国新闻奖的评判规则，不要因为一字一符的差错而憾失大奖。归根结底，一个记者能否最终获得中国新闻奖，需要天时、地利、人和，更需要在日常工作中不断增强"脚力、眼力、脑力、笔力"。

专家评说

难得的好消息

殷陆君

700 多字的消息，把新闻写出来，把意义提炼出来，不容易。

门难进，事难办，群众多有诟病。公权慎用，公事审慎批准，用意是好的，但是走偏的不少。有的审批表面看程序设计严密，一环扣一环，实质是自我设限；办事程序复杂，往往害人又害己。

公章多，分头审批多，就是典型一例。沈阳市和平区用一枚公章取代 60 枚公章这则新闻抓得好。

这则消息虽短，但有观点、有思想、有节奏。

观点体现在述评里，短短的几句话夹叙夹议，巧妙做眼，画龙点睛。第一段的首句："虽然整个仪式只有几分钟，但这却是个历史性的场景！"末句："作为全省率先被封存的审批公章，这具有代表意义的 60 枚作废公章，标志着和平区'行政审批多头跑路'的历史宣告终结。"

思想体现在发现问题、揭示问题、明确方向和提出期待。和平区政务审批服务率先实现了"一枚印章管审批"，破解权力"碎片化"和"公章围城"等问题。

节奏体现在行文有致，简洁白描最新场景，简要评述最新事实，有事实、有数据，有故事、有比较。

最后一段点明了要旨，行政审批的流程更加简单，老百姓办事的成本降低了，市场活力也得到了激发。

当然，要解决行政审批和公共服务不用再"多头跑路"的问题，并非封存公章就能了事。

提高效率、效益，我们知难行难。

从这点看，消息要真正做到"短实新"，行政审批的精简，市场活力的发挥，依然在路上。

10年徒步巡线6万里 守护雪域高原幸福路

赵 慧

"那是一条神奇的天路哎,把人间的温暖送到边疆,从此山不再高,路不再漫长,各族儿女欢聚一堂……"2006年7月1日,作为我国西部大开发标志性工程之一的青藏铁路全线通车运营,这条世界上海拔最高、线路最长的高原铁路架起了"世界屋脊"通向世界的"金桥",这条"天路"犹如吉祥的哈达,载着雪域儿女驶向幸福的彼岸。10年来,青藏铁路的安全运行为雪域高原的跨越式发展插上了腾飞的翅膀,这其中凝结着铁路守护者默默的付出与奉献。

不忘初心 精心呵护雪域"天路"

"七一"前夕,记者来到海拔4300米的当雄县铁路护路联防队羊八井大队。一大早,护路员扎西已经吃完早饭,穿好护路服开始一天的巡逻守护工作。长期在高海拔地区工作生活,让30岁出头的扎西嘴唇乌紫、皮肤黝黑,看上去比实际年龄大许多。记者和扎西一起走在海拔4300米的巡逻路上,凛冽的寒风吹在脸上如针刺般疼痛,只走了一上午,记者就气喘吁吁、头痛难耐,脚上磨出了泡。但就是脚下这条路,扎西已经走了整整10年。10年来,3600多个栉风沐雨的日日夜夜,扎西以护路营区为家,朝夕巡逻守护在"天路"沿线，累计徒步将近 6 万里。

青藏铁路通车以前，家住羊八井镇桑巴萨村的扎西和村子里许多人一样，过着放牧的生活。青藏铁路通车后，"天路"通到了家门口，不仅改变了家乡的面貌，也让扎西有机会成为一名光荣的护路员。

"巡逻时不能有一丝马虎，要仔细检查铁路上的硬件设施有无损坏或被盗。同时，需要特别注意人员和牲畜上道情况，行人或牲畜如果上了道，等发现火车来了再躲就很难了，必须防患于未然。由于铁路边没有任何遮挡的东西，夏天，天气太干燥，常常流鼻血。到了冬天特别冷，夜晚的气温常常降到零下十几度，我们在外面巡逻，经常被冻得失去知觉。"扎西告诉记者。

走在巡逻路上，远远地，在铁路桥边，一个岗亭在空旷的原野上格外醒目。这时，队友为扎西送来了午饭。扎西在岗亭边席地而坐，青椒肉丝、炒白菜、米饭，就着草原上呼啸的风，扎西吃得很香。"现在，除了风大点，天气还算好。到了冬季，如果不在岗亭里，吃进去的全是冰碴和沙子。"扎西十分淡然地说。

富民兴业　群众幸福生活节节高

在当雄县铁路护路联防队羊八井大队教导员次旺多吉的带领下，记者来到了扎西家。见到扎西的母亲拉姆老阿妈时，她正在自家的小院里缝被子。小院内绿草茵茵、花香扑鼻，宽敞的小院被老阿妈收拾得干净整洁、十分温馨。老阿妈开心地说："铁路通了，我们的生活条件越来越好，各种新鲜蔬菜、水果和生活用品都能买到。""铁路沿线的群众都瞄准了青藏铁路的巨大商机，在党和政府的帮助下，通过开家庭旅馆、销售特产、跑运输等，纷纷吃上'铁路饭'，渐渐走上了致富路，过上了富足而幸福的生活。不仅如此，越来越多的人乘坐火车到内地学习培训、观光旅游等，不仅开阔了眼界，还增长了见识。"拉姆老人的丈夫群培深有同感地说道。

老阿妈将记者迎进客厅，幸福的笑容一直洋溢在她的脸上。进入客厅，富有民族特色的绘画雕刻栩栩如生，家电、藏式家具一应俱全……让客厅既富有民族特色又充满了温馨与时尚。在客厅的柜子上，一摞红色的荣誉证书瞬间吸引了记者的注意，扎西自豪地对记者说："这是我护路以来获得的区、市、县先进护路工作者的荣誉证书，这些成绩的取得要感谢全家人的支持。"扎西还激动地告诉记者："2013年，我第一次乘坐火车到内地参观。我看到，西藏的矿泉水、糌粑、牛肉等特色产品在内地很多城市都有销售。同时，越来越多的游客乘坐火车到西藏观光旅游，为当地农牧民群众带来了可观的收益……我深深体会到青藏铁路是西藏各族人民的幸福路，我一定全力以赴做好护路工作。"

默默奉献　肩负起职责和使命

护路队员责任重大、工作繁忙，扎西根本无法照顾家人，和妻子德吉结婚以来，也是聚少离多，扎西充满了愧疚和自责，德吉跟记者说："扎西工作特别辛苦，很少有时间休息。2010年，扎西生病需要手术，医生叮嘱至少要休息一个月。可是，扎西术后一个星期就回到了工作岗位上。"当记者问他当时为什么不好好休息在家陪伴家人，扎西说："在与铁路朝夕相伴的日子里，铁路已融入了我的生命，每当看到火车从身边安全地呼啸而过，心里就有一种说不出的高兴。几天不见铁路，就想得慌。""护路员最苦的不是艰苦的生活条件和繁重的工作任务，而是单调、枯燥、乏味的生活和对亲人的思念。有的队员连续工作几个月轮休回到家中时，孩子就在眼前，父子俩却陌生得不知道该如何是好。想去抱抱孩子，孩子哭闹着、挣扎着跑开，令人伤心不已……"次旺多吉说。

扎西只是"天路"卫士中的一员。还有许许多多像扎西一样的"天路"卫士为了保护青藏铁路大动脉的安全畅通，默默付出、无私奉献，他们把营区当家，忍受孤独寂寥，克服高寒缺氧、气候恶劣、交通不便等常人难以想象的困难，凭着信念和责任感坚守在平凡而伟大的工作岗位上，肩负起护路员的职责和使命，精心呵护着雪域"天路"，用青春和汗水谱写人生的辉煌篇章！

（原载《拉萨晚报》2016 年 7 月 4 日）

以工匠精神雕琢新闻精品

赵 慧

"那是一条神奇的天路哎，把人间的温暖送到边疆，从此山不再高，路不再漫长，各族儿女欢聚一堂……"2006年7月1日，作为我国西部大开发标志性工程之一的青藏铁路全线通车运营，这条世界上海拔最高、线路最长的高原铁路架起了"世界屋脊"通向世界的"金桥"，这条"天路"犹如吉祥的哈达，载着雪域儿女驶向幸福的彼岸。这其中凝结着铁路守护者默默的付出与奉献。我的视角也关注到了这一群体，经过长时间的积累，就采写了稿件《10年徒步巡线6万里 守护雪域高原幸福路》，以一位"天路"卫士为切入点，运用真实生动的事例描写了他为保护青藏铁路大动脉的安全畅通，把营区当家，克服高寒缺氧、交通不便等常人难以想象的困难，凭着信念和责任感默默地在当雄县海拔4300米坚守10年，在平凡而伟大的工作岗位上，精心呵护着雪域"天路"，以实际行动诠释了"不忘初心，牢记使命"的生动内涵，用青春和汗水谱写人生的辉煌篇章。

敏锐的新闻洞察力是核心和灵魂

敏锐的洞察力是一种综合能力，也是一种敏捷的思维能力。作为一名新闻记者要做到眼观六路，耳听八方，能够第一时间辨别并捕捉新闻事件的细节，通过有限的新闻线索迅速判断新闻价值，练就"火眼金睛"，挖掘新闻"富矿"。

2016年4月29日，西藏自治区铁路护路联防工作业务会在拉萨召开。由拉萨市、日喀则市、那曲市和铁路沿县（区）相关负责同志组成交流观摩组到堆龙德庆区古荣护路大队参观学习，我作为记者参与报道了此项活动，第一次了解到护路员们常年工作生活在"生命禁区"，陪伴他们的只有凛冽的寒风和冰雪，常年忍受着孤独和寂寞，他们克服艰难险阻，用实际行动诠释着"天路"卫士的坚韧与执着……我深深地被他们的一言一行感动着，由衷地敬佩默默付出的英雄们。

2016年是青藏铁路全线通车运营10周年。10年来，青藏铁路的安全运行为雪域高原的高质量发展插上了腾飞的翅膀，这其中凝结着铁路守护者默默的付出与奉献。我敏锐地意识到这是一条重大新闻线索，开始关注这一群体的点点滴滴，从常态工作中挖掘重要线索，不断积累丰富的新闻素材，为日后的新闻写作打下基础。

深入一线采写精品力作

新闻精品常常令人耳目一新。创作新闻精品不仅需要记者善于从日常工作中发现重要题材，还需要记者以工匠精神雕琢新闻精品。

2016年"七一"前夕，记者来到当雄县海拔4300米的雪域"天路"沿线采访。为了沉浸式体验"天路"卫士的工作日常，记者和"天路"卫士扎西一起走在海拔4300米的巡逻路上。寒风吹在脸上，凛冽如刀割，忍着一丝丝疼痛，只走了一上午，强烈的高原反应让人头痛欲裂、四肢发麻，感觉嘴和鼻子一起呼吸也不管用……记者通过深入实地采访，践行"三贴近"，收获了"天路"卫士鲜为人知、感人至深的故事。

标题鲜明生动，引人注目。题目犹如文章的眼睛，优秀的标题，内涵深刻，令人深思，给人启迪。在新媒体时代，一个好的新闻标题不仅是一篇文章的门面，还可以吸引更多的读者点击阅读。这篇稿件的标题《10年徒步巡线6万里　守护雪域高原幸福路》准确地表现了"天路"卫士的无私奉献精神，是引人注目的好标题，起到了"题好一半文"的作用。

细节决定成败。记者通过综合运用细节描写、环境描写、外貌描写，增强文章的生动性。如："长期在高海拔地区工作生活，让30岁出头的扎西嘴唇乌紫、皮肤黝黑，看上去比实际年龄大许多。记者和扎西一起走在海拔4300米的巡逻路上，凛冽的寒风吹在脸上如针刺般疼痛，只走了一上午，记者就气喘吁吁、头痛难耐，脚上磨出了泡。但就是脚下这条路，扎西已经走了整整10年。"这段文字描写，生动体现了"天路"卫士工作的艰辛和不易，让人感同身受，触动人心，引发共鸣。

直接引语是新闻稿件不可或缺的部分。引用人物的话语，可以起到画龙点睛的作用，给读者留下深刻印象。如："扎西说：'在与铁路朝夕相伴的日子里，铁路已融入了我的生命，每当看到火车从身边安全地呼啸而过，心里就有一种说不出的高兴。几天不见铁路，就想得慌。''护路员最苦的不是艰苦的生活条件和繁重的工作任务，而是单调、枯燥、乏味的生活和对亲人的思念。有的队员连续工作几个月轮休回到家中时，孩子就在眼前，父子俩却陌生得不知道该如何是好。想去抱抱孩子，孩子哭闹着、挣扎着跑开，令人伤心不已……'次旺多吉说。"这些话语简单明了，但含义深刻、富有感染力，充分体现了"天路"卫士的优秀品质和奉献精神。这些直接引语的巧妙运用，使新闻稿件栩栩如生，真切感人。

把握好新闻报道的时机节点

"时度效"是新闻报道的重要遵循。新闻报道既要突出实效，也要选准适当的报道时机节点，借力发力、重锤定音，可以达到事半功倍的传播效果。

2016 年 7 月 1 日是青藏铁路全线通车运营 10 周年的日子，为了抓好报道时机，找准时间节点，《拉萨晚报》在 7 月 4 日要闻版重要版面推出了该篇稿件，故事催人奋进、鼓舞人心，具有示范引领作用。本文刊发后，在社会上引起了强烈反响，被快搜西藏、拉萨市委政务网等网站转发，弘扬了主旋律，传递了正能量，最终获得第二十七届中国新闻奖文字通讯三等奖。

专家评说

对比，比出感染力

唐绪军

对比是一种常用的修辞手法，指的是把两个相反、相对的事物或同一事物相反、相对的两个方面放在一起，用比较的方法加以描述或说明。这种手法的好处是，可以突出文章的主旨，显示出两种事物的差异化，使被描写的那种事物形象更加鲜明、造型更加立体、形态更加生动。在新闻实践中，这种手法常用于变化、转折、发展等主题的写作。比如，第二十七届中国新闻奖文字通讯三等奖获奖作品《10 年徒步巡线 6 万里　守护雪域高原幸福路》就采用了这种手法。

这篇通讯写的是西藏当雄县铁路护路联防队羊八井大队一位名叫扎西的护路员 10 年来默默守护青藏铁路的事迹。文章发表于 2016 年 7 月 4 日的《拉萨晚报》，是为了纪念青藏铁路全线通车运营 10 周年而作。文章一开头引用了歌曲《天路》中的一段歌词："那是一条神奇的天路哎，把人间的温暖送到边疆，从此山不再高，路不再漫长，各族儿女欢聚一堂……"歌词中"从此"两个字把西藏各族人民的生活划分为青藏铁路通车前和通车后两个时代，这就奠定了这篇通讯的主旨——发展、变化，同时也为采用对比手法打下了基础。

其实，这篇通讯标题的前半句"10年徒步巡线6万里"就已经在使用对比手法了，只不过使用的是隐性对比，被比较的对象没有明说，需要读者阅读时自己加以填空。10年徒步6万里，相当于1天徒步16里。这在平原地区可能稀松平常，但是，那可是在海拔4300米的高原上啊！这一比，感染力顿时就有了。这也为文中的显性对比埋下了伏笔。文中第一个小标题下的第一段就是这样的显性对比："记者和扎西一起走在海拔4300米的巡逻路上，凛冽的寒风吹在脸上如针刺般疼痛，只走了一上午，记者就气喘吁吁、头痛难耐，脚上磨出了泡。但就是脚下这条路，扎西已经走了整整10年。"扎西默默付出和甘愿奉献的人物形象也就在这种对比中树立了起来。

文中有的对比是通过记者的叙述来完成的，有的对比是通过扎西的讲述来完成的。比如："青藏铁路通车以前，家住羊八井镇桑巴萨村的扎西和村子里许多人一样，过着放牧的生活。青藏铁路通车后，'天路'通到了家门口，不仅改变了家乡的面貌，也让扎西有机会成为一名光荣的护路员。"这是记者的叙述。吃午饭时，扎西说："现在，除了风大点，天气还算好。到了冬季，如果不在岗亭里，吃进去的全是冰碴和沙子。"这是扎西自己讲述的对比。

通讯在写青藏铁路通车前后老百姓日常生活发生的变化时也采用了很多对比的手法。比如，过去没有什么新鲜蔬菜和水果，现在有了；过去很少有人出远门，现在有越来越多的人去内地学习培训、观光旅游……这样一对比，凸显了青藏铁路是"雪域高原幸福路"，扎西以及许许多多像扎西一样的"天路"守护者，他们的付出是有价值的，是在"用青春和汗水谱写人生的辉煌篇章"！

"不怕敏感问题"正是解决问题的开始

朱悦进

时下，中国政治进入"两会时间"。昨天下午，全国政协举行首场新闻发布会，通报会议日程，并就"十三五"规划、反腐、医改等方面回答了记者提问。这也是政协新任发言人王国庆的首秀。王多年从事媒体工作，他坦言不怕敏感问题，"越是敏感问题，越要想办法说清楚。只要不影响国家安全和大局，一些问题为什么不能说？"

一年一度的全国两会，吸引着举国上下的目光，也形成了独特的舆论场。作为全国政协的新闻发言人，敢于直面问题，不回避热点敏感话题的态度，既展示出职业的自信，也体现了责任担当，无疑受到了舆论的赞赏。

近年来，新闻发言人作为政务公开和媒体公众获取信息的平台，愈来愈受到社会的关注。全国政协多位新闻发言人的"金句"被媒体广为传播，有的还迅速成为网络热词。新闻发言人正在成为中国政治生活中的一个重要角色。

作为一种借鉴国外的制度引进，发言人在社会热点和敏感问题面前敢不敢"发言"、如何"发言"，是故弄玄虚讲"官话套话"还是直面公众期待、良性互动，既事关职业伦理，也关系着公众对国家政治的参与。尤其是一些所谓的敏感问题可能正是转型期社会的困顿和迷惘，一味和稀泥或敷衍，只会令真相愈发扑朔迷离，而这不仅令公众失望，也无益社会共识的凝聚。

两会是"中国式民主"的制度平台，5000多名代表委员聚京共商国是、建言献策。而今年的两会，由于要审议"十三五"规划纲要草案而被舆论寄予更高期望。历经几十年高速发展，改革打响"涉险滩"的攻坚战，经济又面临转型升级关键期，今年两会不仅要为未来发展谋篇布局，更要对历年积累的深层次矛盾进行"啃硬骨头"式的变革。当此时刻，不回避矛盾，不怕敏感问题，及时回应民众关切，不只是发言人的责任，也应是代表委员们的职责所系。

其实，问题的敏感与否，从来都不是绝对的。我国的改革开放实践正是一个不断"脱敏"的过程，譬如当年的"姓社"还是"姓资"之争、"计划"与"市场"之辨；又如开放之初，蛇口工业区为发"4分钱奖金"问题捅到中央，最终国家最高层拍板才平息讼争。诸如此类，许多过去不敢碰不能碰的所谓"敏感问题"，最终一个个都被改革实践"脱敏"。可以说，社会越开放越进步，"敏感问题"就越少。

但这并不否认当下社会确实存在一些敏感问题，诸如怎样提高改革的含金量、改革如何令亿万民众有更多的获得感。各种利益格局的调整可能都涉及社会深层矛盾和风险挑战，但这也是我们社会要共同应对的问题，逃避不可取也无用，只有沉着勇敢面对。

网络时代敲开了信息传播的时空界限，舆论场呈现前所未有的嘈杂多元，这时，更需要官方权威信息的及时发布来正视听、显真相，从而获得社会认知的"最大公约数"。可以说，在社会转型和开启历史新局面的时刻，让治国理政新理念、新思想、新战略深入人心、提振士气，直面社会热点敏感问题，勇于在改革中攻坚克难，这也是亿万民众寄予代表委员们的厚望。

（原载《羊城晚报》2016年3月3日）

《"不怕敏感问题"正是解决问题的开始》获奖感言

朱悦进

2016 年度全国两会召开，全国政协举行首场新闻发布会，新任发言人王国庆在答记者问时称，他不怕敏感问题，"越是敏感问题，越要想办法说清楚"。这一表态引发社会广泛关注。羊城晚报时评编辑部在商讨议题时认识到，这一表态不同凡响，不仅对我国新闻发言人制度或将有所推动，而且，步入深水区的改革也面临诸多敏感问题，敢不敢触碰这些敏感问题，对外界来说有着特殊意味。编辑部遂定下这一议题，由时任羊城晚报首席评论员的我执笔撰写评论，并作为当天《羊城晚报》时评版的"首席评论"刊发。

文章刊发后，被人民网、凤凰网、新浪网、环球网等全国性新闻门户网站和浙江在线（长兴网）、北方网、大河网、云南在线等地方网站转发，并被某些地方政府官网摘编刊发。一些个人微博、博客等自媒体也进行了转发，引起关注和讨论，受到一定好评。

编辑部认为，涉及敏感话题的评论尺度往往较难把握，媒体如何触碰敏感话题，本身也是"敏感问题"。此评论借全国政协新闻发言人之口巧妙切入话题，一语双关，可获多重成效。特别在舆论场嘈杂多元的背景下，倡导权威信息及时发布，正视听、显真相，从而获得社会认知的"最大公约数"，意义非比寻常。文章立意较高，社会针对性强，论述透彻，令人信服。

针砭时弊显锋芒

殷陆君

新闻没有观点，是个伪命题。陈述事实有真假判断，表述事由有正反价值，新闻是新闻人对新近发现或发生的事实的报道。新闻人的情感爱憎和媒体新闻的倾向褒贬溢于言表，显于媒体介质。

媒体没有锋芒，是个真问题。融合发展之时，有一些传媒关门，让路给新兴媒体是正常的。技术进步之机，有一些媒体落伍，失去广大受众也是正常的。值得深思的是，社会转型之际，不少媒体的边缘化直至关门，并不是诸般大势所趋，而是失去了新闻媒体的基本特征，没有真实记录时代风云，没有守望公平正义，没有起到推动社会进步的作用。

大事小事晚报有态度，事关受众信任，事关社会信心。重要时间节点晚报有观点，攸关媒体公信，攸关舆论方向。

新闻不新鲜，就不成新闻。记者不敏感，就不成为记者。好的记者都是敏锐发现问题、捕捉问题的好手。在重要的时间节点，在重大的两会场合，所听关乎党之大计、所系多为国之大者。好的媒体总是善于做大亮点、聚集焦点、追逐热点，所报多为社会关切事、所贴近者皆是人们心中爱。

政协是中国特色社会主义民主的窗口，政协汇聚社会智慧、委员发表真知灼见，就是体现中国特色的成色，擦亮民主政治的亮点。

政协新闻发言人有风格，才是真实可信的发言人。新闻表达了社会的期待，发言人有风骨、有个性成其风格。

评论从发言人的讲话切入，揭示生活中的现象。发言人在社会热点和敏感问题面前敢不敢"发言"、如何"发言"，是故弄玄虚讲"官话套话"

还是直面公众期待、良性互动，既事关职业伦理，也关系着公众对国家政治的参与。尤其是一些所谓的敏感问题可能正是转型期社会的困顿和迷惘，一味和稀泥或敷衍，只会令真相愈发扑朔迷离，而这不仅令公众失望，也无益社会共识的凝聚。"越是敏感问题，越要想办法说清楚。只要不影响国家安全和大局，一些问题为什么不能说？"

评论提出观点，"不怕敏感问题"正是解决问题的开始。讲得在理，分析有理。两会是"中国式民主"的制度平台，5000多名代表委员聚京共商国是、审议"十三五"规划、为未来发展建言献策。不回避矛盾，不怕敏感问题，及时回应民众关切，是代表委员们的职责所系。

评论分析问题，辨析何为敏感问题、为何如此敏感，举例以证其实，说理以显其直。许多过去不敢碰不能碰的所谓"敏感问题"，最终一个个都被改革实践"脱敏"。实践证明，社会越开放越进步，"敏感问题"就越少。

评论强调我们社会要共同应对的问题，逃避不可取也无用，只有沉着勇敢面对。及时发布权威信息以正视听、显真相，从而获得社会认知的"最大公约数"，是破解网络时代信息过载、解决舆论场传播嘈杂多元的重要法宝。

当此时也，大家直面社会热点敏感问题，勇于在改革中攻坚克难是社会的厚望，也是时代的期待。

这篇评论观点鲜明，来自新闻现场。这篇评论能获得受众青睐和评委支持，源于有锋芒、有锐度，借力打力、抵达人心。

它启示我们：评论有锋芒，媒体有风骨，记者有思想，方无愧时代风云的引领者、社会前进的瞭望者、历史进步的推动者。

《雷锋家乡小雷锋》系列报道

我不后悔，因为我救了一条命

望城 12 岁小学生周美玲车轮下救出 3 岁幼童，自己却险被截肢

长沙晚报讯（记者 彭放）这些天，12 岁小学生周美玲舍身救人的故事，在望城区茶亭镇传开。昨日，记者在中南大学湘雅医院见到了这个被乡亲们称为"小英雄"的女孩。经历了两次大手术，被疼痛折磨得直掉泪，周美玲却说，小弟弟得救了，她承受的痛苦不算什么。

她把危险留给了自己

5 月 22 日晚饭后，周美玲和几个孩子在离家不远处玩耍，妈妈胡金华和村民在一旁聊天。同村的 3 岁小男孩周运龙突然一个人跑向马路中央，这时一辆满载砂石的大货车疾驰而来，孩子对近在咫尺的危险毫无觉察，聊天的大人们也没有留意到危险就在眼前。

千钧一发之际，周美玲冲上前去，把周运龙拉向路边。谁知两人一起摔倒，周运龙倒在周美玲身上。周美玲顾不得自己爬起来，奋力把周运龙推向路边。

伴随着大货车刺耳的急刹声，周围的村民们立刻围拢过来。此时，周美玲的左腿血肉模糊，被她推到安全地带的周运龙安然无恙。村民叫来急救车，把她紧急送往医院。妈妈怀里的周美玲，疼得几乎失去知觉，不停地颤抖。

她把感动留给了乡亲

经过 5 个小时的抢救和手术，周美玲被送往重症监护室。医生说，虽然脱离了生命危险，左小腿却面临被截肢的危险。

几天的精心治疗和护理，周美玲左腿终于保住了，但接下来还有自身皮肤移植手术等治疗在等着她。由于左小腿伤情严重，部分皮肤和肌肉已与骨头脱离，止疼药的药效一过，周美玲就疼得直掉泪，有时疼得整晚无法入睡。病床前的妈妈心疼得陪着流泪，忍不住问她后不后悔。周美玲擦干眼泪说："我不后悔，因为我救了一条命。"

"孩子受伤让我心疼，但她的义举让我骄傲。"昨日，周美玲就读的西华中心小学六年级班主任左利辉，带着同学们来医院看望。接过全班师生的近千元爱心款和同学们为她采的一束野花，周美玲开心地笑了。

周美玲最为担心的是，可能无法参加毕业会考。望城区教育局有关负责人到医院看望时表示，保证孩子按时进入初中学校就读。

对话周美玲

记者：现在村民和同学都称你是小英雄，你觉得自己是英雄吗？

周美玲：不知道是不是英雄，只是觉得看到别人有危险，就应该去帮助。

记：对后续的治疗，感到害怕吗？

周：听说要植皮，我很害怕，但只能坚强面对。

记：小弟弟获救后，对你说过什么？你心里怪他吗？

周：我不怪他，因为他太小，不懂事。他的爸爸妈妈经常带他来医院看我，他问我腿还疼不疼。

（原载《长沙晚报》2015 年 6 月 4 日至 8 月 28 日）

三情至一塑造"小雷锋"

余劭劼

在第二十六届中国新闻奖评选中，长沙晚报关于"雷锋家乡小雷锋"周美玲的连续报道（主创人员：徐辉、岳冠文、彭放、程放军、余劭劼、邓艳红、唐江澎）获三等奖。这组报道，紧扣鲜活和生动做文章，用真情、激情、倾情深入挖掘身边的凡人善举，让有血有肉的"小雷锋"形象深入人心，也让长沙好人之城的品牌更加响亮。

真情传递感动

2015 年 6 月 3 日，民生新闻部主任岳冠文，在微信朋友圈得知一个消息：5 月 22 日，望城区 12 岁的小学生周美玲在飞驰的车轮下救出一名 3 岁幼童，自己因此身受重伤，在医院救治。他马上安排记者前往医院采访。

记者彭放在病房第一次接触周美玲和她的父母，就被这一家人的纯朴善良深深感动。小美玲被撕心裂肺的疼痛折磨得直掉泪，左腿险些被截肢，但她说"我不后悔，因为我不去救，小弟弟就没命了"；小美玲的父母尽管非常心疼独生女儿，仍然支持女儿的义举。

记者多方采访了解到，小美玲一家对被救小男孩的家庭没有提出过任何要求，最大的担心是小美玲可能无法参加毕业会考。望城区教育局有关负责人到医院看望，保证小美玲按时进入初中学校就读，一家人便十分知足。

回到办公室，记者怀着感动一气呵成完成了稿件，真实再现了周美玲的救人瞬间和受伤后"不后悔"的高尚品德；消息结尾附上与小美玲的 3 段简短对话，还原"小英雄"的真实想法。

稿件到编辑出版部后，引起了关于"少年儿童舍己救人该不该提倡"的争议，这决定着稿件能否刊发和刊发位置。考虑到小美玲车轮下救人是刹那间的"本能反应"，是善良美德的瞬间迸发，时任总编辑徐辉决定，《我不后悔，因为我救了一条命》在 6 月 4 日的《长沙晚报》头版刊登，把真情与感动传递给千千万万读者。

激情塑造典型

报道推出当天，时任湖南省委常委、长沙市委书记易炼红，时任湖南省委常委、宣传部长许又声等领导先后作出批示，号召大家学习周美玲乐于助人、勇于奉献的优秀品质。

长沙晚报首发之后一步主动，步步为营，长沙晚报编委会在每天上午的采前会策划、调度。在接下来的两个多月里，记者经常守在医院，关注小美玲治疗、康复的点滴进展，多次深入小美玲的家乡望城区茶亭镇，走访她的家人、邻里、老师和同学。

从 6 月 4 日至 6 月 11 日，周美玲凡人善举的后续报道连续 7 天刊发在《长沙晚报》头版重要位置，报道文字生动、图片丰富，有的报道还配以视频二维码，全方位为读者呈现了一个真实鲜活、有血有肉的"小雷锋"形象，展现了周美玲优秀品德的养成，呈现了雷锋家乡学雷锋的成效，彰显了社会主义核心价值观在长沙、湖南的践行。此外，《长沙晚报》详细报道了社会各界对周美玲的关怀和赞扬，反映了社会真诚呵护凡人善举的价值取向。至2015年8月28日，《长沙晚报》相继在重要版面推出后续报道共计17篇。

长沙晚报还及时与长沙市文明办等有关部门携手，以"从小美玲身上，我们可学什么"为题组织了长沙晚报《你说话吧》主题沙龙。主题沙龙除在《长沙晚报》刊发外，还通过全媒体传播平台同步传播，进一步带动了网友和读者的线上互动。

周美玲的事迹经长沙晚报率先、持续报道后，引起社会强烈反响。周美玲被刘云山同志誉为"雷锋家乡小雷锋，最美小少年"，并被中宣部等部委授予第五届"全国道德模范"称号。长沙晚报报道后，新华社、人民日报、光明日报、中央电视台和省会各大媒体等纷纷转载和跟进报道，"雷锋家乡小雷锋"周美玲的美德为全国人民所熟知。

倾情推出精品

作为雷锋家乡，长沙在创建全国文明城市的过程中，涌现了一大批文明市民、长沙好人。作为中共长沙市委机关报，长沙晚报一直将积极传播正能量，引领社会风尚，助力精神文明建设，作为新闻宣传工作的核心任务之一。

周美玲、李良义、段江华、橘子洲救人游客群体等系列让人记忆犹新的好人好事，均是由长沙晚报第一时间采访报道，而后持续跟进报道，晚报采编人员倾情采写的系列精品，让典型形象得到了真实全面立体的展现，引发了强烈的社会反响。同时，"长沙好人"也引领了社会主义核心价值观在长沙的实践，形成了"雷锋家乡学雷锋，雷锋家乡出雷锋"的独特风景，构筑了长沙精神文明建设的道德高地。

湖南省委宣传部《阅评简报》称赞长沙晚报："对'个别事件'的报道，

迅速挖掘上升到'现象'级的高度，更体现出媒体舆论引导的能力和水平，值得点赞。"

主流声音还原戴碧蓉式"小雷锋"

蔡 雯

这是一个需要英雄的时代，也是一个英雄辈出的时代。因为长沙晚报等主流媒体的持续报道，还原了一个戴碧蓉式的"小雷锋"——12岁的小学生周美玲的救人壮举。巧合的是，她与雷锋同为望城人。从2015年6月4日到28日，周美玲的事迹经长沙晚报率先持续报道后，引起社会各界的强烈反响，彰显了主流媒体的责任和担当，是一组有温度、有深度、有热度的精彩报道。

首先，报道的社会影响大。连续报道推出的当天，时任省委常委、长沙市委书记易炼红，时任省委常委、宣传部长许又声等领导先后作出批示，号召大家学习周美玲乐于助人、勇于奉献的优秀品质。经过长沙晚报的持续报道和新华社、人民日报、光明日报、中央电视台以及省会各大媒体的纷纷转载和跟进报道后，"雷锋家乡小雷锋"周美玲的美德产生了全国影响，时任中共中央政治局常委刘云山同志称赞周美玲是"雷锋家乡小雷锋，最美小少年"，周美玲也因此被中宣部等部委授予第五届"全国道德模范"称号。

其次，报道细节真实感人。周美玲一句简单而朴实的话"我不后悔，因为我救了一条命", 不仅反映了她的爱心和坚强, 也诠释了什么是真善美, 什么是社会主义核心价值观。

最后, 报道挖掘了小英雄成长背后的故事, 也告诉读者周美玲的救人壮举是偶然更是必然。历史也许有巧合, 但巧合的背后反映着一种必然。报道获得中国新闻奖三等奖, 可谓是精心采访、精心编排、深度挖掘的结果。

（作者系中国人民大学新闻学院教授、博士生导师）

《揭秘青蒿素与广东的故事》系列报道

广东抗疟药物"救"了一个国家

王 倩

珠江学者、广州中医药大学特聘教授宋健平昨天从南非开普敦回国，连坐了 24 个小时飞机的他难掩疲惫也难掩兴奋，因为在刚刚举行的第二届中非部长级卫生合作发展会议上，他和他的科研团队收获了沉甸甸的感激和新的合作成果。

科摩罗副总统感谢"中国兄弟"

在第二届中非部长级卫生合作发展会议开幕式上，中国国家卫生和计划生育委员会主任李斌表示，屠呦呦通过对中国传统医药的研究，先驱性地发现并提取了青蒿素，目前以青蒿素为基础的复方药物是世界疟疾治疗的首选药物。"这是中国医药卫生界的骄傲，是中医药对人类健康卫生事业作出的巨大贡献，必将进一步推动中非在卫生领域的合作。"

东非国家科摩罗副总统穆哈吉在大会上宣布了中国支持科摩罗快速控制疟疾取得的成果，并诚挚感谢"中国兄弟"的帮助。

穆哈吉所说的"中国兄弟"，就是以宋健平教授为项目负责人的一个广东团队，其背后，是羊城晚报曾报道过的广州中医药大学首席教授、中国青蒿素类药临床研究主持人李国桥主持研发的特效药——第四代青蒿素复方药物。

帮助科摩罗快速控制疟疾流行

穆哈吉为什么感激"中国兄弟"？因为"中国兄弟"来到之前，对于人口约 90 万的世界最贫困国家之一科摩罗来说，疟疾一直是挥之不去的阴云，据科摩罗官方统计，2006 年时，该国每 1000 人中有 142 人感染疟疾，每年有记录的死亡病例是 34 人。

2006 年，李国桥教授领衔的创新性"快速灭源灭疟法"取得了世界罕见的控病速度。2007 年，"青蒿素复方快速灭疟项目"作为国家中医药管理局中医药国际科技合作重点项目正式启动。来自广州的企业新南方青蒿科技派出工作小组，与该项目抗疟医疗团队共同前往疟疾流行区开展青蒿素快速灭疟，在科摩罗三岛实施快速控制方案（简称中科项目），先后于 2007 年、2012 年和 2013 年在科摩罗所属的莫埃利岛（3.7 万人口）、昂岛（32 万人口）和大科岛（40 万人口）地区实施，超过 220 万人次参加全民服药，3 万多外来流动人口参加预防服药。

经过 8 年的努力，到 2014 年，这个备受疟疾折磨的岛国终于实现了疟疾零死亡，发病人数减少了 98%，疟疾感染率从 142/1000 人口（2006 年），下降为 2.8/1000 人口，基本摆脱了疟疾噩梦。药物专家表示，这是人类历史上首次通过群体药物干预，帮助一个国家快速控制疟疾流行。

广东抗疟药物成对非工作"名片"

从世卫组织 WHO 公布的 2014 年疟疾报告中可以看到，WHO 对青蒿素类药物给予极高评价，据统计，在青蒿素复方药物的帮助下，2000—2014 年全球疟疾发病率降低了 47%，WHO 认为，"这是世界疟疾防治史上最好的一段"。

近年来，广东和广东抗疟药物不断得到肯定。多年来，柬埔寨和印尼军队均采购广东青蒿素复方药物作为部队用药，取得明显成效。科摩罗前总统桑比、现任总统伊吉利卢等国家元首，索马里、马拉维、柬埔寨等十余国卫生部长都曾来到广东参观考察，索马里、南非、海地等国均表示希望采用广东清除疟疾技术和药物来帮助解决疟疾的威胁。广东抗疟药物已经成为外交部、商务部和卫计委对非工作和宣传的一张"中国名片"。

（原载《羊城晚报》2015 年 10 月 10 日至 10 月 19 日）

深度系列报道：以新闻的方式提出终极问题

——以《揭秘青蒿素与广东的故事》为例浅谈深度系列报道采写

王 倩

2015 年开始，笔者有幸参与了羊城晚报关于广东与青蒿素的大型深度系列报道。其中，《揭秘青蒿素与广东的故事》系列报道获得了中国新闻奖三等奖。这组报道有些不同寻常，一方面羊城晚报关于青蒿素的报道是在屠呦呦获奖这个热点之外延伸出了另一条主线，并发展出新的核心；另一方面由于报道内容的主角之一是一家民营企业，而报道并非典型财经新闻，媒体如何在公益性、社会意义和利益规避方面平衡，非常考验功力。

一种非线性的多角度系列报道

一般来说，系列报道可大致分为两种：

一是线性系列报道。一般是以时间为线的故事性报道，如新闻连载。其优点是逻辑性强，结构上简单，因此容易操作，事实也是如此，每天读者被有悬念的故事情节吸引，欲罢不能，报道影响日日叠加，影响空前；弱点是容易被对手截胡，如何防范竞争对手提前透露结局是个问题。

二是块状多角度系列报道。一般是一个现象的组合型解释性报道，采访对象与写作题材甚至写作体裁多样，讲究深度和多角度。弱点是并无决定性线性故事，内容复杂多样，发掘这些角度，形成题材有相当难度，写作更是涉及多方面知识。优点是这种体量、深度及其隐含的决心与工作态度，一旦居于战略高地，对手的战术性应对形成不了太大影响，对手的截胡往往也没多大意义，因为故事性不强，无线可截，媒体之间较量的是体量与内功。另外，笔者对新南方集团董事长朱拉伊的成功专访，让他觉得我们甚至比他的员工更了解他的志向，堪称知音，因此对羊城晚报高度信任，可以说，本报独占了这一核心资源。

在常规性报道之外的 8 期系列报道《揭秘青蒿素与广东的故事》，迅速将读者视角从遥远的瑞典拉回广东本地，并深挖出广东做出的一直未能引起重视的重大贡献。

这组报道形式多样，涵盖了消息、通讯、人物访谈、述评、内参；角度多种，分别包括科技新闻、医疗新闻、社会新闻、产经新闻、国际新闻等；传播方式多样立体，报纸之外，通过羊城晚报全媒体矩阵进行立体传播。多角度报道，适合多次重新拆分组合，传播效率倍增。其后，笔者还参加了中宣部等单位组织的"好记者讲好故事"和广东省百姓宣讲等活动，通过宣讲这种方式继续讲述青蒿素的故事，活动持续至今，遍及全国多地，笔者参与了上百场次的宣讲、讲座、座谈，使这个题材得到了比新闻更进一步的传播。

一种不断生发的生长型报道系统

战略需要决心，战术上运用之妙，则在于苦功与悟性。

笔者在采访中发现，这个现象级事件中，时间线和关键点庞杂，参与者众多，时间跨度长达数十年，有的人离职了，有的人甚至离世了，有的人则远在非洲。很多采访对象只知其一不知其二，就像流水线工人一样虽然对手上的零件非常熟悉，其实却说不清楚整个产品是什么样的。这导致采访内容非常支离破碎，互相重叠错乱。更难的是，虽然朱拉伊本人是整个事件的重要参与者和策划者，但他恰好是个非常不喜言辞的人——他身边的秘书告诉笔者，新员工往往在入职三个月后才能听懂老板的"方言"。

这些难点需要记者本身对复杂线索素材的处理能力非常强，像面对一堆散乱不全的拼图块，通过对已有线索的把握和分析，迅速规划复原，并修订下一步采访方向。

现象级的新闻，不是单一事件，其背后的事实也是海量的。徐国源著《深度报道：理念与操作》认为："专题系列报道是一种从多侧面、多角度透视同一重大事件或主题，由若干独立篇章构成的组合报道方式。作为深度报道的一种形式，系列报道具有稳定的时空表现形态，在一定时间内对人们比较关注的某个问题或某些重大的新闻事件，进行多角度、多方位、多层次的分析和解剖，以形成报道合力。因此完整的系列报道通常由多篇与主题相关的子报道组成。"

事实上，在关于青蒿素与广东的深度报道中，羊城晚报最远走到非洲，共刊发百余篇报道，至今仍在保持关注。这是一个持续发现的过程，新闻也仍在持续发育变化中。羊城晚报这一关于"现象"的报道，本身也成了新闻界的一个现象。

一种高度战略层面的价值体系

如前所述，这种报道是战略层面的。这种战略，不只是媒介本身的营销战略，其对应的，正是企业、国家的战略思维。

我们这一系列报道，从某种角度看，其实有其不利之处，媒介持续围绕一家企业进行报道，很容易引起读者反感，更谈不上获得评委肯定。只能说，我们发现了这一题材的超越性，这种升华使得大家忽略了我们的弱点：

第一，羊城晚报自身的发展战略，是与一家杰出企业、广东省以至国家的战略轨道重合的。媒介须说大事，关注并助力于地方与国家的社会综合发展。广东经济是外向型的，对于这家企业的报道自然有其意义。这家企业布局深入非洲十几年，眼光长远。"一带一路"倡议引起全球注目，这家企业正是这一伟大实践的最佳注脚。从这个意义上看，当初羊城晚报的决定是有相当的政治经济敏感度的，有大格局，报道的成功与时代大势密不可分。

第二，战略层面往往是人心层面，是价值层面。甘惜芬主编的《新闻学大辞典》则认为："系列报道不仅仅简单报告事件的现状、变动和结果，而且还需透过现象触及事物的本质，回答人们关心的问题。是一种有较强指导性的报道形式。"

这家企业和科学家们志向高远，有理想主义因素，其理想主义实践与以往的先进典型不同，它是走向国际的，有其新闻性。我们的报道突出了这一价值观，将读者引到价值层面。

最好的报道，绝不止于事件本身，它们事实上是以新闻的方式，提出终极问题。

专家评说

老题材与新传播

曹焕荣

青蒿素与屠呦呦获诺贝尔奖的报道已数不胜数，还能做出新意、赢得新的受众吗？羊城晚报回答"能"。

提起青蒿素，人们自然地将其与我国巾帼科学家屠呦呦联系在一起。然而，长期鲜为人知的是，广东科研团队和药企配合将屠呦呦的理论和创造应用于临床，研发出中国具有完全知识产权的青蒿素复方药物，在国际推广、应用方面付出很多心血，从理论和实践双重视角体现中国科学家、中国药企的创新能力和国际影响力。2022 年，国家主席习近平向青蒿素问世 50 周年暨助力共建人类卫生健康共同体国际论坛致贺信，高度评价青蒿素这一中国首先发现并成功提取的特效抗疟药为全球疟疾防治、佑护人类健康作出的重要贡献。羊城晚报抓住这个契机，及时策划《揭秘青蒿素与广东的故事》系列，对青蒿素报道进行再深化，实现新闻性与主题性的有机统一。

这组作品叙述广东推进青蒿素临床运用进程时，没有停留在药物本身，没有局限于所处地域，而是有一种大开掘、大格局。一是借此宣传推广中医和中国文化。中医药有着人文和科学双重属性，天然具备成为国际文化传播载体的条件。如今，广东抗疟药物已成为中国对外一张闪亮名片，形成"天然传播载体＋价值 IP"的组合，就此所作的报道对助力中医、中国文化走出去起到推动作用。二是借此诠释人类命运共同体理念。严重传染性疾病作为非传统安全问题，需要国际社会共同应对。记者笔下的广东团队通过第四代青蒿素复方药物，在人类历史上首次开展群体药物干预，帮助科摩罗快速控制疟疾流行。这正是中国和广大发展中国家同舟共济的生动见证，从一个侧面有力推动人类命运共同体建设。

《揭秘青蒿素与广东的故事》系列报道共分 8 期，角度丰富，品种多样，消息、通讯、专访、评论等体裁齐上；有全面概况描述，也有对为青蒿素走向世界提供资金的企业家访谈；同时采用各种形式，借助文字、图片、视频在报纸版面和网端页面立体呈现。还将其纳入"好记者讲好故事"活动，进行宣讲、开办讲座，进一步拉长传播链。在信息海量的网络时代，为了将一个重大题材做出影响，必须集中力量和资源，形成一定规模。

损失 5 万　挽回 140 万

村主任舍自家鱼塘救活乡亲田

孟嘉多

"刘景全为了全村乡亲，抽自家鱼塘水，鱼都不要，咱得咋感谢人家，这才是我们的好干部啊！"8 月 24 日，锦州一高中退休老师焦士学哽咽着向记者讲起他老家北镇水泉村发生的感人事儿。

据了解，今年辽宁锦州遭遇 63 年难遇的大旱，北镇县大屯乡水泉村村民各家的井水早就干了，关键时刻，村主任刘景全的鱼塘派上了大用场。他决定，从自家鱼塘中抽水给乡亲们免费浇田。

鱼塘所在地是个丘陵，几年前，村里在这里取土修路，挖连山石，为了不占耕地面积，越挖越深，形成了面积 400 多平米，深近 30 米的大坑，刘景全在坑底继续深挖出水，形成了 400 多平方米水域，承包成了鱼塘。

当上村主任后刘景全有了长远打算，平时是鱼塘，赶上大旱年就是重要水源。而且为了早预防旱情，上任后刘景全带领乡亲们在村里挖了 18 口 45 米的深井。

今年开春，他通过新闻听说辽宁会遭遇大旱，立刻与县水利站联系，为村里的乡亲发放了 60 个水泵，又准备了 3 台柴油机、硬水管上千米和数万米水带，这下全派上了用场。18 口井每口只能安一台水泵，而 400 平米的大鱼塘每天可用 20 多台水泵 24 小时不停抽水。清凉凉的水通过管道灌入 1400 余亩庄稼地，大大缓解了旱情。

目前全村的农作物基本上灌溉了一遍，有的地已开始浇第二遍、第三遍，打蔫儿的庄稼又精神了。村民倪占军告诉记者，一亩地至少产值能保住 1000 块钱，1400 多亩地，等于挽回 140 多万损失啊！

长期抽水，鱼大批死亡，有人替刘景全算了一笔账，这鱼塘育苗、放饵，乱七八糟的投入算起来得 5 万多。可刘景全说："我损失 5 万，咱们村庄稼浇了水，能少损失 140 多万，太值了！"

遭遇这样的大旱，锦州很多地块绝收，玉米叶子干得一点就着，而水泉村的庄稼却保住了。这也多亏村委会平时加强农田基本建设，修农田作业路、打深井、拉电路，为旱灾做足了准备。

8 月 21 日，水泉村委会门前敲锣打鼓放鞭炮，扭着秧歌吹着号，好不热闹。原来西树林子 70 多位村民自发给村委会送匾来了。牌匾写八个大字"执政为民众，危难见真情"。村民焦士军说："干部为乡亲做好事儿，乡亲们都看在眼里，记在心上，不会忘！"

（原载《锦州晚报》2014 年 8 月 25 日）

发现好新闻如无声处听惊雷

孟嘉多

在大学的课堂上，我一直跟同学们强调，好新闻就像混在众多鱼目中的珍珠，你得分清什么是鱼目，什么是珍珠。比起写新闻来说，发现新闻价值，选择最佳角度要比写作更重要。谁能想到一篇带有表扬性质的"关系稿"竟然能成为中国新闻奖的获奖作品？

我向新闻学大二的学生还原了发现新闻线索的原始状态——一封 200 字的表扬信。信中村民表扬村主任为了村民努力准备抗旱，保住了庄稼，甚至把自己家的鱼塘放水浇灌田地。这个事件新闻性如何？同学们如何选择？在课堂上我做了一个小调查，让同学们选择，认为新闻性不强的举手，认为是好新闻的举手。结果全班的绝大多数同学选择了放弃，认为这事情太一般了，甚至不是新闻。

于是我揭晓答案，告诉在座的同学们："你们生生错过了一个获得中国新闻奖的机会。刚才那个题材最终获得了中国新闻奖。"

哇！课堂上一片哗然！

原来，好新闻不会摆在那里告诉你"我是好新闻，快来采访我"。当然，遇到重大新闻事件时往往央视、新华社等媒体记者一拥而上，除非你能采访到特别刁钻的角度，否则很难脱颖而出。而还有一部分好新闻往往披上看似普通的外衣，把自己隐藏起来。一名好记者必须有发现好新闻的眼光，能于无声处听惊雷，化平凡而见神奇。

好新闻需要伯乐，需要有发现它的独到眼光。

这篇文章新闻线索的来源是村民托关系送来的一封 200 字表扬信，信中的内容是感谢村主任。我仔细地阅读了信中的每一个细节。多年的新闻直觉让我觉得这里有文章，值得深挖。

首先，当时辽宁遭遇了 63 年难遇的大旱，这是大背景。摄影部主任王野在早晨谈稿例会中提到，附近的玉米叶子用手一捏都化成粉末了。在这种情况下，到处是干枯的庄稼，已经不是新闻了。在这种情况下，竟还有全村的庄稼仅仅略有减产，大部分庄稼保住的情况，这太不容易了！反常的才是新闻。其次，竟然有村民感谢村主任的，村主任利用权力干坏事儿的新闻报道见多了，真正为村民办实事儿、做好事儿的实在难能可贵，而村民能大费周章托人撰写表扬信，又找关系去报社刊登表达感激之情，这事儿绝不一般。

于是我决定再深入地了解一下，看看还能挖出什么新闻点来。我拒绝刊登这封表扬信，深入采访，要给村民一个更大的惊喜。

按照表扬信留下的电话，我找到了受村民委托的执笔人——锦州一高中退休老师焦士学。焦老师的老家就是锦州北镇大屯乡水泉村。他跟我说，村主任刘景全的口碑特别好，人也特别机灵，他年初听电台天气预报了解到今年会大旱，在大家都不当回事儿的时候，他带领村民提前购买了 60 多个抽水泵和 3 台柴油机、上千米的硬水管和几万米的水带，又利用几个月的时间挖了 18 口 45 米深的水井，要不是他为抗旱做了充分的准备，大家伙儿也会跟其他村那样损失惨重。干部作为跟不作为，结果差太远啦！更让人感动的是，尽管准备充分但还不够，最后他把自家承包的鱼塘水给抽干了，鱼也不要了，都分给乡亲们，村民的庄稼都保住了，可刘景全自己损失了好几万，大家伙给他钱补偿点损失他还不要，村里得咋感谢人家啊！我听了以后深受感动，后来根据当地统计，这次抗旱，水泉村共保住了1400 亩地，每亩最少保守估计保住了 1000 多元收入，那差不多就是 140 万元。而村主任自己的鱼塘承包加上鱼的损失，应该是 5 万元。

妥了，题目出来了！村主任自己损失 5 万元，保住的却是全村 140 万元的收入。于是我将来龙去脉进行了深入采访。通讯报道《损失 5 万　挽回 140 万　村主任舍自家鱼塘救活乡亲田》在《锦州晚报》头版头条发表后，2014 年 9 月 15 日又在《人民日报》要闻版"点赞中国"栏目中刊发。

没想到一个村里的事儿也能登上《人民日报》，当地沸腾了，村主任特意驱车到锦州，带给我两箱葡萄表示感谢。我说："该感谢的是你，报道是我写的，但事儿是你做的，《人民日报》刊发你的故事是对你的认可，这也说明基层干部都应该像你一样，真正为大家干实事儿。"

这篇文章获得了辽宁新闻奖一等奖和赵超构新闻奖二等奖。同年，我的另外一篇通讯《烈士回家》获得赵超构新闻奖特等奖。第二年，我推荐这篇文章申报中国新闻奖，获得了第二十五届中国新闻奖三等奖。获奖评语是：2014 年辽宁遭遇 60 年难遇的重大旱情，多地庄稼颗粒无收。党中央提出群众路线教育在基层落实贯彻得怎么样？村主任刘景泉以自身实际行动给出了答案。基层干部在遭遇大旱的危急时刻，能舍弃自身利益，真正一心为民，这样能为群众办实事儿的干部才能真正赢得群众的信任和爱戴，才是我们的好干部。本篇文章弘扬正能量不是靠喊口号，而是生动地展现了基层干部一心为民的感人故事。

我们身在地方媒体的新闻工作者总是抱怨平台不行，不是中央媒体，很难抓出重大题材。其实中央大政方针在基层能否落实是中央最关心的。基层记者要超脱出自身环境来，抓出"滴水见太阳"的好作品。人民日报原社长杨振武说过这样一句话："记者要站在天安门上看问题，站在田埂上找感觉。"在基层也能挖出好新闻，杨振武社长这句话用于指导基层新闻工作者的新闻实践，是非常中肯的。

有心处处皆新闻

唐绪军

常常有地市级媒体的记者抱怨自己所在的平台太低。他们会说，整天面对柴米油盐、家长里短的，能写出什么好作品来？要获得中国新闻奖更是难如登天！这种抱怨有其合理的因素。诚然，与央媒相比，地市级媒体离"天"太远，够不着大主题，见不到大场面。但是，反过来说，地市级媒体离"地"近呀，能深入基层，融入百姓，抓到活蹦乱跳的新闻"大鲜鱼"。人民日报原总编辑范敬宜曾经说过："离基层越近，离真理越近。"抱怨有什么用？一味地抱怨，抱怨不来好新闻，更抱怨不来中国新闻奖。与其抱怨，不如向先进看齐，向优秀靠拢，学习学习他们的获奖作品。比如，这一件获得第二十五届中国新闻奖文字通讯三等奖的作品《损失 5 万　挽回 140 万　村主任舍自家鱼塘救活乡亲田》。

这件作品刊登在《锦州晚报》2014 年 8 月 25 日头版头条，写的是一位村主任在大旱之年从自家承包的鱼塘抽水，免费供乡亲们浇田，自己损失了 5 万元，挽回乡亲们粮食损失价值 140 万元。稿件刊登后，又被《人民日报》编辑相中，刊登在《人民日报》9 月 15 日 "点赞中国" 栏目。但是，谁也不会想到，这样一件风光无限的作品，其原始素材竟然是一封 200 来字的表扬信。据作者介绍，这封表扬信是村民托朋友送来的 "关系稿"，希望能在《锦州晚报》上刊登一下，表扬表扬他们的村主任。作者读了表扬信后，感觉这是一条有价值的新闻线索，不能就此埋没了。于是，他顺着线索深入采访，几经反复，最终写成了这篇通讯。

10 年后的今天，回过头去看，应该不难理解，这件并不起眼的类似于表扬好人好事的通讯作品为什么会一路登顶中国新闻奖。那是大势所趋！2014 年 3 月，习近平总书记在参加十二届人大二次会议安徽代表团审议时，对党员领导干部提出了"三严三实"的要求，即"既严以修身、严以用权、严以律己；又谋事要实、创业要实、做人要实"。一年后，2015 年 4 月，中共中央办公厅印发《关于在县处级以上领导干部中开展"三严三实"专题教育方案》，对在县处级以上领导干部中开展"三严三实"专题教育作出安排。请注意，这篇通讯写的内容是一位村主任舍小家顾大家的事迹，刊登的时间是 2014 年 8 月，中国新闻奖的评选时间是 2015 年 8 月。个中联系不言自明。

由此可见，对于记者来说，发现有价值的新闻线索比写出好作品来更难，而能不能发现好的新闻线索，或者说对新闻线索识不识货，不取决于所处平台的高低，而取决于有没有心，有心处处皆新闻。这里所说的"心"，指的是心里有没有大局观，能不能掂量出一条新闻线索在这个大局中所占的分量。

至于获奖，除了作品本身要够硬，还要努力提高作品的可见度，即要让"伯乐"们能够看见它。这件通讯作品就是通过自荐获得中国新闻奖的。

千里追随运河波涛　影像记录运河风情

——航拍 17 年助力中国大运河成功申遗

程建平　摄影报道

2014 年 6 月 22 日，这一天，注定将写入历史，这一天，中国大运河终于列入世界文化遗产名录。

走过漫漫八年申遗路，中国大运河圆梦世界遗产。

吴城邗，沟通江淮。2500 年的锦绣发端于此，扬州是大运河的原点。

扬州是大运河申遗牵头城市。申遗成功，"大运河第一城"扬州功不可没！

作为"大运河第一城"的摄影人，配合大运河申遗，我们责无旁贷——从 1997 年到 2014 年，在长达 17 年的时间里，我们先后组织了 20 多架次的航拍。从空中到地面，从山东聊城到江苏淮安，从扬州大运河到江南大运河，我们的镜头千里追随着大运河，用影像记录下的运河的变迁、运河人家的生活、运河沿岸的历史遗存，为运河申遗工作提供了珍贵的历史影像。

（原载《扬州晚报》2014 年 12 月 30 日）

持续 17 年追随运河波涛——无怨无悔

程建平

2014 年 6 月 22 日，这是个注定将写入扬州历史的纪念日。这一天，中国大运河终于列入《世界文化遗产名录》！回望漫漫八年申遗路，中国大运河终于圆梦世界遗产。

扬州是中国大运河申遗牵头城市。自春秋吴王开邗沟凿邗城始，扬州便成为大运河的原点城市。古邗沟连通江淮，扬州 2500 年的繁华锦绣发端于此。为记录这座运河城市历史变迁印记，同时配合大运河申遗，我从 20 世纪 90 年代起，在长达 17 年的时间里，从空中到地面，从山东聊城到江苏淮安，从扬州古运河到江南大运河，用镜头千里追随着大运河，记录下运河环境保护和变迁、运河人家的生活、运河沿岸历史遗存的一幅幅经典作品，为运河申遗工作提供了珍贵的历史影像资料。

回望 17 年影像记录运河风情拍摄历程，往事历历在目。特别是在 20 世纪 90 年代首次登机航拍运河城市古城扬州，途中经历更是无比艰险！那是在扬州市政府组织下，于 1996 年 11 月 19 日上午，我与扬州电视台记者一行 5 人奔赴常州江南航空公司某机场，登上一架国产新型运 5 飞机，对扬州大运河及其刚建成通车的宁通高速公路沿线进行了航拍。起飞约 15 分钟，蜿蜒漫长的宁通高速公路与气势恢宏的长江交相辉映展现在脚下！这是一支由报社摄影记者、电视台摄像记者组成的航拍小分队。大家都是首

次参加航拍。国产运5飞机机声轰鸣、震耳欲聋，又遇上空中气流左右晃动幅度大，拍摄人员不适应，一个接着一个地呕吐起来。原先准备的一只塑料桶竟不够用，有的队员干脆拆开食品袋套在嘴上吐。那副惨状令机组人员看了心痛啊！航拍领队长郭巨永是空军飞行员转业干部，在机舱内不停地引导和安慰我们，鼓励大家战胜困难。他还不时地用幽默风趣的笑话逗引大家，惹得大伙笑声阵阵，克服了恐惧，减轻了高空反应。不一刻工夫，苏北大地如诗如画的田野风光展现在脚下。首次参加航拍的我们兴奋不已，纷纷举起相机、端起摄像机投入拍摄。

飞机像一只银燕在古城扬州上空盘旋，我们一鼓作气完成扬州城区近10个景点的拍摄任务。首先跃入眼帘的是绵延不断的十里长街文昌路。大道上车水马龙，路两边群楼林立、鳞次栉比的住宅楼风格迥异。在新城西区，一座座现代化建筑拔地而起，彰显出现代都市的时尚风采，最终定格于名闻遐迩的瘦西湖风景区。

完成市区拍摄，飞机一路飞向东南。贯穿南北的大运河扬州段尽入眼帘，运河秀丽景色，令队员们目不暇接。大家拥挤在不足65公分宽的机舱门前贪婪地按着快门拍摄。由于舱门狭窄，我只能将镜头从肩头和腿缝中伸了出去，尽情地拍摄，留下那个年代饱经沧桑的古运河两岸成群的棚户区和百废待兴的古运河生态环境！历经近3个小时的飞行拍摄，飞机终于平安返航落地。终生难忘的首次航拍结束了，个中滋味只有亲身经历过才能知晓。队员们纷纷在中国人自己制造的运5飞机前留影纪念，致敬运5飞机！

自从有了第一次航拍经历，我竟然走火入魔般爱上了航拍摄影，热衷于拍摄大运河！坚持每年从空中到地面航拍大运河的涅槃重生和扬州这座千年古城的风姿绰约。

2006年8月，我们驱车800余公里，赶到山东聊城，拍摄在这里举办的世界滑水大赛，用镜头展示在聊城大运河段举行的这一举世瞩目的精彩纷呈赛事，彰显大运河青春再现的无穷魅力！

在完成正常采访任务的同时，我们可谓年复一年聚焦大运河。曾有 20 多次，在没法落实登机航拍的情况下，我们运用热气球、动力伞、空中吊车等力所能及的工具，进行分段空中高角度拍摄，记录了运河两岸湿地以及运河历史文化遗存，留下无数阶段性的历史影像资料。虽历经了千辛万苦和遭遇一些险情，但最终都化险为夷！

为配合运河申遗工作，自 2005 年起我主动联系镇江日报摄影记者，策划当年航拍江北和江南大运河活动方案，得到两市政府和双方报社领导的支持。我们自筹资金，报送江苏省政府批准，由南空派出军用直升机配合航拍工作。当时，航拍的主题是空中航拍《双子城——扬州·镇江》于当年 5 月启动，全力拍摄大运河扬州段及其南水北调沿线。这一年，空中鸟瞰经过数年整治的运河沿岸已是满目苍翠、群鸟飞翔、鲜花绽放；傍依大运河的高宝邵伯湖更是湖水清澈、渔歌唱晚！但见运河水上运输线，一艘艘满载船只川流不息、千舟竞发。我们在打开的机舱门前一刻不停地按动快门，留下一张张美丽运河的永恒瞬间。完成扬州段运河拍摄后，军机迅速南飞，跨越长江，拍摄江南大运河。沿途现代城市风情与古运河相辉映。清澈的运河水流经一座座城市与片片乡野，任凭风和日丽、再现芳华！

为进一步完善大运河沿线保护日新月异的变化，2019 年 9 月，扬州报业集团安排我再次策划航拍事宜。我们以"空中鸟瞰大运河新貌"为主题，在南空的支持下，先后数次登临军机，沿运河长江北入江口至淮安、扬州宝应段，持续航拍近 3 个月圆满完成了这一重任。

经过数年的航拍，我已有了空中拍摄的丰富经验。在连续拍摄过程中，每次我领队登机前，总要事先与机组人员一同踩点，并向参加航拍的摄影同仁讲解相关要领、注意事项和安全措施。其中，在一次航拍中，因机舱轰鸣声过大，与机组人员交流时全靠手势。如靠近拍摄主体就比画小圈，远离拍摄时就画大圈等，与机组人员配合默契，节省了时间和直升机用油。据了解，军机起飞续航时间为 4 个小时。当年最后一次登机时间已是 11 月上旬，寒冷的气流从敞开的机舱门涌入，让人站立不稳，拍摄时依靠同行一左一右的紧紧搀扶才能完成拍摄。此时，宛如无数钢针刺痛暴露在外的脸部及双手。就这样，摄影人员轮番上阵，完成重要拍摄点的影像记录任务。

回首往事，每次登机或采用动力伞、热气球航拍运河，我的家人最为担心的就是空中安全。每次前往南京军用机场前，我都将购买的2份人身保险单送往夫人单位保管，其中附有一封信预留相关事宜交代。当然，落笔最关心的是当时正在读书的孩子，如遇意外，请求组织对孩子日后的成长给予关心和帮助。当我一次次将装有保险单和信件的档案袋交给夫人时，她总是热泪盈眶，目光中充满了信任和自豪！然而，命运总是垂青勤奋努力的人。17年的航拍生涯，为中国大运河申遗历程奉献了扬州摄影人的应有贡献！

回眸在那个没有无人机的年代，自己凭着对新闻摄影的执着追求与对航拍的热爱，持续17年追随运河波涛，记录运河变迁，至今无怨无悔。一系列运河照片先后在各级报刊发表，获得社会关注和广大读者的喜爱。十七年风吹日晒，化为十七载风花雪月，一朝入梦便是永恒！

专家评说

一图何以胜千言

殷陆君

一图何奇？图片首先是给人印象，发挥直观的特点，彰显美、展示奇、显示与众不同的意味。其次是让人感觉好，发挥艺术的特点，构图精巧美、画面展示美、细节颗粒美、组合故事美。最后是催人思考，发挥技术的张力，角度从哪里来，光线何以交织，人物为何凝神聚情。

看看这些照片，分开摊开，一张一张看，扬州晚报记者的摄影功力可见一斑。

一组照片何以征服评委？一个个点自然串成线，一条条线巧妙组成面，有机结合成美的艺术，适当融合成新的题材，巧妙集成好的故事。

看看这些照片，摆开摊开，放在一起看，扬州晚报记者的集成创新能力优良。

新闻摄影不是一般的新闻，也不是一般的摄影。好的新闻摄影必须有新闻性，兼有艺术性；必须拍得快，抓得准，把历史的瞬间聚焦、放大、凸显特殊的意义。

这组照片丰富生动，有人居建筑、有自然风景，有袅袅炊烟、有广阔社会，有静物、有人物，有生态、有活动，有光晕、有年轮，记录了漫漫申遗路，中国大运河终于圆梦世界遗产。

这组照片视野宏阔，从空中到地面，从山东聊城到江苏淮安，从扬州大运河到江南大运河，记者的镜头千里追随着大运河，用影像记录下运河的变迁、运河人家的生活、运河沿岸的历史遗存，为运河申遗工作提供了珍贵的历史影像。

记者是有职业精神的，因此不忘传承、努力创新。

他勇于当创新拍摄的先行者，克服各种困难，坐军机、登气球……他敢于做航拍摄影的尝试者，研究各种技术，上天空、俯下身，因此能拍出新角度、拍出新意盎然的好照片。

命运垂青勤奋担当的人！17年的坚持追踪，对新闻摄影的坚定追求，对航拍的坚韧热爱，一系列运河照片引起社会关注和广大读者的珍视。

照片最生动的是人，照片背后最令人感动的也是人。透过这组传递真善美的照片，我们看到了为记录时代风云奉献心血智慧的中国新闻摄影记者的精气神！

家人等他吃团圆饭，他为救人献出生命

——元宵夜，这家人最难熬的半小时

夏祥洲　　张亦囝

前天是元宵佳节。在广东省东莞市务工 4 年的覃号兵，却成为家人永远的思念。当天上午，覃号兵为了抢救落水者，献出了自己年轻的生命。正在家中等候他的一大家子人，经历了人生最难熬的半小时。

昨日，重庆晚报记者通过多方采访，努力还原了覃号兵生命中的最后半小时。

22 岁的覃号兵跟随父母到东莞务工已有 4 个年头，出事地点在虎门镇白沙五村，正好在他的租住房附近。

覃号兵一家三口、父母、妹妹一家三口、伯父一家三口以及小舅子几家虽然住得不远，但平时都要忙各自工作，相聚机会很少，过年前也没聚成。覃号兵约大家在元宵节到家吃顿团圆饭，也算是迟到的团年饭。

为了准备这顿饭，覃号兵和妻子谢晓旋早早起了床准备。10 点半，9 个月大的女儿醒来，原来是把尿尿在屁股上。"我叫他打来热水，帮宝宝洗干净屁股。"

安顿好女儿已是 11 点左右，菜品也全准备好了，就等着亲友到齐。趁这个时间，覃号兵说要到 500 多米开外的农贸市场去买点酒回来。

"他们来了你招呼好，瓜子花生在袋子里，抓出来就可以了。"谢晓旋没想到，这是丈夫对自己说的最后一句话。

"他没脱衣服跳入池塘"

出事地点是村里的一口面积 10 余亩的池塘，水深 3 米多，周边有防护栏，防止有人意外跌落。与覃号兵一起下水救人的，还有另外一位重庆崽儿。他叫曾凡全，37 岁，也是云阳人。说到前日的情景，他更多表达了遗憾与自责："我没能把落水者救起来，与我一起救人的覃号兵还遭遇了不幸。"

曾凡全称，当时，他从虎门白沙综合市场买了菜往租住处走，行至白沙五村这口池塘时，看见一名年轻男子落入水中，拼命挣扎。

"这男子一度抓住了别人施救的竹竿，但不知何故又松开双手，而后又在水里挣扎。"曾凡全说，他赶紧把身上的衣服脱下，跳入池塘，朝男子游去。

"就在我跳入池塘时，我看见覃号兵顾不上脱衣服就翻过池塘边的护栏，跳入水中。"曾凡全说，他和覃号兵都是云阳人，前几年来东莞打工后认识，都会游泳。

"等号兵回来炒菜，他炒的菜好吃些"

谢晓旋回忆，丈夫出门时，所有的菜都准备好了，就等他去市场买酒回来。大概 10 分钟后，亲人陆续赶到覃家租住地。

"号兵哪里去了？"大伯覃自成问。得知他去买酒后，喜欢喝酒的大伯直夸："号兵这孩子很懂事。"

看着一大桌子的菜都还没下锅，谢晓旋让亲友们等等。大伙也都说："不急，都吃了早饭的，让号兵回来后再炒菜。"

"号兵炒的菜好吃些。"昨日，覃自成在电话中告诉重庆晚报记者。直到昨天，餐桌上仍摆满鸡肉、猪肉、鱼肉等，但是大家再也没有心情弄来吃。

当时，亲人们你一言我一语闲聊起来，开始展望新年打算。"在外都这么多年了，再打拼几年还是回老家发展。"谢晓旋听丈夫老家的人说，内陆也有不少就业机会，一家子就商量等号兵回来，再讨论回乡发展这个大事。

"他先一步游近落水者"

曾凡全说，覃号兵年轻，体力好，水性更好，因此先一步游到了落水者身边。

曾凡全也知道，覃家当天吃团年饭，他说："我在菜市场听覃号兵说过，家里人还等着他回去炒菜，还邀我也过去喝几杯。"

曾凡全说，岸上的围观者见覃号兵已经游近了落水者，就有人赶快扔绳子过来帮忙。但距离太远，绳子扔了几次都没成功。

"电话没人接，以为他想节约钱"

"他平时跑得快，这都一刻钟了，怎么还不见回来？"谢晓旋给丈夫打电话。

连续打了两个电话无人接听，谢晓旋估计是丈夫马上就到家了，节约电话费才没接。于是，她走出门看看是不是已经回来了。

刚出门，谢晓旋就听到附近传来一阵异响和叫喊声："救命啊！快来人啊！"

站在屋外的谢晓旋没看见丈夫，心里有些急了。她有种预感——"丈夫平时就喜欢帮人，是不是也去救人了？所以才没接听电话"。

谢晓旋并没多想，她把弟弟小谢叫出门，去看看丈夫到底走哪里去了。

"落水者死死拽住他"

曾凡全说，落水男子双手拼命挣扎，先是紧紧拽住覃号兵的衣服，随后又用力拽住覃号兵颈部、头部。

"落水者拼命拍打抓扯，我根本就靠不近。我一度好像拽住了他们其中一人的手和衣服，但是感觉到一股巨大的力量从我手中挣脱。后来我抓了好几次，但再也无法抓到他们。"

曾凡全说，就在他感觉力气耗尽时，落水者拖拽着覃号兵从冰冷的水面慢慢消失了。

弟弟打电话：姐夫在救人

小谢往街上走去，路过一个池塘时发现，姐夫正在水中救人，于是急忙给家里的亲人们打电话，让大家也赶快过去帮忙。

小谢打完电话就往池塘跑去，但他很快就发现自己奔跑的速度实在太慢了。等他赶到池塘边，姐夫已经消失在水面，池塘里只有曾凡全在挣扎。

"眼睁睁看着他消失"

曾凡全说，看到覃号兵和落水者沉入水中，他虽然想潜水捞救，但自己实在体力不支，还是在小谢等人的帮助下才游回岸上。

"号兵真的是个勇敢的小伙子，我却只能眼睁睁看着他在我眼前消失在冰冷的池塘里，我的心真的很难受，很难受！但是，我真的是尽力了。"电话采访中，曾凡全多次叹息。因为当天救人严重受寒，他患上了感冒，电话中时不时打喷嚏。

家人赶到时，不见他身影

家里的亲人们接到电话，也急忙往池塘边跑。让他们不敢相信的是，池塘里根本就见不到号兵的身影。池塘边躺着奄奄一息的云阳老乡曾凡全，还有全身湿漉漉的小谢等人。

原来，小谢等人先是把曾凡全拉上岸，随后下水救人。虽然冻得全身发抖，但是小谢执意一次又一次跳入水中。

事后多人下水施救捞人

曾凡全说，他上岸后再没力气下水救人。此后，覃号兵的父亲、伯父、小谢以及一帮云阳同乡和其他热心人纷纷下水施救。但是，大家尝试多次都未捞到落水者和覃号兵。

落水者自行跳入池塘

当地警方调查得知，落水男子姓蔡，江西省赣州人，23岁，随家人也在事发地附近务工。此前，蔡某自称连续多天头痛，周围人觉得他精神有些不正常。事发时，蔡某自行跳入3米多深池塘。据称，蔡某家人已口头表达了对救人者的谢意，但是因为自家也痛失儿子仍处于悲痛中，警方暂时没有让双方家属见面。

警方将申报见义勇为

当天，消防官兵与另一位好心市民将两名死者的尸体打捞上岸。

据虎门公安分局介绍，正在收集覃号兵英勇救人的相关材料，尽快递交东莞市见义勇为基金会，申报见义勇为奖。

（原载《重庆晚报》2013年2月26日）

有热度　有温度　有新意　有深度

夏祥洲　张亦囝

2013 年 2 月 24 日，元宵佳节，原本是全家团聚的日子，年仅 22 岁的覃号兵却成为家人永远的思念。覃号兵是重庆云阳人，一家人常年在广东东莞务工，除夕没聚成，一大家子人便选在元宵节这一天团聚，他的厨艺不错，家人备好菜就等他回来炒，但此刻正在回家路上的覃号兵为了抢救落水者，献出了自己年轻的生命。正在家中等候他的一大家子人，经历了人生最难熬的半小时。

2013 年 2 月 26 日，《重庆晚报》推出关于覃号兵见义勇为的通讯作品，引发广泛关注和影响，作品获评第二十四届中国新闻奖三等奖。这篇报道的背后，还有哪些故事？重庆晚报采编人员如何在新闻伦理和新闻价值中寻找到平衡点和闪光点，又是如何以此为契机推动见义勇为保障机制落地见效的？今天为您一一揭秘。

选题有热度
深挖中正名英雄

覃号兵见义勇为的事迹，一开始其实有不少版本。从广东的口口相传到互联网传播再到重庆云阳的口口相传，这是一条自带热度的线索。重庆晚报的线索，也是来自云阳老乡 QQ 群转发的一条求助信息——重庆 90 后崽儿救自杀者，被救者家人不作证恐含冤。

好线索、好题材，是可遇不可求的，既然遇上了当然不可能放过。收到求助信息后，重庆晚报记者迅速通过覃号兵老家的村干部获悉了信息属实，并获取了联系方式，随后通过外围多渠道进一步求证了救人事迹的真实性。90 后小伙面对危情，敢于挺身而出，敢于担当、勇于奉献，这样的精神毫无疑问是值得褒奖的。

经过进一步调查，重庆晚报记者发现认定见义勇为行为，被救者作证并非必要条件，只要经警方调查属实，即便被救者因为各种客观原因不现身，各级见义勇为评定委员会也是可以认定见义勇为行为的。基于这些调查，我们决定为英雄正名，"不能让英雄白白牺牲！"

采访有温度
倾听中抚慰伤痛

面对刚刚失去亲人的英雄家属，出于对英雄的敬仰和对家属的慰藉，更是出于新闻职业道德与伦理的要求，我们不忍也不能再一次去触碰他们的伤痛。

好在对目击者和相关调查人员的采访，没有什么阻力，他们所提供的素材对于报道这起见义勇为事迹是足够的，但要挖掘到支撑英雄事迹的更多点点滴滴，全景展现英雄形象，向社会传递温馨而催人奋进的正能量，我们还需要从他的家人口中了解更多。于是，我们选择改变角色，不是作为提问者，更不是旁观者，而是作为一个倾听者，引导覃号兵的家人从英雄离去的悲痛中暂时抽离，唤起他们对英雄的怀念。

悲情事件发生后，恰如其分地倾听，使得当事人进行情绪释放，能够为事件的平稳处置营造较好的情绪环境。同时采访本身也是一场心理干预，为当事人走出情绪阴霾、重拾生活信心打下基础。

用倾听和敬仰抚慰伤痛，接受采访的覃号兵妻子、母亲、父亲，为他感到骄傲，并主动向记者追忆起从覃号兵离开家门开始的半个小时里，家中发生的点点滴滴。他们从一开始难以自已地痛哭，到采访结束时都在为亲人的行动感到自豪，他们表现出的坚强反倒让记者忍不住落泪。

表达有新意
创新中表达敬意

负责采访覃号兵事迹的两路记者商量后，写出了第一篇初稿。回头看来，初稿更像是一篇采访笔记，记者读后可以说是相当不满意，"不能让英雄的事迹毁在自己手里"。

"好稿件是改出来的。"有扎实的采访为基础，我们相信稿件必然可以改好。于是记者尝试做了第一次修改，调整之后，采用倒叙手法，从多个角度、不同视角窥探还原了覃号兵见义勇为的全貌。提交稿库后，记者还是觉得不够生动，平铺直叙虽然面面俱到，但主题不够突出，形象也不够立体。

值班领导看过二稿后，提议再琢磨一下表达方式。思来想去，记者决定在故事讲述形式上进行创新，初步设想是采取双故事线的布局。又经过至少三次的酝酿和修改。《家人等他吃团圆饭，他为救人献出生命》最终成稿，采用时空切换对比表达、两条故事线、一个主题的文本模式。

回想起这次采写经历，记者认为这次文本创新的动力既是职业习惯的要求，更是情至深处时对英雄自发的特殊敬意。

影响有深度
推动中促成立制

媒体不仅是记录者，很多时候也是社会进步的推动者、参与者。新闻作品要有深度，关键是要把准新闻背后的大主题。作品的主题是形，背后的主题才是"意"。

按照 2013 年 1 月 1 日起施行的《广东省见义勇为人员奖励和保障条例》规定，见义勇为牺牲的，颁发 100 万元抚恤奖金。这是全国首个对见义勇为明确提出"重奖"100 万元的法条。该条例实施后，一度成为全国聚焦的热点。但具体如何施行，还没有先例。经过全面查证，记者敏锐地注意到，覃号兵是条例施行后的第一例。覃号兵见义勇为的行为一旦被认定，将是全国第一例因见义勇为牺牲获得 100 万元抚恤的个案，其社会影响深远。

当时虽然有条例支持，依据条例规定该笔抚恤金将由见义勇为基金会来奖励，但这个资金从哪里来、怎么支付都没有建章立制。重庆晚报持续推动，在覃号兵牺牲后的一年之内，制度化解决了这个问题，100 万元的抚恤金成功交到他的家人手中。

重庆晚报还借此持续推动类似见义勇为保障法条在重庆进入立法程序（经过多年推动于 2021 年 7 月 1 日生效），目前相关方面仍在就"同命同价"等展开后续工作，以更好地发挥见义勇为基金作用，努力做到不让英雄流血又流泪。

有人味　讲创新　负责任

好作品历久弥新的生命力

严一格

10年前，这篇以见义勇为事迹为题材的报道获得新闻界同行的一致好评，10年后再议，其情感表达、文本结构的创新依然具有较强的示范性，或许这正是中国新闻奖作品历久弥新的生命力。

作品有三大亮点，给我带来深深的触动。

一、特别有人味

"号兵哪里去了？"大伯覃自成问。得知他去买酒后，喜欢喝酒的大伯直夸："号兵这孩子很懂事。"

看着一大桌子的菜都还没下锅，谢晓旋让亲友们等等。大伙也都说："不急，都吃了早饭的，让号兵回来后再炒菜。"

"号兵炒的菜好吃些。"

……

文字类新闻作品就应该讲究文字，要有故事、有细节、有生动的群众语言。这篇作品，在英雄故事的讲述中透着温度。伤痛的悲情，因这些美的传播被抚慰，正能量满满。

人文关怀是新闻审美传播的根本价值，一直以来，重庆晚报高度重视新闻传播中的人情味、文化味，这篇作品便是其中"人情味"的代表，作品通篇在以人为本的高度上行进，直指受众心灵，把英雄人物讲述得立体鲜活、再现得有血有肉、追忆得有情义有担当，讲出了普通人更容易触碰到的温度，进而形成情感共鸣，实现最佳的传播效果。

二、勇于再创新

文本结构和编排上的创新是这篇稿件另外一个显著的亮点。作品故事的情感含量丰富，即便常规表达，也会是一篇不错的作品。但记者、编辑、值班老总都没有满足于此。通过记者揭秘我们注意到，各个环节在作品结构、编排的创新上都力求精益求精。

文本上采用了双故事线，编排上"这边"英雄舍己救人与"那边"家人焦急等待，以时间为线进行时空切换，将情感的冲突进行具有画面感的极致体现，好似可以随时进行切换的电影场景。

这样的创新表达，是平面媒体可视化表达的初尝试。在未来的很长一段时间，乃至如今的全媒体，这样的双主线、时空切换表达都被广泛借鉴。

三、媒体有责任

文章中提到，广东省东莞市虎门公安分局正在收集覃号兵英勇救人的相关材料，尽快递交东莞市见义勇为基金会，申报见义勇为奖。

这是作品最后留下的一个"悬念"，也是这篇以情为主的作品中最大的理数，情理相彰是为佳作。为了揭开这个悬念，记者一直在跟进，跟进的结果不仅仅是100万元抚恤金的兑现，更推动了见义勇为保障机制在广东的制度化落实。

让我深受触动、引以为傲的是重庆晚报的努力还不止于此，多年来持续推动、久久为功，成功推动了见义勇为保障制度在重庆的落地，《重庆市见义勇为人员奖励和保护条例》于2021年7月1日施行，真正实现了英雄流血不流泪。

英雄模范影响人、感召人、带动人。"时代楷模"王红旭、见义勇为英雄蒋正全……

这些年来，在重庆晚报等责任媒体和全社会的持续推动下，善行和义举有了法律的撑腰与保障，在巴渝大地形成了好人好事层出不穷、善行义举不断涌现的生动局面，为新时代新征程新重庆建设汇聚了强大正能量。

（作者系重庆晚报编委，高级编辑）

《汴梁晚报》2013年7月12日A8—A9版面《瓜愁》

（原载《汴梁晚报》2013年7月12日A8—A9版）

民生难点·媒体焦点·网络"爆点"

娄旭明

中国新闻奖报纸版面奖项中，地市级报纸版面获奖不是很多。获得第二十四届中国新闻奖三等奖的版面《汴梁晚报》《瓜愁》(2013 年 7 月 12 日 A8—A9 版)，抓住民生难点，聚合媒体焦点，形成网络"爆点"，用版面"表情"刻画民生情怀。

眼下，媒体融合已是新闻界的热词，也是新闻从业者的工作常态。而早在 2013 年，新媒体还处于初始发展状态，传统媒体的编辑记者只是偶尔做些媒体融合的尝试。2013 年夏天，《汴梁晚报》聚焦"卖瓜难"的连续报道，借助新媒体手段，推动传统媒体的新闻报道内容蝶变升华，产生了较大的影响，帮助瓜农解决了卖瓜难题。刊发这组连续报道开篇之作的版面《瓜愁》获得中国新闻奖三等奖。回看这组报道，总结梳理媒体融合的初始路径，对做好媒体融合工作有一定的借鉴意义。

报纸版面重磅推出，官方微博滚动发布

开封是西瓜种植大市，素有"汴梁西瓜甲天下"之美誉。2013 年夏季，由于多种原因，汴梁西瓜的销路大不如从前，且价格大幅下滑，往年每公斤 1.4 元，当年还不到 0.4 元。占地 120 亩的开封西瓜大市场内，一车车优

质西瓜无人问津。时间一长，卖不出去的西瓜变质破裂，市场里随处可见被瓜农扔掉的西瓜。

汴梁晚报记者深入西瓜市场、田间地头连续采访 3 天，掌握了第一手情况，拍摄了上百张图片。编辑部拿到记者的文字、图片后，决定以联版的形式，重磅推出这篇报道。在这个版面上，7 张照片突出层次感。主图中老人坐在满满的瓜车前，愁眉苦脸，没有一个顾客，只有卖不完的西瓜。版面重心留在主图人物那张忧愁的脸上，旨在通过表情展现主题"愁"。这样的场景与版面主题呼应。另外 6 幅照片中不同年龄段的人被卷入这场"瓜愁"中，读者可以直观地看到版面"表情"。

报道见报当天，汴梁晚报微博开始滚动发布开封瓜农卖瓜难的消息。报纸、微博发布的消息在读者、网友中引发强烈反响。汴梁晚报的热线电话一时间成了"西瓜专线"，汴梁晚报微博的互动话题也围绕卖瓜难展开了热烈讨论。

媒体联动营造声势，线上线下融为一体

新浪河南网站的编辑通过汴梁晚报微博了解到开封卖瓜难的情况后，就与汴梁晚报微博的编辑联系，表示要通过网络呼吁更多的人帮助开封瓜农解决西瓜滞销难题。新浪河南网站搜集西瓜滞销信息，制作《拯救西瓜·爱心助农》专题，并以"河南西瓜滞销地图"的形式呈现。

汴梁晚报及时跟进，主动联系河南的一些微博大号 @ 新浪河南、@ 郑在发生、@ 微探店等，希望通过他们帮助开封瓜农。

经过《汴梁晚报》以及河南省内媒体的报道，开封西瓜滞销一事在网友中引起热烈反响，网友们纷纷转发并表示要购买开封西瓜。

广东韶关一家企业的领导在网上看到《汴梁晚报》有关开封卖瓜难的报道后，派人与汴梁晚报的记者联系，安排员工从广东连夜奔赴开封西瓜大市场。到达开封后，他们走访了多家瓜农，最后选择了十几户家庭条件

差的瓜农，收购他们种植的西瓜。瓜农安大爷家庭困难，种了5亩西瓜，一半没卖出去。这家企业的员工了解到安大爷家的情况后，就将安大爷的西瓜以高于市场价的价格全部收购。安大爷高兴地说："终于盼到有人来收西瓜了，一下子解决了我家的困难！真是太感谢了！"此外，他们还在开封西瓜大市场大批量购买西瓜共计5万公斤。瓜农崔社平的2276公斤西瓜被碧桂园集团全部收购。接到瓜钱，他开心地告诉记者："在家门口就把西瓜全部卖出去了，不用起早贪黑辛苦把西瓜拉到城里，而且还高于市场价。感谢所有好心人。"这家企业购买的西瓜，一部分送给业主，一部分义卖，义卖的善款资助贫困大学生。既帮瓜农解忧，又帮助贫困大学生，一举两得。韶关电视台对碧桂园集团"爱心千里行，为河南瓜农解忧"行动进行了全程跟踪报道。

在引起外地网友关注的同时，汴梁晚报积极组织本地市民、企业购买爱心瓜。开封市工商联组织民营企业开展"光彩行动"，购买25万公斤爱心西瓜，帮瓜农解决卖瓜难。开封的一名企业家接受汴梁晚报记者采访时说："看到瓜农因卖瓜难遭受损失的报道后，心里很难受。作为民营企业家，自己应当承担社会责任。将这些西瓜送给员工解暑降温，另外一部分免费送给外地的经销商，让他们也品尝品尝汴梁西瓜，这也是对汴梁西瓜的一种很好的宣传。一个企业的力量很渺小，大家都伸出援手，开封的西瓜肯定不愁销路。"

汴梁晚报还与开封市住建局联合，发动20多家建筑、开发企业购买西瓜。一名房地产开发商说："我们组织购买爱心西瓜，不仅为瓜农解决了卖瓜难问题，也为奋战在一线的工人带去了一丝清凉。"

内容为王渠道助力，促使新闻蝶变升华

《汴梁晚报》推出的《瓜愁》特别报道，在社会上引起广泛关注。众多媒体都对开封西瓜滞销作出报道。看到报道后，开封市市长到西瓜大市场

进行了专题调研并作出批示，要求相关部门认真调研，有针对性地出台一些有效措施。

2013 年 8 月 4 日下午，中央电视台新闻频道《新闻直播间》对开封瓜农卖瓜难一事进行了报道，该报道时长 4 分 32 秒，从西瓜普遍滞销、争购爱心瓜、把握市场先机等方面进行了详细报道。央视的报道指出，希望记者一系列的报道能够对农民朋友有所帮助。在帮助瓜农卖瓜的行动中，媒体发挥了重要作用。正如中央电视台的评价，经过《汴梁晚报》的报道，多家媒体的跟进，新媒体的互动，社会各界的热心参与，当年出现的卖瓜难悄然化解了。

事情已过去 5 年多，回头看《汴梁晚报》聚焦"卖瓜难"这组报道，结合媒体融合的实践，有一点感受颇深：优质内容通过多种渠道助力，新闻报道就会蝶变升华。

传统报纸与新媒体相比，弱势在于参与性与互动性差。《汴梁晚报》聚焦"卖瓜难"这组报道恰恰打通了这两者。报纸的深度权威，新媒体的快速互动，二者融合在一起，通过与读者、网友联动，新闻更接地气，更接近群众，从而形成一种良性循环，促进了问题的解决。

展望未来，媒体"内容为王"的原则属性不会改变。在融媒体大平台上，关注百姓冷暖，急百姓所急，忧百姓所忧，深耕内容，服务民生，促进民生热点、难点问题解决，才能做出更加有影响力的新闻。

（原载《青年记者》2019 年 3 月中，本文略有改动）

民生的表情刻画在版面上

刘会敏

版面充分体现地方都市报"服务民生""关注群众冷暖"的办报理念和情怀。版面主题突出、图文并茂，表情丰富，让人过目不忘。

主题突出，聚焦卖瓜难，为瓜农解忧分愁。开封西瓜名扬四海，曾有"萧山石榴砀山梨，汴梁西瓜甜到皮"之说。2013年却出现了卖瓜难问题。占地120多亩的开封杏花营西瓜大市场里，一车车优质西瓜无人问津。《汴梁晚报》急瓜农之急，忧瓜农之忧，于2013年7月12日推出《瓜愁》特别报道，引起社会广泛关注，解决了当地的卖瓜难问题。

图文并茂，表情丰富，让人过目不忘。"三分法"的构图将版面重心留在主图人物那张忧愁的脸上，旨在通过表情展现主题"愁"。报头移置到右侧，为图片让位，绿色的西瓜占据传统报头位置，西瓜仿佛被车栏"束缚"，突出版面的另一个主题"瓜"。

版面的黄金分割点上突出大标题"瓜愁"，颜色及字体选择等视觉语言使版面传递出严肃、沉重的氛围，引起读者关注，传递主题信息。

一图胜千文，照片为版面增色。7张照片的安排运用突出层次感。主图中老人坐在满满的瓜车前，愁眉苦脸，没有一位顾客，只有卖不完的西瓜。这样的场景与版面主题呼应。另外6幅照片中不同年龄段的人被卷入这场"瓜愁"中，读者可以直观地看到版面"表情"，凸显新闻真实性。

报道效果好，解决了卖瓜难问题。这组报道促使开封及河南省内外掀起了购买爱心瓜的热潮。2013年7月23日、7月28日，多家爱心企业来到杏花营镇收购西瓜。开封市工商联民营企业家实施"光彩行动"，购买50

万斤爱心西瓜。

2013 年 7 月 29 日，开封市长吉炳伟对此进行专题调研，有针对性地出台一些有效措施，在培训、引导、服务、组织等方面发挥政府职能部门作用，使瓜农增产增收，使汴梁西瓜独特品牌越来越响亮。

（作者系开封市委宣传部副部长，高级编辑）

（原载《中国记者》2014 年第 12 期）

《让我们一起寻找微信任》系列报道

广州人，你相信陌生人吗？

何裕华

你还相信陌生人吗？羊城晚报近日在广州街头做了一次大胆测试：9名羊城晚报志愿者以四出"街头剧"测摸老广对陌生人的信任度。

测试结果令人失望：80%以上的人对陌生者心存芥蒂，而50%捡获钱包的市民不会物归原主；同时，志愿者婵姨和红姨在人来人往的马路边头晕蹲地四次，没有一人上前扶助……

是谁动了我们的互信？一位匿名路人说，他不是对陌生人心存敌意，只是"不想惹事"。"你们帮我提东西，或我帮你捡钱包后，或多或少会对我产生影响，这些影响或许是好的，或许是坏的。为什么我要赌这一把？"这是真诚而让人心寒的心声。

无怪中国社科院在今年初发布的《中国社会心态研究报告2012—2013》显示，社会总体信任程度仅为59.7分，"已经跌破信任底线"。针对北京、上海、广州等七座城市的调查显示，超过七成人不敢相信陌生人。

我们希望，《报告》的"信任分"只是一堆无意义的数字。广州城的真实信任度到底如何？我们和众街坊一样，渴望知道答案。因而，我们需要这样一次街头行动，需要对《报告》做一次"落地"测试。我们怀揣寻找真相的善意，我们努力寻求解决的良方。

您，愿意与我们一道吗？

拾获钱包　半数不还

【街头剧】

闹市遗失钱包之后……

时间：4月4日傍晚、4月5日上午

地点：客村地铁站、北京路、上下九步行街、天河又一城购物中心一带

志愿者：杨小姐、阿熹、小燕、小吴、小敏、嘉琪

模拟情景：志愿者于闹市遗失钱包

期待反应：陌生路人拾获钱包并物归原主

测试结果：大部分路人未捡起钱包，捡获路人中则大概一半据为己有

4月5日上午11时许，记者与志愿者阿熹和杨小姐一同前往广州人气最旺的北京路步行街。阿熹与杨小姐各自准备了一个旧钱包，钱包里有20元和一张带有联系方式的卡片。他们抱着希望：钱包丢了，会有人归还。

漠然无视者多

走进人来人往的北京路，杨小姐一边看着古城遗迹，一边拿出后裤兜的纸巾，不经意间跌落了准备好的旧钱包。记者在旁看见，跟随其后的是一家四口：一对夫妇和两名小女孩。其中身穿蓝色上衣的男子看见钱包后，立刻停下脚步并捡起来。但当他打开钱包后，并没有追上走在前面的杨小姐，而是把钱拿出来，钱包则放进裤兜里，然后与家人一同转向路边的雪糕店。

约5分钟后，记者见其仍没有归还钱包的意思，于是与杨小姐一同上

前询问该男子。"是的，我捡到一个钱包。"该男子在裤兜摸出杨小姐的黑色钱夹。当杨小姐发现钱包内的20元不翼而飞时，该男子一脸无辜道："没有啊，原来就是这样的，里面没有钱。"在这种近乎"死无对证"的情况下，记者只好转问其为何不归还钱包。该男子表示："打算往前走一段再打电话给失主。"

为了区别人来人往的北京路，志愿者小吴和小燕在天河商圈选择了一条人比较少的过道进行丢钱包测试。走在路上的小燕把同样装有20元和联系方式的旧钱包遗落在一家丝袜店的门口，记者观察到，隔壁手机店内2名正在闲聊的店员看见遗落的钱包，但并没有提醒小燕捡起来。随后，小燕进入丝袜店，一群路人经过钱包跌落处后，钱包就不见了。记者只看到人群的背影。其后，小燕等了数日，仍不见有人联系她归还钱包。

"不甘心"的杨小姐在北京路前后又"丢"了四次钱包，其中两次均没有被路人捡起来。记者观察到，不少路人看到地上钱包，但都没有停下脚步。其中一对情侣经过时，男子一直看着钱包并有意上前捡起来，但其女友表示，"闲事莫理"，并拉着他离开。最后，该钱包被一拾荒者拾获，拾荒者取出钱后，把附有联系方式的旧钱包放在一个垃圾桶上面，然后离开。

随后，小燕在天河又一城附近又选择了一条人流量比较大的街道进行测试。她坐在路边的椅子上休息，离开时遗留下旧钱包。离开椅子不到一分钟，一名女保洁员发现了旧钱包，犹豫了一下，她把钱包装进自己白色工作服的外套口袋里，然后继续推垃圾车往前走。走了一会儿，保洁员从口袋里拿出钱包，倒腾了一会儿后，把钱包塞进自己的口袋里，并拉起白色工作服做遮掩，随后消失在人群中。

主动奉还者少

据统计，杨小姐在北京路与上下九步行街共进行了10次测试，有两次是被好心人提醒拾回钱包的。其中一名是刚回乡扫墓返城的老伯，另一名是学生模样的男孩。当她上前向老伯道谢时，老伯只是笑说了一句"不义之财不可贪"，便匆匆离开。

而小燕也尝试在天河某美式连锁快餐店内遗落钱包，记者看到，小燕离开餐厅后，有数名顾客看见钱包，但是没有人主动捡拾。约5分钟后，服务员收拾桌子，发现遗落的钱包，把钱包收走。15分钟后，小燕接到餐厅电话让其认领钱包，她在餐厅填写了身份证号、姓名及联系方式，并描述了钱包内含物件后，顺利取回钱包。

此外，志愿者小敏在地铁客村站附近也做了一次测试，一位年约六旬的老太太见遗落的钱包后，喊住了她。当小敏继续往前走时，老太太小跑追了上去，亲手物归原主。老太太表示："没有想过钱包里有什么，只是想尽快把钱包还给失主。"因为，她也曾丢失过贵重物品，"其实谁捡到钱都会贪心的，至于还不还，就要凭良心了"。

视频/羊城晚报记者　艾修煜

【微对话】

"不去碰就没坏事发生"

在测试过程中，记者与一位对遗落的钱包视而不见、漠然走过的路人攀谈，发现其心态颇具代表性——

羊城晚报：我观察到你看着失主丢了钱包，为什么不捡起来？

匿名路人：怕惹事。

羊城晚报：做好事怎么会惹事？

匿名路人：怕是骗局，以前也听说过，有人丢了一沓钱什么的在路边，好心路人经过捡起来，却被说换成了假钱，要人家赔。

羊城晚报：所以你宁愿当没看见？

匿名路人：多一事不如少一事。不去碰就不会有坏事发生。

羊城晚报：假如换过来，你是失主呢？

匿名路人：只能自己小心一点，不能指望别人。

（原载《羊城晚报》2013 年 4 月 18 日）

当我们谈论"寻找微信任"时，我们究竟在寻找什么？

林　园

　　距离"寻找微信任"项目实施已经过去将近十年。放在当下看，无论是当时的策划还是具体操作、联动活动，都还是有其创新独特的地方。

　　这一策划的源头，是当时的几大社会新闻。2011 年 10 月 13 日，2 岁小女孩小悦悦在广东省佛山市南海黄岐广佛五金城相继被两车碾压，7 分钟内，18 名路人路过但都视而不见，漠然而去，最后一名拾荒阿姨陈贤妹上前施以援手。当时的监控录像在网上传出，触目惊心。"这个社会真的这么冷漠吗？"这一句句评论，拷问着人与人之间的信任。一年多以后的 2013 年 3 月 1 日，武警广州支队船艇大队副政治教导员因勇救珠江落水群众，不幸壮烈牺牲，他的英雄事迹在部队和社会各界产生强烈反响。见义勇为的壮举，令人泪奔，也温暖了市民。"信任"这个古老的话题，在当代社会依旧有不可替代的重要意义。

　　信任，是一种力量；被信任，是一种幸福。建设和谐社会，人与人之间相互信任，是最基本的要求之一。为此，羊城晚报发起了"寻找微信任"项目。信任是一个珍贵的词，我们的尝试只是"微小"的一次探索。我们不仅仅是纸上谈兵，而是足迹遍布了街头巷尾。比如，我们在广州街头做了一次大胆的测试：以遗失钱包、借用手机等四种不同方式，探摸市民对陌生人的信任度。

我们的街头测试或许不够权威，但足够真诚，真诚呈现了以小善修复社会不信任。把信任具象为生活细节中"微小的善"，重新定位陌生人之间、邻里之间、医患之间的信与不信。这些领域也成为我们系列报道展开的脉络。

"微信任"社会调查深入到各区社区，敲开了家家户户紧锁的大门，在社区进行陌生人互信度调查。羊城晚报多名记者采取"调查＋样板社区对比报道"的方式，凸显不同行政区的社区特色，把报道做到读者心底里。

"寻找微信任"报道同时也注重紧贴时事新闻寻找"信题材"。四川雅安泸山县发生 7 级地震，地震救援中，引发了一系列慈善救灾话题，"寻找微信任"报道团队立即挖掘出系列"慈善思考"报道，让该专题报道在策划中始终紧紧捕捉着读者的目光前行。此后，在五一劳动节、广东大暴雨、2013 年高考等时效性强的新闻节点，微信任报道也成功抢滩。

"寻找微信任"报道中的市井故事以特殊的"点"深入到个案，把有趣的、特别的、有意义的故事展现在读者眼前。而且，在叙写故事过程中，注重在相关题材里的正反面例子的结合，在信与不信中，传递正能量，渗透正确的价值观。

我们深知没有读者支持，就不可能写出报道，更不可能在读者中推动、倡议"微信任"。因而，报道既走社区做调查，还时刻关注读者的反馈信息，并通过读者提供的线索进行采访报道。

我们还向全社会发出倡议书，将活动拉向高潮。"请您与我们一道，共同参与'微信任'，共同发现'微信任'，共同托举'微信任'，为建设'和谐社会'与'幸福广东'。"倡议发出后，我们向 8 位微信任观察员和 8 位微信任志愿者分别颁发了证书。他们中，不少是"微信任"的报道对象和主人公。比如，一个雨天，11 岁广州小女孩张晏嘉从学校冒雨回家，一路小跑却被擦肩而过的一个人大喊一声："你给我停下！"随后年轻阿姨翻出一把伞交给女孩。之后每天上学，晏嘉都把雨伞放在书包里，她想如果能在路上碰到那位好心阿姨，就把伞还给她。这则经历经羊城晚报报道后，女孩的善举广受好评。她也被聘为我们的"微信任"志愿者，在日常生活中继续坚持善举。

爱，需要一个平台；善，需要一个落点。我们竭力搭起这个平台，我们努力寻找这个落点。

做时代风尚的引领者

唐绪军

作为负责向社会提供信息服务的公共舆论机构，新闻媒体肩负着众多社会责任。其中，促进社会和谐、提升文明水准、弘扬高尚道德是其不可推卸的责任。第二十四届中国新闻奖文字系列报道三等奖获奖作品《让我们一起寻找微信任》，就是这样一件主动承担社会责任、勇做时代风尚引领者的代表作。

这件系列作品是一组行为试验的收获。据介绍，做这组行为试验的动机来源于2013年初中国社会科学院的一项调查结果：中国社会的信任度已经跌破底线——59.7分，信任严重缺失。果真如此吗？报道团队就以"信任"为核心词，策划了"寻找微信任"这一报道项目。他们通过志愿者在广州街头以遗失钱包、借用手机等四种方式，探摸市民对陌生人的信任度，以图验证上述调查结果的可信性。整个报道项目历时9个月，以合计269个单篇报道组合成了这一系列报道。报道推出后，起到了抑制邪风、弘扬正气的作用，获得了良好的社会效果。

总体来看，这件作品好就好在以下三"做"：

其一，敢做。随着中国的经济总量攀升至世界第二，国家强大了，人民有钱了，但中国的社会道德水准是降了还是升了？对此，各种说法莫衷一是。有人说中国人的道德水准呈断崖式下滑，已经到了崩溃的边缘；也有人说，没有那么夸张，社会主义核心价值观已经深入人心，道德败坏的只是少数人。实际情况到底如何？媒体的这种行为试验，结果可能让人欣慰，也可能让人沮丧，因此风险不言而喻。但是，报道团队还是义无反顾地实施了这一项目，并且把试验结果如实报道了出来。比如，遗失钱包的试验，结果发现，拾获钱包者半数不归还。

其二，甘做。敢做需要的是勇气，甘做需要的是热情。一个人只有心甘情愿地做某件事情，他才能有驱动力，有创造力，有想象力。一个团队也一样。这种街头的行为试验是很耗人精力的，同样一个试验要一遍遍地重来、一次次地复制，没有一点耐力和恒心是很难坚持做下去的。并且，报道内容多是生活中的琐碎小事，不像大主题、大题材那么能够出彩出成果。但是，他们坚持了下来。编辑卫轶说，他们就是想"通过寻找，重建信任，为社会注入'善'与'信'的新动力。透过还原生活中的'小善'，推动社会往大善之境行进"。

其三，善做。做明知有风险的事，更必须小心谨慎，要千方百计避开风险。这一点"寻找微信任"报道团队也做得很好。在谴责卑鄙的同时，大力弘扬高尚；在鞭挞丑恶的同时，不忘记探究人心。比如，让那位名叫张晏嘉的 11 岁加拿大籍华裔女孩发问：为什么同学会骂人？为什么路边垃圾这么多？为什么只有"言"而没有"行"和"果"？闻之发人深省。再比如，问那位看见了钱包但不捡拾的人为什么会这样做，那人回答说："多一事不如少一事。不去碰就不会有坏事发生。"也令人深思。类似的提问和回答都在潜移默化地引领时代的风尚。

当然，在纷繁复杂的现实中，媒体要承担起维护公共利益、引领时代风尚的社会责任并不那么容易，任重而道远。曾任解放日报报业集团党委书记、社长的尹明华写过一首题为《我们被时代赋予责任》的诗。录此，愿与新闻界同行们共勉：

在一个很好的时代，
我们被赋予一种，
崇高的责任，
并且，需要无愧于自己的存在。

不可复制的机遇，
友善地，轻叩着每一次渴求，
但只能，与最好的状态对接，
即使去体验一次，
也需要勇敢和目光。

但能够走在前列，
每一步，都很重要，
每天需要付出的，
是精确地丈量，
创设和成功两点之间，
并非直接的距离，

一个很好的时代，
一个给予，
我们想象和有所作为的时代！

生命的合力

范 群 摄影

（原载《姑苏晚报》2012 年 1 月 15 日）

一幅城市英雄的群像图

时刻准备着让我拍到了《生命的合力》

范　群

看过这幅新闻作品的人都说，《生命的合力》是一幅城市英雄的群像图，是一曲讴歌草根好人义举的赞歌。

2012年1月14日晚上是一个雨夜，苏州古城区内市民陈老伯失足落入冰冷刺骨的干将河，在此危急之际，途经这里的热心人迅即围拢过来，素不相识的人齐心协力将老伯从河里救起，随后救援者悄然消失在夜幕下。

当时我任姑苏晚报民生热线部副主任，也是姑苏晚报的摄影记者。这张新闻图片是我夜间"偶然"撞上的。因为当晚，我开车回单位，恰好路过陈老伯落水的现场，看到河岸上一群人正在救助一名落水老人，强烈的职业敏感驱使我立刻靠边停车，快速地下车奔向出事的地方。我在现场看见，众人正在奋力将老伯从河里救捞起来，于是拿出了不离身的相机，按下快门定格了这一令人感动又为之振奋的瞬间。

当天晚上，我拍到这一突发场景后，马上向姑苏晚报总编辑詹刚、副总编辑杨秉灏和值班编委何建平进行了汇报。民生热线部主任知道我撞上这一突发新闻后，也马上赶到办公室，一起对文字进行把关，指挥文字记者进行相关的采访。同时，值班编委还绞尽脑汁为我这张新闻图片起标题，最后一致认定《生命的合力》最合适。第二天，《姑苏晚报》在一版重点刊登了《生命的合力》。

在街上不敢助人以及危难之际冷漠以对等事件各地多发，从而引发"警惕道德危机"呼声的背景下，这张新闻图片向人们展示了一座城市里平民道德向善的主流。在医院病床上陈老伯向我道出心愿——希望能找到救命恩人。第二天，我和部门同事以寻找救人不留姓名的好人为主线展开连续报道。市民热切的呼唤和支持、无数的来电，使我颇有压力，但这唤起了我作为记者的责任和动力，坚定了一个信念：必须找到他们！

随后的 3 天时间里，我和同事依靠《生命的合力》图片，在目击者和热情读者的协助下马不停蹄地奔波寻访到 11 位救援者。这些救援者大多不愿意或者拒绝记者采访，他们认为自己做的事情很平常，不值得张扬。他们中或是老苏州人，或是新苏州人，其中有三轮车夫、装修工人、企业员工及交通警察等。最终，这些平民英雄都受到了苏州见义勇为基金会的表彰。这些平凡人的道德境界是社会之福，令人敬佩。有读者看了报道在网上留言：生活在这座城市里真是幸福，因为苏州城里好人多。

在《生命的合力》报道的过程中，本报记者、编辑和读者一起经历了一次道德的洗礼。报道的过程就是一次生动展现良知和爱心的过程，是一次新闻配合传递社会正能量的过程，是一次成功的以道德感召人的新闻行动。

随后，《中国摄影报》《人民摄影报》也分别刊登了《生命的合力》。《中国摄影报》打破惯例，在一版用大篇幅刊登了《生命的合力》，要知道，平时《中国摄影报》一版刊登的大多数是艺术摄影作品。《中国摄影报》对《生命的合力》作品的评论是：在寒冷冬雨淋湿的城市里，明亮的路灯下，一群人正在河岸上救捞一位落水的老人，这些自发救人的路人在冬雨中全然不顾地上泥泞，有人拿木棍，有人拽着老人的衣服，用尽各种办法抓住老人不放手。紧张的现场形成了生命的合力，身后虚化的汽车产生了强烈的现场感。没有出色的构图和光线，画面简单，记者敏锐抓取了生命合力的瞬间，简单的画面中流露出冬夜里的温暖，流露出充满温情的人文关怀。

《生命的合力》在各级摄影比赛中屡屡获奖，如台海摄影大赛优秀奖、2012 年度中国地市报新闻摄影比赛年度照片、《人民摄影报》2012 年度全国新闻摄影比赛银奖、中国新闻摄影年赛突发新闻类铜奖、第二十三届中国新闻奖新闻摄影类三等奖。

专家评说

定格瞬间即是精彩

高卫兵

范群的摄影作品《生命的合力》获得了包括第二十三届中国新闻奖三等奖在内的多项奖励。这虽有机缘巧合的因素，但也是上天为有准备的人提供的奖赏。在此之前，范群已经在第二十届中国新闻奖评选中凭借摄影作品《抬起"不屈的脊梁"》获得了一等奖。一个摄影记者连获大奖，与其自身的专业水准和职业素养显然是无法分开的。

《生命的合力》刊登于 2012 年 1 月 15 日《姑苏晚报》一版。这幅几乎占据整个版面的照片，以其极强的震撼力吸引了读者的关注，迅速获得了广泛传播。而照片后面的正能量故事，随后以新闻追踪的形式在《姑苏晚报》连续刊登，在苏州这座古城不断发酵、解构并升华，一直延续了很多天。

从照片本身看，首先值得称道的是记者定格瞬间的敏感性。范群既是摄影记者，也是社会新闻条线的记者。这个双重身份赋予他对突发事件的高度敏感性。面对稍纵即逝的新闻现场，他近乎本能般地拿起相机，毫不犹豫地按下快门，从而留下了难得的精彩瞬间。他获得中国新闻奖的这两张照片都是路上偶遇而来，就体现了他自身的这个特质。

其次，充满张力的现场感令人印象深刻。当老人在冬夜失足落入冰冷刺骨的河中，一群途经这里的热心人迅捷围拢过来，有人拿木棍，有人拽着老人的衣服，还有人拉着救援人员，齐心协力抓住老人不放手……他们身后是明亮的路灯、潮湿的路面、泥泞的草坪，还有虚化的汽车、模糊的广告牌。画面没有任何修饰，自然简单，但现场感扑面而来，似乎要把我们都带入其中。生命合力的瞬间由此定格。

最后，照片的冲击力强烈，画面充满紧张感。仔细观察画面中10多个人的神情，没有一个处于看客状态的，没有一个神情漂移的，看他们的动作和表情，就是专心致志在努力做一件事：救人。救人者的这份专注和努力，进入记者的镜头，也进入了无数读者的眼中，照片的冲击力跃然而出。画面的表达效果得到了极致的表现，冬夜的温情由此荡漾开来，温暖了你我。

英雄群像图的塑造，使作品更是得到了正能量的加持。作为展示平民英雄义举的赞歌，照片展示了苏州这个城市的文明程度，以及普通市民面对危险合力相帮的英雄行为。由照片引发的对新闻事件的追踪，对参与救援人员幕后故事的回访，自然兴起一波波讴歌草根群体义举的高潮。这样的社会传播效果，不能不说很大程度上来自这张精彩的摄影作品。

（作者系苏州日报社编委，高级编辑）

《生命通道大讨论》系列报道

3公里路　120急救车走了40分钟
鲜有车辆避让　生命通道被堵　伤者身亡

王　琼

"从现场到医院不到3公里的路，足足走了40分钟！"这是120急救中心王医生昨天发的微博。王医生说，7日晚6时许，田村北路一名年过五旬的骑车人不幸被轧成重伤。王医生随车抢救伤者的过程中，亲眼看到一路上鲜有车避让，眼睁睁地看着一个生命在她面前逝去。

一路堵车
120司机满头大汗

这起车祸发生在田村北路东口。当晚5时58分，王医生第一时间赶到了现场。她看到，路上停着一辆罐车，罐车后方不到10米远的地上，侧卧着一名50多岁的伤者。伤者是在骑车时，不幸被罐车辗轧，造成开放性骨折，血肉模糊。

"快，赶紧抢救！"于是，王医生和同事立刻拿着抢救设备，扑上前去，对伤者展开了心肺复苏抢救。随即，她们将伤者抬上了救护车，决定赶往最近的武警总医院。

从现场到武警总医院最近的路线是从西向东走金沟河路，然后再由北向南走永定路，全程不过 3 公里。王医生在救护车的后车厢里，一边和同事抢救伤者，一边不停地催促司机："快，再快一点。"

当时正值周五晚高峰，整条马路都被堵得水泄不通。虽然急救车一直响着警报，可是哪里走得动？王医生当时距离救护车司机最近，她清楚地看到，司机急得早就把外衣脱下来了，仍然满头大汗地说："走不动啊！"

没车让道
伤者生命垂危

"咱走自行车道吧！"王医生看到前方的车辆对警笛无动于衷，于是建议救护车司机。就这样，救护车猛地一打轮，驶上了自行车道。可是，刚走了不过 5 米远，就遇到了违章停在自行车道上的机动车。就这样，救护车又得重新拐回机动车道。但是，后方的社会车辆却不让救护车拐回去！

"要不，咱逆行？"眼看着伤者的脉搏都快停了，每分钟呼吸只有两三次，王医生又冲司机嚷了一句。于是，救护车又试图越过马路中间的隔离带。可是，对面也全是车，简直"插翅难飞"！

警笛声伴随着"请您让一让"的广播声，救护车还是走不动！车内所有人都急得汗滴如雨，却又束手无策！时间一点一点地过去了！虽然一刻不停地在抢救，但病人的生命迹象却一点一点地在消失！

半小时后，王医生看到武警总医院就在前方不到 300 米处了，可这时救护车仍被堵在路上，纹丝不动！接下来发生的一幕，让王医生印象深刻。因为这是一路上，她一直期待的，却来得那么迟——有辆 Volvo 轿车在尝试骑到马路隔离带上失败后，猛地一打轮冲到了路西的便道上，让出了一条"生命通道"，让救护车先行通过。

赶到医院
伤者不幸身亡

当晚6时40分，救护车终于停在了武警总医院的门口。让王医生和同事遗憾的是，此时病人已经死亡。王医生顿时觉得心里很难过。她说，这是她从业以来"最惨烈的一次抢救"。因为平时只要10分钟的路程，最终花了四五倍的时间，而一路上及时避让的车超不过4辆！

"作为医生，我为失去的生命而惋惜，作为公民，我很无奈。"王医生在微博里写出了心声，这条微博也得到了众多回应。另一位急救医生说，他出车时，除非遇到重病人才不得不拉警报。即使如此，有时非但没有人避让，甚至还会遭到谩骂。另一位网友老李唏嘘不已地说："给自己留条活路啊！"

调查显示
半数司机不给急救车让道

此前一项网络调查显示，遇到急救车不避让的私家车超过一半。有司机坦言，他并不是不想让，而是"以前从未遇到过这种情况，不知道该怎么让。前方有红灯，能闯吗？没有应急车道，又该让到哪去？因此违章了，会不会挨罚？"

据了解，我国道路交通安全法规明确规定，救护车执行紧急任务时，可以使用警报器、标志灯具；在确保安全的前提下，不受行驶路线、行驶方向、行驶速度和信号灯的限制，其他车辆和行人应当让行。

新加坡急救车装摄像头
不让道被拍后重罚

在国外，给急救车让路是"铁律"。在德国，任何车辆听到救护车的警笛声即使发生交通意外，也要尽力让出车道，如果发生拥堵，最里道的车就算冲上人行道也必须把道路让给救护车通过；在新加坡，救护车都装有摄像头，如果拍摄到哪辆车不给急救车让路，这辆车就将受到重罚。

如果您对此事有看法或建议，可发邮件至 bjduzhe@126.com，参与本报读者互动。

（原载《北京晚报》2012 年 12 月 9 日至 12 月 13 日）

从一场普通车祸到一项制度的出台

王海涓

　　2012 年 12 月，北京晚报推出了为期十余天的《生命通道大讨论》系列报道。这一系列报道不仅为市民上了一堂生动的生命教育课，而且直接推动了北京市应急交通勤务机制的出台。

　　2012 年 12 月 7 日是一个星期五，晚高峰的北京车流汹涌。在大兴黄村路口，一辆重型水泥罐车在拐弯时，将处于视觉盲区里的一位骑车人卷入车轮，骑车人身受重伤。

　　这本是一起普通的交通事故，当热线值班员给时任热线部副主任的我打电话汇报这条线索时，并没有引起我的特别关注。第二天，仍然是我值班，在主动查询热线线索时，我发现了 120 急救医生王雨竹的一条微博。正是这一百多个字，让我意识到这起普通车祸背后的特殊意义。

　　王雨竹医生在微博中写道："从现场到医院不到 3 公里的路，足足走了40 分钟。拥堵的路上，鲜有社会车辆避让。我只能眼睁睁地看着伤者的生命迹象一点点流失，还未到医院，伤者就死在了急救车上。"王医生说，这是她从业 20 年来"最惨烈的一次抢救"。

　　抢救生命是与死神赛跑，除了超大城市周末常见的拥堵，还有没有其他原因？这值得我们去拷问和思索。于是，我派值班记者去进一步采访，同时我叮嘱记者，在客观报道新闻事件的同时，探究其背后的深层原因才

是题中应有之义。

12月9日，星期天，《北京晚报》以《3公里路　120急救车走了40分钟　鲜有车辆避让　生命通道被堵　伤者身亡》为题，还原了新闻现场，探讨生命通道不顺畅的几个原因，以及作为道路交通参与者的我们在这种情况下能做什么、该怎么做。

稿件刊出后，立刻引起了广泛的社会关注：新浪新闻中心的官方微博"头条新闻"在第一时间转发我们的报道，仅当天就有4.2万网友对其进行转发或评论；随后，新华社、人民日报的官方微博、网站纷纷转载这篇文章，同时配发微评论；当晚，央视的《东方时空》也引用了这篇文章，对此事给予高度关注……一石激起千层浪，对"生命通道"的讨论迅速发酵。

在这样的舆论氛围下，作为北京的主流媒体，我们没有满足于"抛砖引玉"的角色。12月10日，周一的编前会上，晚报编委会决定举报社之力，动员各方力量，对"生命通道"的现状、如何保证其畅通、是否应该建立应急保障机制进行更深入的探讨。热线部派出记者，连续5天跟随120急救车出诊，如实记录点滴变化——从"出租车横在急救车前揽活"，到"雪中，纷纷给急救车让道"；与此同时，兄弟部门的记者大力配合，分头采访立法、交管、卫生局等职能部门和人大代表、政协委员，希望以这件事为契机，推动相关立法的出台。

12月12日，报道见报后的第三天，在北京晚报的大力呼吁下，急救、交管协商决定，今后遇到危急重症患者转运时，交警有望为救护车开道。至此，"生命通道"大讨论似乎可以完美收官。但是，我们更期待有关部门能将"生命通道"的个案保障变成一种制度上的落实。

12月13日，卫生部新闻发言人邓海华表示，针对《北京晚报》的报道，卫生部的相关部门正在牵头制定政策，其中就包括《院前医疗急救管理办法》。与此同时，晚报记者还了解到，北京市地方急救法规已进入立法调研阶段，它将为转运危急重症患者的急救车争取明确的"优先路权"。

12月14日上午，市公安局、卫生局、应急办、交通委、市政市容委在交管局指挥中心大厅联合启动了应急交通勤务机制。应急机制规定，在紧急情况下，急救车、消防车或其他应急救援车如果遭遇严重拥堵，在交管局指挥中心值班的应急指挥员将统一协调指挥车辆以及路面执勤交警，迅速开通绿色通道，保障应急车辆的通行。

"生命通道"的畅通终于有了制度保障。

12月18日，一名重症女童从山西进京就诊，北京首次启动应急交通勤务机制。只用了26分钟，就完成了16公里的紧急转运。"生命通道"终于一路畅通！而此时距离大兴车祸惨剧，仅仅过去了10天。我珍藏了当天的版样，因为这是北京晚报推动社会进步的最好见证。

总结这个报道的制作经过，我认为成功的原因有两个：一是发挥自身优势，利用新媒体，占据舆论的主动和先机；二是打破传统理念，实现新闻样式的现代化创新。

"生命通道"的线索虽然来自微博，但我们没有简单转发，而是发挥自身优势，对新闻事件进行详细、权威、负责任的解读。同时，我们的报道又通过新媒体进行广泛传播和有效互动，进而使得我们对这一话题的引导力呈几何级递增。

其实，早在2009年之前，社区新闻部就注册了部门微博。因此，当微博日益成为高度社会化的传播平台时，我们已经开始利用互联网的交互性，搜集线索、设置话题，掌握舆论的主动和先机。所以，微博或视频早已成为部门新闻建设中的重要支撑点。

当然，我们也深知，以互联网为基础的新媒体是一柄双刃剑。在其海量信息、双向互动、信息反馈率高的同时，也充满了虚假与谬误。对此，我们坚守这样的原则：恪守媒体管理的规则与底线，掌控舆情事态进程和舆论引导格局。

与新媒体相比，平面媒体被视为传统的代表；在平面媒体中，热线新闻更是一个"古老"的种类。随着即时传播的实现，高质量的热线线索在萎缩，"稿不够，车祸凑"，这一度是我们面临的困境。为了破解这个问题，我们和记者一起，以社区生活、网络空间为抓手，拓展报道空间和关注领域，不断尝试创新，逐渐开发出新的报道样式与体裁，比如生活实验室、北京好人、微新闻等栏目，突破了热线新闻的狭窄领域，使得版面变得好看、可读，内容受到读者认同与喜爱。

如今，距离这个系列报道已经过去了 11 年，北京应急保障机制已日臻成熟，不仅"生命通道"一路畅通，作为公共交通参与者的每一个个体，市民们都形成了自觉避让应急车辆的习惯，而这正是一座城市文明素养的体现。

在工作中，我信奉简单的逻辑——有付出才会有收获，有激情才能有创新。"生命通道"没有尽头，创新耕耘更是永无止境。

专家评说

好新闻来自判断与创新

张冬萍

这是一次"纸、指"联动的初始探索，报纸的内容第一次在互联网上成为有持续热度的话题；这是一条 3G 时代的爆款新闻，引发线上网友、线下读者的广泛关注和热烈讨论；这又是一堂尊重生命、充满温情的公共教育课，直接推动了北京市应急交通勤务机制的出台。

2012 年还是 3G 时代，智能手机没有太多应用功能，也尚未形成聚合型社交平台。纸媒的社会新闻线索来源仍以热线电话、读者来信（包括电子邮件和纸质信件）为主，但当时北京晚报人早已意识到互联网巨大的传播力和影响力。早在 2009 年，社区新闻部就在新浪微博开通了加 V 认证的部门账号，开始留意网络上的新闻线索。正因为他们有这种意识和准备，才在海量的网络信息中网住了"大鱼"。

这条新闻的第一现场是一起普通车祸，目击者分别给几家报社打去电话提供线索，均未被采纳，唯有北京晚报社区新闻部副主任在微博上关注到了车祸后续。当时出车的 120 急救医生记录：因为堵车，只能焦急而又无奈地看着伤者死在救护车上。这位副主任敏锐地意识到，这是一条值得深入挖掘的新闻，马上派记者展开采访，由此拉开了《北京晚报》"生命通道大讨论"系列报道的大幕。报道刚一见报就引发了各方的高度关注：新浪微博"头条新闻"第一时间转发，当日有 4.2 万网友转发、评论；新华社、人民日报的官方微博、网站也纷纷转载，同时配发评论；央视《新闻1+1》引用《北京晚报》的报道，加入对"生命通道"的讨论……

面对公众的广泛关注，社区新闻部一方面派记者跟随 120 急救车采访，反映"生命通道"的真实情况，分头采访各职能部门，推动应急保障制度的出台；另一方面迅速在部门微博上设置话题，引导网友开展"人人都是文明交通参与者""自觉避让应急车辆就是关爱生命"的讨论，短短几天网友留言超过 10 万条。这种线上、线下联动的尝试，起到了"纸、指"融合、叠加传播的客观效果，使得纸媒的影响力借助互联网进一步扩大。而北京市应急交通勤务机制也在"生命通道大讨论"开始 6 天后迅速出台，"生命通道"的畅通终于有了制度保障。

11 年后的今天，再次回望、审视这个系列报道，依然有两点让我们记忆犹新：坚持晚报的立报宗旨——站在市民中办报，记录并推动社会进步和城市发展；坚持晚报人的不懈追求——以新技术赋能优质内容，拓展融合发展空间。

（作者系北京日报社副总编辑、北京晚报总编辑）

入学报名要预约　提前两年来站队

留守儿童第一校　名额堪比"专家号"

周　锐　邹永宁　吴耀武　林贵明

在武汉新洲区，有一所留守儿童学校邾城四小。学校现有学生 2086 人，留守学生达 1681 人，占到学生总数的 80% 以上。学生每周五天在校吃住学，每月收费 300 余元。但学校食宿条件和教学水平，不输年收费动辄过万的"贵族式"民办寄宿学校。

价廉而质优，邾城四小的学位自然紧俏。据介绍：最早的学生家长会提前两年到学校登记排队，比大医院的专家号还俏。

邾城四小到底是一个什么样的学校？记者近日到学校一探究竟。

方便家校沟通　"反季节"开家长会

昨日下午 1 时 30 分，邾城四小召开全校家长会。下午 1 时，记者在学校门口看到：来开家长会的多是步行或是骑着电动车而来。这与市区名校开家长会，家长竞相开着豪车赴会对比鲜明。

开家长会是学校一项日常工作。通常，学校都是在每学期的期中考试之后，或是每学年（9 月）之初举行。邾城四小的家长会选在新年后开学不久。

校长饶小平告诉记者，之所以选择这个时间开家长会，还是为了方便更多的外出打工父母。

"家长平时长年在外，亲自来开家长会很困难，但他们关心孩子教育的心和所有家长一样迫切。多数家长平日都与老师保持电话联系，有的家长甚至特意请假，坐火车从外地赶回来参加家长会。由此可见，家长们对学校家长会的重视。"

饶小平告诉记者，学校调查表明，为了有更多的时间陪子女，现在越来越多的打工家长开始推后外出打工时间。

"这个时候开家长会，父母的到会率会更高，效果也会更好。"该校黄海花书记说。

赵秀珍是该校一位学生家长。她告诉记者，自己和丈夫常年在广州打工，孩子放在家里由哥哥嫂嫂带着。在外打工期间，她一个月会主动打一两次电话给老师，但还是比不上跟老师面对面交流来得踏实。

"这时间开家长会，我们正好赶上！"赵秀珍说。

第一个办寄宿制　老师拿嫁妆钱支持

邾城四小原是新洲城关邾城一所城乡接合部学校，曾一度陷入招生危机。

校长饶小平说："当时，最困难的时候，一年招收新生才四十几个，大量学生外流，全校学生规模最少时才200多人。学校差一点就被撤并了。为了招生，老师们被派到辖区内一家一家做动员，每留住或引进一个生源，老师还有招生奖励。"

据饶小平介绍，2005年，老校长张雷英带着老师做了细致调研，发现了留守儿童这块教育空白点。新洲是一个劳务输出大区，外出打工的家长很多，特别需要一所能为他们解决后顾之忧的寄宿制学校。

2005年，全校上下群情激奋，开始办寄宿制。这也是全市最早针对留守儿童的农村寄宿制学校。

"当时，老师自发把钱拿出来支持学校办寄宿制。我们有个女老师是学校困难户，自己家庭经济负担就很重，还坚持拿出 3000 元集资，学校不忍收她的钱，她当场就急哭。"说到当初的创业，饶小平依然激动不已。

"当时，校长说了创办寄宿制学校的想法，我很振奋。老公也很支持我，还主动帮着做通了家中老人的工作。"李小玲老师当时进校才 3 年，集资的 6 万块钱，这是她和老公准备办喜事的钱。由此，她的大婚向后整整推了 2 年。

据介绍，当时，全校上下都铆足了劲：校长到食堂给学生下热干面、包饺子，老师有空到寝室帮学生洗澡、洗衣服……

郑城四小的创业之举受到区教育局乃至区委、区政府的高度重视和全力支持。武汉农村留守学校的标杆由此出现了。

学生、家长现身说法　学校为什么这么"火"

学校办得好不好，学生和家长最有发言权。

彭文是学校三年级 8 班的一位学生家长，她和丈夫长期在佛山跑运输。她告诉记者，选择郑城四小，主要是因为"孩子在这里，老师都照顾得很好，我们很放心"。

她到现在都清楚地记得自己第一次把女儿送到老师手上的情景。

"女儿上幼儿园是我们自己带在身边的，很黏我们。送到学校的第一天，孩子哭得很厉害，不肯进校门。我很犹豫该不该让孩子留下来。当时，饶老师很自信地让我躲在一旁看，她能做好孩子的工作。因为离得远，我只看到老师在和孩子谈话，孩子慢慢从哭闹中安静下来。后来，孩子就跟着老师走出校门。很久之后，孩子跟着老师高高兴兴地回来了，走进了教室。后来，我才知道，饶老师带着孩子买了她最喜欢的小白兔头花。老师有爱心又有方法，所以我们很放心把孩子放在这里。"

彭文告诉记者，孩子在这儿学习成绩不错，习惯也养得不错，回到家能自己安排自己的学习和生活，这让她非常满意。

陈圆圆是学校五年级 6 班的学生。去年上半年，她的父母去了河南，她跟随转学过去了。半学期后，她又转回了郏城四小。

陈圆圆告诉记者，有一次她晚上发烧了，是生活老师背着她去医院挂的吊针，打完针，生活老师又把她背回了寝室。回来的路上，她睡着了，就像伏在妈妈的背上一样。还有一次下雨天，妈妈不在身边，自己的衣服带得很少，是班上的易老师把自己女儿的衣服拿过来给她加上。"这次转回来是因为舍不得这里的老师。在那边，我只有一个妈妈，在这里，我们有很多妈妈。"小女孩说。

（原载《武汉晚报》2012 年 2 月 21 日）

用时代标尺量新闻

周　锐

在第二十三届中国新闻奖评选中，《武汉晚报》的通讯《留守儿童第一校　名额堪比"专家号"》有幸获奖。作为文章的作者，非常荣幸和同行分享采编心得。

关于邾城四小这一组报道，编辑部高度重视，记者也下了很深的功夫。新洲是武汉最远的城区，往返一次一百多公里。在推出首篇报道之前，记者前前后后去了邾城四小11次，花了近两个月的时间，掌握丰富翔实的第一手材料，为报道推出打下了厚实的基础。

其实，邾城四小"寄宿制"办学已有七八年了，从地方到中央，多家媒体都报道过。在推出这组重头报道时，我们认真研究了此前各家的报道。这些报道有写学校办学理念的，有写校长敬业的，有写老师奉献的，有写家长感恩的，除了文字还有摄影专版，可谓内容丰富，形式多样，每个报道都有可圈可点之处。

我们意识到，必须找到一个符合时代需要，社会广泛认同的"兴奋点"。经过反复研究，我们实现了新闻立意质的跳跃，这就是从"农村寄宿制学校"到"武汉留守儿童第一校"的一跳。这个跳跃的起跳板就是新闻主流价值观。把邾城四小放在中国当下"城乡二元结构"的社会大背景下，关注数千万农村留守儿童成长，关注数千万农村家庭的未来，这就是

对时代、对社会、对民生的关注。"邾城四小"的报道由此紧扣了一个重大主题。

随后,《武汉晚报》不惜版面,前后推出 10 余个版的系列报道,在社会上引起了强烈反响。报道后,近千名读者打电话,要求到邾城四小看看,希望把孩子送到邾城四小就读。这其中很多是我市在外打工者。短短 5 个月,报道引来了来自全省乃至全国近 300 所学校数千教育同行自发到邾城四小学习取经。邾城四小得到普通群众认可的同时,也引起了各级领导的重视。时任中央政治局委员、国务委员刘延东,教育部部长袁贵仁,湖北省省长王国生,湖北省委常委、武汉市委书记阮成发先后作出批示。这些恰恰说明了这一典型报道彰显了当下的宏大时代背景,而并非一个简单教育问题的探讨。报道推出后,武汉市教育局以邾城四小的部分办学经验为基础,修订了《武汉市农村寄宿制学校管理办法》,3 万余名农村留守学生受惠。

总之,真新闻在基层,靠勤跑来发现;好新闻在眼前,靠慧眼来识别;大新闻在身边,靠时代标尺来丈量。树立了马克思主义新闻观,我们就一定能成为复兴大武汉的建设者。

专家评说

好新闻就在身边

殷陆君

晚报新闻应该报道什么,咱们干了多年都知道:老百姓关注什么,咱们就报什么。

晚报新闻怎么报道，咱们干了多年都知道：人有旦夕祸福，月有阴晴圆缺，报变化。

但是为什么同是晚报，同是记者，同是做新闻，还是有高低呢？

首先，有高有低是常态；其次，总是有高有低，除了常态还有状态；最后，总是他高我低，必有状态和体态的问题。状态就是以什么样的心去思考，体态是以什么样的身去采访。

晚报记者做新闻，需要一心二意三态。一心就是将心比心，以百姓心为心，将你我心换一条心，老百姓关注的就是我关注的，我关注的变成社会关心的。二意就是对上意和下意都得掌握、领悟，中央的要求、社会的需求就是我们的追求，两个意思变成一个意思就是报道的意义，或者说把上级觉得有意义的事实变成群众感到有意思的新闻就是报道的技术，把新闻的引导变成大家的行动就是宣传的艺术。三态就是心态、体态、姿态要和谐，让平和的心态、健康的体态、积极的姿态成为我们经常的状态。一个好的晚报记者不但要眼观六路、耳听八方、倾听各方，而且要保持向下看、向前走、向大行的思维行为习惯。平和的心态确保你全面地了解、冷静地观察、辩证地看待，健康的体态决定你能够走到、看到、写到，积极的姿态推动你走过路过信息不会错过，多采些材料、精选些好料、写作出精品，把有意义的新闻采访变成有意思的新闻报道，把有挑战的职业变成有成就的事业。

晚报记者做好报道，需要坚定一条心，努力做报道；需要融合两层意，巧妙做好报道；需要转化三种态，创造性做优报道。

武汉晚报的记者就体现了这一点，不管是眼前有景道不得，还是崔颢题诗在上头，好的记者都是李白——不怕"蜀道之难，难于上青天"，迎难而上、克服困难，去发现线索、捕捉热点，去写人无我有、去创人有我新、去闯人新我特。世上有千难万难，一条心努力就会不难。不管是老话题还是新话题，不管是别人做过还是自己做过，一定要从领导关心、社会关注的问题中找到共同关心的话题、做成受众关注的选题，从现实和未来、从身边到脑边找到共情的新闻、共鸣的故事。带上显微镜聚焦，把细节描摹得有烟火气更生动一些；推出放大镜端详，让故事刻画得有人情味更可感一些；背上望远镜瞭望，把纵深拉开体现时代感更逼真一些。

文似看山不喜平。题目既定性又定量，比喻很形象，留守儿童学校也能做成一号难求的名校。内容既有虚又有实，揭示更深刻，"反季节"开家长会体现服务意识，老师拿嫁妆钱支持办第一个寄宿制学校体现事业意识，让孩子得到妈妈般的照护体现人文意识。主题既有呈现也有思考，延伸也恰当，基层群众关注的小事就是党和社会要办好的大事。

好的新闻就是既要让人惊，又要让人思。从"农村寄宿制学校"的老概念到"武汉留守儿童第一校"的新形象，找到时代同频共振的新闻点；从武汉留守儿童就学的老问题到全国劳动力就业的新视角，找到社会广泛认同的共情点；从教育这个窗口到民生福祉的新切口，找到中国"城乡二元结构"社会的观察点。

好的新闻就是要让人觉得读来寻常，品来非同寻常。不到两千字的通讯，有场景、有人物，有故事、有细节，有观点、有思考。

文章生动地告诉我们，关注数千万农村留守儿童成长，关注数千万农村家庭的未来，就是对时代、对社会、对民生的关注。

通讯获奖也启示我们，做一个好的晚报记者，需要多往基层勤跑、了解一线生活的变化，需要经常擦亮慧眼、发现社会末梢的脉动，需要促进脑洞大开、思接千载心游万仞，需要刻苦提高媒体表达能力、练就融合报道真功。